本书系教育部人文社会科学研究规划基金项目(编号:15YJAGJW006)成果

伊核问题破局
多角透视

MULTI-ANGLE
PERSPECTIVE ON THE
BREAKTHROUGH IN
IRAN NUCLEAR ISSUE

岳汉景 / 著

社会科学文献出版社
SOCIAL SCIENCES ACADEMIC PRESS (CHINA)

前　言

　　长期以来，伊朗核问题一直是国际热点问题之一，其本质是美国与伊朗的关系，美伊关系的建立发展与美国国家安全战略有着密切联系。自2002年以来，美伊两国及国际社会虽历经十多年的艰苦谈判、强力施压与反制，但伊核问题没有明显解决。直到2013年11月24日，伊核问题临时协议的达成，此问题才终于实现了初步破局。后来，经过多轮谈判最终于2015年7月14日达成了伊核问题全面协议，实现了伊核问题的全面破局。本书主要从多个角度探究伊核问题破局的原因及促成因素。

　　奥巴马政府对伊朗的"接触政策"是伊核问题初步破局的背景原因之一。自1979年以来，美伊长期敌对，两国罕有高级别官方接触。小布什政府时期，美国对伊朗实施选择性接触政策，即在阿富汗、伊拉克问题上与伊朗进行接触，但在核问题上拒绝与伊朗进行接触，除非其停止铀浓缩活动。这使伊核问题的谈判难以展开。奥巴马政府上台后，美国开始对伊朗实施无条件接触政策，该政策打破了小布什政府留下的伊核问题僵局，开启了"6+1"伊核谈判模式，并使美伊就核问题进行秘密会谈成为可能。"接触政策"有利于奥巴马政府在伊朗拒绝其核燃料交换提议后动员国际社会对伊实施经济制裁，而经济制裁是促使伊核问题临时协议达成的重要因素之一。此外，"接触政策"一定程度上推动了伊朗政治力量的进一步分裂，从而促使美伊双方逐渐调整了对对方的政策，为伊核问题临时协议的达成创造了现实条件。因此，"接触政策"是伊核问题初步破局的背景原因之一。

　　伊朗核问题在一定程度上是伊朗的核权利问题，美伊双方的激烈博弈就是围绕此问题展开。美国在伊朗核权利上的渐次让步是伊核问题实现初步破局的另一背景原因。伊核问题临时协议的达成与奥巴马政府在伊朗核权利方面事实上的让步有很大关系。实际上，自从伊核问题产生以来，美国在伊朗核权利上逐渐让步：小布什政府由最初禁止伊朗进行铀转化活动和建设核电站，后退到禁止伊朗进行铀浓缩活动并默认伊朗的核电站建设；奥巴马政府更进一步，公开承认伊朗和平利用核能的权利，允许伊朗拥有适度的铀浓缩能力，主要把伊朗进行20%丰度的铀浓缩作为施加新制裁的红线。由于核计划关涉伊朗的民族自豪感、国家安全利益、政权的统治合法性等，且受到伊朗各派统治精英和广大民众的广泛支持，美国不得不在伊朗核权利上逐渐让步。这种让步是伊核问题临时协议达成的另一重要背景原因。

欧盟与伊朗地理位置上相近，经贸往业较为密切，而且在这种经贸往业中，伊朗对欧盟的依赖性更大，此外，欧盟在政治上有很大的国际影响力，因此欧盟在伊朗核问题上的政策对伊核问题破局产生了较大影响。欧盟在伊朗核问题中一直发挥着重要作用，其在伊核问题的不同时期有不同政策。在问题的初期，欧盟主张在国际原子能机构框架内解决伊核问题，自身扮演美伊间的积极调解人角色。调解失败后，欧盟又主张把伊核问题提交到联合国安理会讨论，并在伊朗不听从要求，不断提升核能力的情况下，积极推动联合国安理会对伊朗实施制裁，并且于2010年开始对伊朗实施单边制裁。此后，制裁力度不断加大，2012年达到最严厉程度。欧盟的单边经济制裁是促成伊核问题临时协议的重要因素之一。欧盟认真履行临时协议，几次冻结对伊朗的制裁，从而为伊核问题全面协议的达成创造了条件。欧盟在伊朗核问题上的政策目标也是不断变化的，这主要体现在对伊朗核权利认知方面的变化。同美国一样，其在伊朗核权利上也有一个渐次让步的过程。

联合国及欧盟对伊朗施加的经济制裁是伊朗核问题破局的重要因素之一。但欧美对伊朗的经济制裁有"核"之外的重要目的。美欧以伊朗核活动为由推动联合国安理会通过了多个制裁伊朗的决议。2011年，在中东大变局、伊朗即将举行议会选举和总统大选的背景下，美欧还加大了对伊朗的单边制裁，其主要目的之一是促使伊朗发生比2009年规模更大的大选危机，然后西方伺机推动伊朗的政权更迭。政权更迭是美国对伊朗政策的根本目标，小布什政府如此，奥巴马政府也是如此。但是，伊朗不但顺利度过了议会选举，更顺利完成了总统大选，伊朗政治体系表现出了秩序性和持续性，美欧以压促变的希望没有实现。在此情况下，如果继续维持超强的对伊经济制裁，会损害美欧战略利益，这就为伊核问题破局提供了动力。

《不扩散核武器条约》（*Nuclear Non - proliferation Treat*，NPT）是国际核

不扩散机制的基石,尽管有这样或那样的缺点,但在促进核不扩散方面起到一定的积极作用。伊核问题全面协议的达成就离不开包括《不扩散核武器条约》在内的一系列相关国际法的实施。具体而言,国际法的作用体现在如下几个方面。第一,国际法为伊核问题全面协议的制定提供了依据,减轻了谈判各方的交易成本,提高了谈判效率。伊朗核问题很大程度上是伊朗的核权利问题,美国等西方国家最大程度地限制伊朗的核权利,而伊朗则极力最大限度地维护甚至扩大自己的核权利,伊核问题全面协议的主要内容也是围绕伊朗的核权利展开的。《不扩散核武器条约》等相关法律机制对于各国的核权利有所规定,从而为伊核全面协议的制定提供了依据。第二,核不扩散机制本身存在不公平性,大国尤其是美国在施压伊朗放弃所有核活动时缺少依照国际法一争到底的底气,只能在限制伊朗的核权利上做出一定让步。核不扩散机制中一个重要问题是"双用途问题",它难以消除国家间在核不扩散方面的不信任。《不扩散核武器条约》具有歧视性结构,总体而言更能维护超级核大国的利益。第三,美国在《不扩散核武器条约》的履行上表现糟糕,缺乏压制伊朗核活动的道义优势。在核不扩散方面,美国往往大搞核垄断、执行双重或多重标准等。美国不但不能很好地履行其核裁军义务,而且还在核武器的使用政策上加剧核扩散,给世界造成不安。第四,因核而对伊朗实施军事打击的法律依据不足。国际法禁止各国在国际关系中使用武力,但也有三个被各国承认的例外:联合国安理会授权、受邀干涉以及自卫。美国如果对伊朗动武是找不到满足任何一个禁止使用武力原则的例外条件的。国际法成为促使美国放弃武力解决伊核问题的积极因素,从而也间接促进了伊核全面协议的达成。

如果把伊核问题置于美国的中东乃至全球战略中进行考察,就会发现伊核问题破局有其一定的必然性。伊核问题破局与"亚太再平衡"战略有较为密切的间接联系。奥巴马执政后不久,推出了"亚太再平衡"战略。受限于国力,为了顺利推行此战略,美国需要从中东抽身。但中东地区历来是美国的战略重点之一,奥巴马政府在从中东抽身的同时,也必须尽力维护美国在该地区的利益,于是推出了以"收缩力量、操控乱局"为特色的"中东离岸平衡"战略。伊朗是地区强国,伊朗核问题如不实现破局将会使美国难以从中东抽身,也不利于其在该地区构建新的平衡,从而"中东离岸平衡"战略将更加难以顺利实施,因此美国需要在伊核问题上实现破局。

如果说美国"亚太再平衡"战略使伊核问题破局具有一定的必然性,

那么乌克兰危机则可以看作伊核问题全面破局的重要偶然因素。克里米亚"脱乌入俄"是冷战结束后具有重大地缘政治意义的事件，其发生的背景是俄罗斯与西方长期的地缘政治斗争。俄罗斯在此事件中使用了武力。俄为其使用武力提供的主要理由是保护其国民安全以及受到乌克兰亚努科维奇总统和克里米亚地方政府的邀请，但这些理由既无法证明俄使用武力符合《联合国宪章》关于禁止使用武力原则的例外条款，也无法证明其符合本已颇受争议的"受邀干涉"的相关原则。因此，俄使用武力是非法的。但是，俄罗斯使用武力却具有政治上的合理性：冷战结束以来，北约、欧盟采取各种手段，包括非法手段不断向东扩张，蚕食俄战略空间，最终使亲俄的亚努科维奇政权倒台；乌克兰亲西方自由派人士掌权严重威胁俄罗斯的核心利益；克里米亚对俄罗斯具有重要的战略价值，且俄以武力促成其"脱乌入俄"具有历史和现实基础。乌克兰危机致使俄与西方矛盾进一步激化，西方逐渐对俄展开经济制裁。与此同时，双方的能源博弈也达到新的烈度，集中体现于更加激烈的油气管道走向以及与之密切相关的气源地的争夺上。伊朗具有巨大能源潜力和显著的地缘优势，因此乌克兰危机背景下，其在俄与西方的能源博弈中愈加成为双方重点关注的对象。俄与西方都把在伊朗的博弈置于各自长期的战略规划中。对西方特别是欧盟而言，解除对伊朗的经济制裁是发挥伊朗的能源潜力，有效应对俄罗斯的必要条件，而解除对伊朗的制裁与限制伊朗的核活动密切相关，这就加强了早日达成伊核问题全面协议的必要性。同时，在乌克兰危机背景下，俄支持伊核问题全面破局对其有特殊的政治意义，而且"破局"本身虽然会对其产生一些负面影响，但也为其发展与伊朗的经贸关系提供了机会。

欧盟在伊核问题上不起主导作用，所以其伊核政策对我国的影响主要体现在政治方面及对相关国际规范的认识方面，在经济上的影响既有消极方面也有积极方面，但总体影响不大。伊朗核问题起支配作用的是美伊矛盾，而在这一最主要矛盾中，美国又是矛盾的主要方面，因而美国在伊核问题中起主导作用，其在伊核问题上的政策对中国的影响最大。美国主张把伊核问题提交联合国安理会并对伊朗实施国际经济制裁，让中国被迫表明立场并参与到对伊朗的施压中。美国具有治外法权特色的对伊朗实施单边经济制裁损害了中国的主权，破坏了中国与伊朗的正常经贸关系。伊核问题破局后，中伊关系的发展迎来了新机遇，表现在，中国公司的对伊投资与对伊贸易的机会增加了；中国还可以加大其在基础设施建设与发展方面对伊朗的帮助；此外可以将伊朗定位为丝绸之路经济带上的枢纽国；继续扩大与伊朗在金融和防务方面的合作。但同时，中国也面临一定挑战：在伊核全面协议下，发展中伊关系依然存在限制性因素；中国的企业将会面临外国公司，包括欧洲公司（欧洲公司仅在2012年欧盟对伊朗施加严厉制裁后才退出伊朗市场）的竞争；伊核问题全面破局在政治上也对中国产生一些不利影响。

特朗普在竞选总统期间和当选总统之后都对伊核全面协议提出严厉批评，并多次声称要将其废除，认为协议本身存在重大缺陷并破坏了美国与其中东盟友的关系。但是，特朗普没有合理的借口废除协议，同时也缺少必要性，原因在于：一是协议到期后伊朗依然不能在核计划上为所欲为。二是大多数的美国高级官员、学者、民众及欧盟各国等不支持废除协议。三是美国针对伊朗的非核制裁依然可以保留。四是美国可以找到其他借口施压伊朗。五是特朗普在中东地区有比伊核协议更重要的事要处理。当然废除协议也缺少可行性，原因包括以下几点：协议是多边性质的，特朗普无法单方面撕毁它；如果特朗普政府退出协议，伊朗将会重启核计划，这样伊核问题就会回到伊核临时协议达成前的状态，而此时特朗普很难获得其他大国在恢复对伊朗的国际压力方面的支持；非但如此，如果特朗普单方面退出协议，不但会加大与伊朗的矛盾，而且还会同其它欧洲盟国，甚至中国、俄罗斯产生新的摩擦，美国自身也会在经济上遭受一定损失。

本书共分为八章。第一至三章重点讨论美欧的伊核政策对伊核问题初步破局的促进作用，涉及奥巴马政府对伊朗的接触政策及其在伊朗核权利上的渐次让步，欧盟在伊朗核问题上的政策。第四到七章重点讨论伊核问题全面破局的原因，主要探析四条逻辑路径：第四章的逻辑路径是中东大变局和伊朗总统大选的背景下，美欧对伊朗强化经济制裁的主要目的之一是推动伊朗的政权更迭，但伊朗在中东大变局中保持了政治稳定，其目标落空，故而进行政策收敛；第五章的逻辑路径是国际法减轻了伊核谈判的成本，且对美伊双方的行为均构成一定约束；第六章的逻辑路径是美国欲顺利推进"亚太再平衡"战略就需在中东搞"离岸平衡"，而要在中东顺利实施"离岸平衡"就需在伊核问题上实现突破；第七章的逻辑路径是乌克兰危机加大了俄同西方的矛盾，加剧了俄欧之间的能源博弈，加之伊朗在地缘政治和能源上的优势，能源博弈的加速促进了伊核问题全面破局。第八章分析讨论伊核问题后的中国对伊朗政策。

目 录

第一章 奥巴马政府对伊朗的接触政策与伊核问题初步破局 ………… 001
- 第一节 小布什政府对伊朗的选择性接触政策 ……………………… 003
- 第二节 奥巴马政府对伊朗的无条件接触政策 ……………………… 007
- 第三节 "接触政策"下的伊核问题系列会谈与美伊密谈 ………… 011
- 第四节 本章小结 ……………………………………………………… 018

第二章 美国在伊朗核权利上的渐次让步与伊核问题初步破局 ……… 021
- 第一节 伊朗的核权利应该是什么 …………………………………… 021
- 第二节 小布什政府在伊朗核权利上的让步 ………………………… 025
- 第三节 奥巴马政府在伊朗核权利上的继续让步 …………………… 028
- 第四节 美国在伊朗核权利上让步的原因 …………………………… 031
- 第五节 本章小结 ……………………………………………………… 035

第三章 欧盟在伊朗核问题上的政策与伊核问题破局 ………………… 037
- 第一节 国际原子能机构框架下欧盟的积极调解人角色
  （2003～2006年） ……………………………………………… 038
- 第二节 联合国安理会框架下欧盟在伊核问题上的政策
  （2006～2008年） ……………………………………………… 041
- 第三节 "6+1"框架下欧盟在伊核问题上的政策（2009～ ） …… 044
- 第四节 本章小结 ……………………………………………………… 050

第四章 经济制裁、政权更迭与伊核问题全面破局 …………………… 051
- 第一节 以核问题为由对伊朗的经济制裁 …………………………… 052
- 第二节 政权更迭：美欧强化制裁的目的 …………………………… 056
- 第三节 伊朗政局保持稳定：美欧目的没有实现 …………………… 065

第四节　本章小结……………………………………………… 080

第五章　国际法与伊核问题全面破局……………………………… 082
第一节　国际核不扩散机制的产生与发展……………………… 082
第二节　国际法对伊核问题全面破局的促进作用……………… 095
第三节　本章小结……………………………………………… 111

第六章　"亚太再平衡"、"中东离岸平衡"与伊核问题全面破局…… 113
第一节　"亚太再平衡"战略出台的原因及实施策略………… 113
第二节　"亚太再平衡"战略催生"中东离岸平衡"………… 117
第三节　"中东离岸平衡"战略的实施推动伊核问题破局…… 124
第四节　本章小结……………………………………………… 129

第七章　克里米亚"脱乌入俄"、俄欧能源博弈与伊核问题全面破局…… 130
第一节　克里米亚"脱乌入俄"背景…………………………… 131
第二节　俄罗斯使用武力的非法性与政治合理性……………… 133
第三节　乌克兰危机加剧俄欧能源博弈………………………… 159
第四节　乌克兰危机前的俄欧能源博弈及伊朗的角色………… 163
第五节　俄欧能源博弈激化助推伊核问题全面破局…………… 165
第六节　本章小结……………………………………………… 172

第八章　伊核问题破局后中国对伊朗的政策……………………… 176
第一节　欧美在伊核问题上的政策对中国的影响……………… 176
第二节　伊核问题破局后中国对伊朗政策的机遇与挑战……… 185
第三节　本章小结……………………………………………… 191

附录1　《联合行动计划》…………………………………………… 192

附录2　《联合全面行动计划》……………………………………… 197

附录3　《联合国安全理事会第2231（2015）号决议》………… 214

参考文献……………………………………………………………… 221

后　记………………………………………………………………… 255

第一章　奥巴马政府对伊朗的接触政策与伊核问题初步破局

2013年11月24日，伊朗同联合国安理会五个常任理事国和德国以及欧盟的代表，在日内瓦就伊核问题达成了一个临时协议（该协议于2014年1月20日正式生效）。协议的主要内容是：在其生效后的六个月时间里，伊朗同意暂停生产丰度为5%以上的浓缩铀①（这实际上是对伊朗部分核权利的含蓄承认，尽管美国领导人声称协议并没有赋予伊朗进行铀浓缩的权利②），同时稀释或转化库存的丰度为20%的浓缩铀；伊朗不再增加丰度为3.5%的浓缩铀库存，不再兴建额外的铀浓缩设施，不新增离心机；伊朗使

---

① 浓缩至5%丰度的铀，其纯度足以满足许多类型的核能反应堆所需。一些核能反应堆和一些用于生产医疗用放射性同位素的研究型反应堆需要20%丰度的浓缩铀。尽管一些简陋的原子弹能够以稍低丰度的浓缩铀制造，但一般情况下制造原子弹所需浓缩铀的丰度需达到90%以上。值得注意的是，把浓缩铀从1%丰度提高到20%丰度，要比从20%丰度提高到90%丰度困难得多。一国如果具有把铀提纯至20%的能力，那它就大约走完了通向90%纯度的道路的80%的路程。See Ishaan Tharoor and Michael Lemonick,"What's the Deal with the Iran Nuclear Deal?", Nov. 25, 2013, http://world.time.com/2013/11/25/whats-the-deal-with-the-iran-nuclear-deal/.

② 奥巴马政府并没有承认伊朗享有铀浓缩的权利。美国的高级政府官员在2013年11月24日解释到，尽管综合的解决方案中的确设想了可能的伊朗铀浓缩计划，但美国并没有认可伊朗政府具有铀浓缩的权利，我们也不打算承认。英法两国领导人重复美国的立场，不认为临时协议中包含对铀浓缩权利的认可，也不认为《不扩散核武器条约》赋予伊朗或其他国家这种权利。但包括德国和日本在内的国家却坚持认为《不扩散核武器条约》包含进行铀浓缩的权利。俄罗斯外长拉夫罗夫则于2013年11月26日表示临时协议承认了伊朗为了和平目的而进行铀浓缩的权利。美国之所以如此是因为它担心承认了伊朗的这种权利将不但会削弱六国说服伊朗接受对其铀浓缩计划进行限制的能力，而且还会树立一个先例，该先例能够破坏美国别的旨在限制世界上其他国家的铀浓缩设施的努力。See Kenneth Katzman, Paul K. Kerr, *Interim Agreement on Iran's Nuclear Program*, Congressional Research Service, December 11, 2013, p. 9. 笔者认为美国之所以不愿意承认伊朗享有铀浓缩的权利还因为，如果承认那么就应当解除安理会对伊朗实施的经济制裁以及美欧的单边制裁，因为安理会各制裁决议的通过均以伊朗没有停止铀浓缩作为最主要依据，美欧多数单边制裁出台的依据也是一样。

阿拉克（Arak）的重水反应堆保持不运行状态，既不向其添加燃料，也不开启它；① 伊朗核设施接受以往从未有过的国际监督（每日一次，具有突击性、广泛性）。② 作为交换条件，美国将解冻约 70 亿美元的伊朗资产（"伊朗差不多 1000 亿美元的外汇持有额中的大部分是无法存取或受制裁限制的"③）。部分制裁也将在此期间暂停，包括对伊朗石化产品出口上的一些制裁，在黄金和贵金属贸易方面施加的制裁，在汽车工业和伊朗民用航空工业配件供应上的制裁。美国暂停要求伊朗的石油买家继续进一步削减购买伊朗的石油。为人道物资的转移构建一个各方都同意的金融渠道。只要临时协议持续有效，就不能对伊朗施加新的制裁。但协议并没有取消对伊朗的关键性制裁，以防伊朗继续研发核武器。6 个月后，如果双方同意，协议可以延长。④ 如果伊朗不履行其承诺，国际社会将会施加更多的制裁和压力。

伊核问题临时协议是 2004 年以来达成的关于伊核问题的第一个为国际社会所普遍认可的协议，其达成绝非偶然，而是有一定的背景原因。由于

---

① 阿拉克重水反应堆之所以引起核扩散关切是因为其乏燃料中所包含的钚比诸如德黑兰研究用反应堆和布什尔核反应堆这些轻水反应堆所生产的钚更适宜于制造核武器。而且，伊朗将可以用天然铀来运行此反应堆，这意味着它将不再依赖浓缩铀供应。钚比铀更具危险性、毒性更大，对阿拉克核工厂进行空中打击将会产生过多致命的放射性尘埃。Paul K. Kerr, *Iran's Nuclear Program: Status*, CRS Report for Congress, October 17, 2012, p. 23. 伊朗 2013 年 11 月 11 日与国际原子能机构就合作路线图达成一致，双方签署了一份解决伊核问题的联合声明。伊朗承诺 3 个月内执行 6 项实际措施，包括允许核查人员视察阿拉克重水反应堆和加钦（Gchine）铀矿。刘向:《国际原子能机构计划 2 月初前检查伊朗加钦铀矿》，新华网维也纳 2013 年 12 月 11 日电，http://news.xinhuanet.com/world/2013-12/12/c_118520003.htm。

② 国际原子能机构在履行其现行的在伊朗的核查任务的同时，将被要求执行许多与临时协议有关的核查任务。此外，六国和伊朗承诺建立一个联合委员会（Joint Commission）与国际原子能机构一道监督协议的执行情况并处理可能产生的问题。联合委员会也同国际原子能机构合作，协同解决国际社会针对伊朗核项目所产生的过去的和当前的关切，例如，伊朗核项目可能的军事目的，伊朗在帕钦（Parchin）军事基地的各种活动。The White House Office of the Press Secretary, "Fact Sheet: First Step Understandings Regarding the Islamic Republic of Iran's Nuclear Program," November 23, 2013, p. 5.

③ Faith Karimi, "20 Questions about the Iran Nuclear Deal: What it Says, What's at Stake, What's Next," November 25, 2013, http://greekcurrent.com/20-questions-about-the-iran-nuclear-deal-what-it-says-whats-at-stake-whats-next/.

④ See Zachary Fillingham, "The US-Iran Nuclear Breakthrough in Geneva," November 25, 2013, http://www.geopoliticalmonitor.com/the-us-iran-nuclear-breakthrough-in-geneva-4888/; George Jahn, "Iran at Talks: No Scrapping any Nuclear Facility," February 18, 2014, http://news.yahoo.com/iran-talks-no-scrapping-nuclear-facility-134856208—finance.html.

该协议主要是美伊双方矛盾斗争的产物，因而其产生的背景也主要存在于美伊关系的发展历史中，特别是奥巴马总统上台以来的美伊关系中。协议达成的背景原因较多，主要有奥巴马政府对伊朗的接触政策，美国所推动的对伊朗的国际经济制裁和单边制裁，美国在伊朗核权利上的逐渐让步等。本章主要分析探讨奥巴马政府对伊朗的接触政策这一背景原因。

第一节　小布什政府对伊朗的选择性接触政策

小布什政府执政不久很快给伊朗重新贴上"流氓国家"等不良标签，表现出较为强烈的敌对色彩。但是，"9·11"事件发生后，打击阿富汗的塔利班、消除基地组织的威胁成为美国对外政策的重中之重。其先后发动了阿富汗战争和伊拉克战争。这两场战争是美国对外政策的重点，因而制约着美国对伊朗政策，一定程度上，美国（特别是小布什政府时期的美国）的对伊朗政策是从属于这两场战争的。

在"9·11"事件爆发后的头几个月里，为了争得尽可能广泛的国际支持，取得阿富汗战争的胜利，美国对伊朗采取灵活的政策，减缓了与伊朗的敌对态势。伊朗对美国遭受"9·11"恐怖袭击也深表同情。阿富汗战争初期，美伊之间曾有过短暂的会谈与合作。在双方长达几个月的关于阿富汗问题的直接会谈与合作中，美国的运输机曾被允许使用伊朗的机场。德黑兰甚至提供了人道主义物资援助。[①] 2002年8月，伊朗的秘密核计划被曝光，但美国与伊朗就阿富汗和伊拉克问题的会谈并没有随之停止。2001年11月至2003年5月，美国和伊朗外交官在欧洲进行了十多次秘密会谈。会谈最初集中于阿富汗问题，但后来转移到基地组织逃亡者、伊朗的反政府组织、美国为伊拉克战争所做准备等问题。[②]

2003年5月，美国推翻萨达姆政权之后，拒绝与伊朗进行任何会谈。美国领导者受到在伊拉克早期军事胜利的刺激，不断对伊朗发出武力威胁，

[①] International Crisis Group, "U.S.‑Iranian Engagement: The View from Tehran," *Middle East Briefing*, No. 28, June 2, 2009, http://www.crisisgroup.org/en/regions/middle‑east‑north‑africa/iraq‑iran‑gulf/iran/B028‑us‑iranian‑engagement‑the‑view‑from‑tehran.aspx.

[②] "U.S.‑Iran Relations: Catalog of Missed Opportunities," http://www.americanforeignpolicy.org/overview‑how‑to‑deal‑with‑iran/a‑short‑history‑of‑us‑iran‑relations‑post‑revolution.

似乎要对伊朗实施武力政权更迭。在伊朗核问题上，小布什政府主要利用欧盟三国直接与伊朗会谈，并在背后施加压力。

伊拉克战争的初期胜利的确对伊朗产生了一定的震慑作用，使其在核问题等方面表现出一定合作倾向。伊朗曾通过其中级官员向美国探寻两国政府实施大交易（grand bargain）的可能性。2003年5月初，美国在伊朗利益的个人代表、瑞士驻伊朗大使以传真方式向美国国务院发送一封题为"路线图"（Roadmap）的文件。该文件包含了一个惊人的规划，建议美伊两国就美国政府所关心的所有重要问题进行会谈。这些问题包括：大规模杀伤性武器问题、支持恐怖主义问题、伊朗在伊拉克及中东和平进程中的立场问题。该文件是伊朗驻法国大使，也是时任伊朗外交部部长的侄子准备的，并经过了伊朗高级领导层审阅。这位瑞典大使也把该文件提供给了美国众议员鲍勃·奈伊（Bob Ney），据说后者把该文件呈送到白宫。① 然而，布什政府为伊拉克战争早期的轻松胜利激动不已，并一厢情愿地认为伊拉克的解放会对该地区产生积极影响，从而增加华盛顿与德黑兰较量的筹码，因此，对于伊朗方面的提议在没有做任何确证工作或追踪调查的情况下就一口回绝了。萨达姆倒台后美国与伊朗的任何官方接触都被看作等同于使伊朗政权合法化，因而对华盛顿来说是禁忌。②

随着美军占领伊拉克所带来的严重困难局面的出现，随着"解放"了的伊拉克处于内战的边缘，美国的官员似乎意识到进行一场"解放"伊朗的类似行动危险性会更大。2005年年底和2006年年初，美国已开始采取新的对伊朗战略。在新战略中，虽然对伊朗进行武力威胁依然是美国对伊朗政策的突出特点，但相对于美国积极的外交努力而言已经居于次要地位。

欧盟在伊朗核问题上的外交努力失败后，2006年5月，赖斯提出愿意加入与伊朗进行的多国会谈，但并不进行双边会晤，而且伊朗首先要停止铀浓缩活动（对此提议，伊朗权衡了3个月，而后拒绝了）。③ 这是小布什政府首次表示愿意有条件参加伊朗核问题的多边会谈，表明其已开始倾向

---

① Glen Kessler, "2003 Memo Says Iranian Leaders Backed Talks," *The Washington Post*, February 14, 2007, A14.
② See Suzanne Maloney, "U. S. Policy toward Iran: Missed Opportunities and Paths forward," *Fletcher Forum of World Affairs*, Vol. 32, No. 2, Summer 2008, pp. 32 - 33.
③ "U. S. - Iran Relations: Catalog of Missed Opportunities," http://www.americanforeignpolicy.org/overview-how-to-deal-with-iran/a-short-history-of-us-iran-relations-post-revolution.

于通过外交手段解决伊朗核问题的意愿。尽管 2006 年 5 月底美国就表示，只要伊朗停止铀浓缩活动，美国就愿意参加多边会谈，讨论伊朗核问题，但是在伊拉克问题上美国直到 2007 年年初仍然不愿意与伊朗进行直接会谈。2007 年 1 月美国国务卿赖斯在接受美国国会质询时，反对美国就伊拉克问题与伊朗进行直接对话，理由是如果请求伊朗帮助稳定伊拉克局势，那么伊朗不会在帮助美国的同时不要求美国在其核问题上减轻对其的压力。[1] 但是由于伊拉克安全形势依然严峻，阿富汗的塔利班势力正迅速回潮，重回与伊朗的双边会谈作为重要意见之一也在 2006 年 12 月发布的《伊拉克研究小组报告》（Iraq Study Group Report）中被明确地提出来，布什政府不久便改变了不与伊朗进行直接对话的立场，开始与其就伊拉克问题等进行一系列会谈。[2] 美国前国务卿赖斯与其伊朗的同行于 2007 年 5 月 3 日共同参加了在埃及的沙姆沙伊赫（Sharm El Sheikh）举行的关于伊拉克问题的讨论。在伊拉克官员参加的情况下，美国和伊朗驻伊拉克大使于 2007 年 5 月 28 日在巴格达进行了更深入的面对面会谈。2007 年 7 月 24 日，三个国家的代表举行了第二轮会谈，同年 8 月 6 日三国大使又进行了第三次会谈。[3] 两国就建立一个能够掌控自身安全、与邻国和平相处的，稳定、民主、联邦制的伊拉克达成共识。[4]

但是，在核问题上美国对直接会谈设置的前提是伊朗暂停其铀浓缩活动。美国要求伊朗接受 P5 + 1 的提议，即伊朗暂停铀浓缩活动半年，同时联合国对伊制裁暂停半年，即所谓的"以冻结换冻结"（freeze for freeze），在此期间举行会谈，研究解决核问题的办法。[5] 布什政府这种在直接会谈之前就要求得到其想要的会谈结果的做法遭到了伊朗的反对。伊朗认为"以冻

---

[1] Suzanne Maloney, "U. S. Policy toward Iran: Missed Opportunities and Paths forward," *Fletcher Forum of World Affairs*, Vol. 32, No. 2, Summer 2008, p. 39.
[2] John Ward Anderson, "U. S., Iran Open Dialogue on Iraq," *The Washington Post*, May 29, 2007, http://www.washingtonpost.com/wp-dyn/content/article/2007/05/28/AR2007052800080.html?referrer=digg.
[3] Bureau of Near Eastern Affairs, "Background Note: Iran," September 30, 2009, http://www.state.gov/r/pa/ei/bgn/5314.htm.
[4] Marci Zaborowski, "Bush's Legacy and America's Next Foreign Policy," *Chaillot Paper*, No. 111, September 2008, p. 68.
[5] Tim Reid, "George Bush U-turn Opens Way to Nuclear Talks between U. S. and Iran," *The Times*, July 17, 2008, http://www.timesonline.co.uk/tol/news/world/us_and_americas/article4347112.ece.

结换冻结"方案"有许多模棱两可的表述，不能保证伊朗的利益"，而且违反了《不扩散核武器条约》，因为该条约没有限制任何国家进行铀浓缩活动。① 一位德国学者早在 2007 年 4 月就说："我们应该放弃把伊朗停止铀浓缩活动作为与其谈判的条件，这种要求……已经不可能说服伊朗不进行独立的铀浓缩活动了。"② 2007 年 12 月，美国《国家情报评估》(National Intelligence Estimate, NIE) 的结论是，伊朗于 2003 年已经停止了发展核武器的努力，同时美伊两国在伊拉克问题上进行的直接会谈似乎也使来自伊朗或通过伊朗而进入伊拉克的临时爆炸装置和外国战斗队员大为减少，这为美国在核问题上与伊朗进行直接对话创造了有利条件。③ 2008 年美国表示愿就核问题在多边场合与伊朗进行直接会谈，尽管此时伊朗并未停止铀浓缩活动。2008 年 7 月 19 日，美国负责政治事务的副国务卿威廉·伯恩斯 (William Burns) 加入了 P5 + 1 在日内瓦与伊朗高级核谈代表进行的会谈。④ 这次会议是美伊两国官员首次就核问题进行面对面的会谈。不过赖斯仍然表示："美国与伊朗举行直接谈判的前提是，伊朗有效中止铀浓缩及其相关活动。"⑤ 美国政府声称，伯恩斯这次在伊朗未停止铀浓缩的情况下参加的会谈只是一个特例，并不代表美国的政策转变。⑥ 小布什政府在执政末期，甚至打算在伊朗开建一个类似在古巴建立的那种利益代表机构 (interest section)，但俄格冲突转移了其注意力，并且小布什政府也担心搞这样的一个创举会对美国的总统选举以及 2009 年 6 月的伊朗总统选举产生对美国不利的影响。⑦

小布什政府执政后期已经表现出与伊朗进行接触的积极意向，但其总

---

① "Iran: Freeze - for - freeze goes against NPT," November 15, 2008, http://www.tehrantimes.com/index_View.asp?code=182446.
② "The Failure of Europe's Iran Policy," April 16, 2007, http://www.spiegel.de/international/world/0,1518,477508,00.html.
③ William Luers, Thomas R. Pickering, Jim Walsh, "A Solution for the US - Iran Nuclear Standoff," *The New York Review of Books*, Vol. 55, No. 4, March 20, 2008, http://www.nybooks.com/articles/21112.
④ Bureau of Near Eastern Affairs, "Background Note: Iran," September 30, 2009, http://www.state.gov/r/pa/ei/bgn/5314.htm.
⑤ 《伊朗仍拒绝暂停铀浓缩赖斯否认软化对伊立场》，2008 年 7 月 20 日，http://www.zj.chinanews.com/detail/893587.shtml。
⑥ Marci Zaborowski, "Bush's Legacy and America's Next Foreign Policy," *Chaillot Paper*, No. 111, September 2008, pp. 78 - 79.
⑦ Gawdat Bahgat, "United States - Iranian Relations: The Terrorism Challenge," *Parameters*, Winter 2008 - 2009, p. 107.

体上执行的是选择性接触政策,即在阿富汗和伊拉克问题上与伊朗进行无条件地接触,在伊朗核问题上,虽然已开始表现出接触的意愿(这与其第一任期时已大有不同),但条件是伊朗停止铀浓缩活动。而伊朗把进行铀浓缩看作自己不可剥夺的权利,且对这一权利的维护有广泛的民意支持,因此伊朗很难接受此条件,这样伊核问题解决取得进展的希望就很渺茫。但无论如何,小布什政府对伊朗的选择性接触政策为奥巴马政府对伊朗无条件接触政策的推出创造了一定条件。

第二节 奥巴马政府对伊朗的无条件接触政策

奥巴马政府对伊朗接触政策在言语和行为上均有所表现。言语表现以奥巴马2009年3月20日发表的祝贺伊朗新年的视频讲话最为引人注目。行为表现以2009年4月8日奥巴马政府宣布将无条件地全面参与六国与伊朗的所有核谈判,暂停寻求针对伊朗的新的国际制裁和同年6月4日在开罗发表的演讲中对伊朗和平利用核能权利的公开承认最具转折意义。[1] 这就降低了伊朗在P5+1框架内与美国进行直接谈判的门槛,从而打破了小布什政府制造的伊核问题僵局,缓和了美伊因核问题而不断加剧的对抗。

奥巴马政府对伊朗的接触政策是在一定的现实背景下推出的。奥巴马上台时,接手的是二战后最糟糕的总统遗产之一。塔利班远未被消灭,本·拉登在逃,伊拉克依然不稳定,美国的软实力受损严重(根据试图追踪外国人对美国态度状况的各民调组织提供的信息,奥巴马就职时的美国在国际舆论中的形象,将近八年都急剧恶化[2]),这些都是小布什政府的遗产。另外还有伊朗日益成为美国的地区挑战者,朝鲜试爆了核武器,俄罗斯再度变得好斗,而且在美国看来中国对美国全球霸权的挑战越来越明显。2008年,经济议题取代了伊拉克战争成为美国总统竞选的核心议题,总统竞选一定意义上变成了在经济问题上进行全民公投。因此,奥巴马政府也

---

[1] 关于奥巴马政府对伊朗接触政策较为具体的言语和行为表现,详见岳汉景《新世纪以来美国对伊朗的政策研究》,《阿拉伯世界研究》2012年第5期,第103~106页。

[2] Anthony H. Cordesman, "The Obama Administration and US Strategy: The First 100 Days," Center for Strategic and International Studies, April 12, 2009, p. 3, http://csis.org/files/media/csis/pubs/090414_ obama100. pdf.

必须应对巨大的国内和国际金融危机。

就美国与伊朗关系的背景要素而言，主要是伊拉克战争、阿富汗战争以及伊朗核问题。奥巴马上台时，原有的背景要素没有消失，而且还新增了国际金融危机这一要素。从这些背景要素来看，奥巴马政府对伊朗实施接触政策有其必要性。奥巴马上台时，阿富汗即将进行总统选举，伊拉克也要进行全国大选。面对阿富汗日益严峻的局势，奥巴马决意增兵阿富汗，同时巩固在伊拉克取得的成果，为两国的大选营造良好环境。伊朗与阿富汗和伊拉克联系密切，向来对其有着巨大的影响力。萨达姆政权和塔利班政权被推翻后，伊朗的两大敌人消失，取而代之的是对伊朗友好的两国新政权。伊朗对此两国的影响力因此陡然上升，对其安全与稳定发挥着重要作用。奥巴马政府为了稳定伊拉克和阿富汗局势，就不得不在某种程度上寻求伊朗的支持，而要做到这一点，推出"接触政策"便是必要的了。就伊朗核问题而言，奥巴马政府的目标依然是伊朗停止铀浓缩活动，但是小布什政府的强制性外交手段没有实现此目标，继续小布什的政策恐难以奏效，而军事打击和不作为政策都不可取，接触政策似乎是有必要一试的手段。

奥巴马政府对伊朗接触政策也具有一定的可行性。这主要表现在两个方面：第一，美伊两国国内均有一定的支持接触的力量；第二，两国在伊拉克和阿富汗拥有共同利益。美伊国内的官僚阶层、知识精英、普通民众中都有支持接触的力量。两国在伊拉克的共同利益主要有两个：一是两国均希望西方民主制在伊拉克能够推行（在其自身无法主导伊拉克建立类似伊朗的神权政治制度的情况下，美国在伊拉克主导推行的西方民主制度是伊朗的次优选择，因为这样能够助推伊拉克政治党派的宗派化，保证伊拉克的什叶派掌权）。二是两国都希望伊拉克保持统一，反对伊拉克库尔德地区独立。伊朗担心伊拉克库尔德地区独立，将会对本国库尔德分离主义者产生激励作用，从而危及本国安全。两国在阿富汗的共同利益主要有三个：一是反对塔利班。阿富汗塔利班是逊尼派宗教极端主义组织，对伊朗在阿的利益乃至伊朗自身的边境安全构成严重威胁，因此伊朗历来反对塔利班。塔利班庇护"基地"组织，而"基地"组织不断对美国实施恐怖袭击，特别是发动了"9·11"事件，因此塔利班也成了美国的主要敌人。二是反对毒品走私。塔利班政权是以毒品交易为经济支柱的，倒台后该组织依然对毒品交易有较大的生存依赖，因而反毒是反塔利班的应有之义。而且，阿富汗毒品交易的猖獗也威胁伊朗的社会稳定和边境安全，并破坏美国重建阿富汗的努力。三是阿富汗的稳定与发展。塔利班和毒品交易破坏了阿富汗的政治稳定与社会经济发展，而阿稳定与发展的缺失反过来又给塔利班和毒品交易提供了动力，因此对美伊而言，促进阿富汗的稳定与发展是有效反对塔利班和反毒品交易的需要，从而是两国的又一共同利益。阿富汗的稳定与发展是两国的又一共同利益还因为如果阿持续不稳定，那么这种不稳定将会外溢至伊朗，并会使更多的难民涌入伊朗；如果阿持续不稳定，那么美国就无法从阿富汗脱身，美国诸多的战略目标就难以顺利实现，同时北约组织的凝聚力和功能也会减弱。

但是，由于美伊两国的社会关系，特别是政治关系、政治体系有很大的不同，与美接触与合作并不符合伊朗统治精英的利益。两国虽然在伊拉克和阿富汗拥有重大的共同利益，但其在伊拉克和阿富汗也存在较深的利益矛盾，这种利益矛盾限制着"接触政策"的效果。从历史的角度看，伊朗伊斯兰共和国一定程度上是以反美立国的，反美是其本性；美国与伊朗积怨甚深、互不信任；美国对伊朗的历次主动接触言行均以失败告终。因此，奥巴马政府对伊朗接触政策效果并不好。这可以从伊朗最高领导人及其他高级官员的反应中看出来。针对奥巴马的接触意愿，2009 年 2 月，伊朗总统坚持认为美国进行接触的政策应该是根本性的而不应是策略性的，应该寻求解决问题而不应只是为进一步的制裁和威胁获取政治掩护，他说"我们的人民欢迎真正的改变，并准备着在相互尊重的基础上和公正的气氛下进行会谈"。① 在 2009 年 3 月初的一次长篇演讲中，伊朗最高领袖哈梅内伊谴责美国支持以色列并重申犹太大屠杀只是一个谎言。② 德黑兰对奥巴马新年视频讲话的反应是，只有美国改变了，伊朗才会改变。哈梅内伊说："美国新政府必须改变其对伊朗以及对该地区的政策，以证明它的可信性。我们与这位美国新总统和其领导的政府没有打交道的经历……我们将会拭目以待。如果你改变了你的态度，我们也将改变。如果你不改变，那么我们的国家将依据其过去 30 年的经历行事"。③ 伊朗宗教领袖哈梅内伊重申，

---

① N. Fathi, A. Cowell, "Iran to Begin Tests at Nuclear Station," *New York Times*, 25 February 2009, http://www.nytimes.com/200 9/02/26/world/middleeast/26iran.html.

② Erdbrink, "Iranian Leaders Fault Obama, Warn Israel again," *Washington Post*, March 5, 2009, http://www.washingtonpost.com/wp-dyn/content/article/2009/03/04/AR 2009030400330.html.

③ Erdbrink, "Iran's Supreme Leader Rebuffs Obama," *Washington Post*, March 22, 2009, http://www.washingtonpost.com/wp-dyn/content/article/2009 /03/21/AR2009032100217.html.

在关系发展能够获得预期之前,美国对伊朗政策的具体变化,比如取消制裁,必须实现。① 尽管在奥巴马竞选胜利后,伊朗总统内贾德前所未有地写信表示祝贺,但在奥巴马就任总统后不久,内贾德即要求美国为其在过去六十年里对伊朗所犯下的罪行道歉。② 哈梅内伊批评奥巴马只是延续了小布什总统对德黑兰的敌人以色列的政策。哈梅内伊曾经把以色列称作处于崩溃边缘的癌瘤,并号召毁灭它。伊朗总统内贾德说,伊朗欢迎与美国进行对话,但是要在相互尊重的基础上。伊朗的官员说,这意味着美国要停止谴责伊朗试图制造核武器、支持恐怖主义等这些伊朗拒绝承认的指控。③

重要的是,在伊朗核问题上,奥巴马政府的接触政策也未取得多大进展。德黑兰确信,美国的最终目的是改变伊斯兰政权,因此,它在放弃其核计划方面很犹豫。考虑到美国对待伊拉克和朝鲜截然不同的方式,德黑兰不但把其核计划看作应对外国威胁的未来盾牌而且还看作事关声望和科技的事业。④ 伊朗的精英把他们的核计划看作一个主要的研发领域,其具体目标之一是减轻加在伊朗国内油气工业上的政治和经济压力。同时,对核能的追求是受伊朗的民族主义情绪驱动的,这种民族主义情绪超越了宗教与世俗、精英与大众的界限。⑤ 2009年10月,由美国支持的旨在建立信任的核燃料交换提议没有在伊朗取得积极回应。而且,库姆附近又有新的秘密铀浓缩厂被曝光,伊朗对以色列的持续性威胁言论并未停止,大选危机后对所谓"绿色运动"的较为成功的压制,都进一步表明了奥巴马的接触政策目标没有达到。

奥巴马政府对伊朗的接触政策虽然没有实现预定目标,但它无论如何为伊核问题临时协议的达成提供了可能性,开启了美伊就核问题进行直接

---

① Sam Sasan Shoamanesh, "How and Why to Promote US–Iran Rapprochement," *MIT International Review*, June 2009, p. 2.
② Basima Tewfik, "US–Iran Relations Update," p. 2, http://www.hmceurope.org/2009/docs/updates/Senate2_iran_relations_update.pdf.
③ "Obama Reaches out to Iran, Looks for Engagement," March 19, 2009, http://www.foxnews.com/politics/2009/03/19/obama-reaches-iran-looks-engagement/.
④ Hooshang Amirahmadi, "US–Iran Relations: Perils and Promises," September 22, 2006, http://payvand.com/news/06/sep/1254.html.
⑤ Daniel Brumberg and Eriks Berzins, "US–Iranian Engagement: Toward A Grand Agenda?" the United States Institute of Peace, May 2009, p. 11, http://www.unausa.org/Document.Doc?id=438.

谈判的过程。在这一过程中美国与伊朗不但在"6+1"（五个常任理事国和德国为一方，伊朗为一方）模式下进行了数轮会谈（奥巴马政府始终没有关闭与伊朗就核问题进行无条件谈判的大门），而且也在鲁哈尼上台前后进行了多轮秘密会谈，这些会谈为伊核问题临时协议的达成创造了不可或缺的条件。"接触政策"表现了奥巴马政府试图通过外交途径解决伊朗核问题的明确意愿，因此它为美国在伊朗拒绝接受核燃料交换提议并继续进行铀浓缩后，推动安理会通过1929号制裁伊朗的决议提供了一些依据，"大大增加了俄罗斯和中国在安理会阻止制裁决议通过的难度"。① 联合国安理会通过的1929号国际制裁决议虽然或许没有美国等西方国家的单边制裁对伊朗经济造成的影响大，但它还表明国际社会认为伊朗的持续核活动严重威胁了国际和平与安全，使伊朗在国际法理上处于劣势，同时也为西方国家推出的极为严厉的单边制裁提供了一定程度的合理性。而对伊朗的经济制裁也是伊核问题临时协议得以达成的重要促成因素，尽管伊朗对此并不承认。从这个意义上看，"接触政策"以国际经济制裁为中介，对伊核问题临时协议的达成起到了间接推动作用。还值得一提的是，奥巴马政府对伊朗的接触政策虽然至少没有在内贾德总统在任时期使伊朗的对外政策产生大的改变，但却对伊朗内部政治力量的进一步分化产生了一定的推动作用，使伊朗国内支持与美国进行接触的力量增大了，这促使美伊双方都调整了政策，从而有利于伊核问题临时协议的达成。

第三节 "接触政策"下的伊核问题系列会谈与美伊密谈

由于会谈有利于维持国际上对施压伊朗的支持，有利于建立信任和在政治形势变化时探寻新的机会，因此，2010年6月通过了对伊朗的新的制裁决议后，由"接触政策"所开启的在"6+1"模式下的伊核问题会谈一直没有停止。"接触政策"只是美国对伊朗的"双轨政策"中的一轨（另一轨是制裁），2009年奥巴马侧重于双轨中的"接触"一轨，2010年起奥巴

---

① Judah Grunstein, "Iran Failed, Not Engagement," Feb. 10, 2010, http://www.worldpcliticsreview.com/trend-lines/5100/iran-failed-not-engagement.

马逐渐侧重于"制裁"一轨,但接触的轨道当然还是敞开着的。就伊朗方面来说,对奥巴马政府在伊核问题上的无条件接触要求自然难以拒绝。安理会1929号决议的通过,再次表现了国际社会在伊核问题上的某种共识,伊朗就核问题与六国进行会谈的压力进一步增大了,同时奥巴马政府对伊朗的接触政策本身也增大了伊朗国内支持接触的力量。

在伊朗国内一直以来就有主张与美国进行接触的改革者。早在2002年,就有学者认为:"在伊朗,担心美国的权力和包围的强硬派与质疑总体的反美政策的温和派之间存在着激烈的争论。"① 2003年4月,伊朗确定国家利益委员会主席拉夫桑贾尼呼吁就改善伊朗与美国关系进行全民公决。同年5月7日,伊朗议会154名议员联名发表声明,呼吁伊朗外交部采取积极的外交行动,修复与美国的关系,认为这会有助于将针对伊朗国家安全的威胁转化为机遇,是符合国家利益的明智之举。② 与20世纪90年代拉夫桑贾尼的和解努力相一致,内贾德的新保守主义政府也表达了某种程度的与美国进行接触的意愿。③ 伊朗总统内贾德公开写信给布什总统,发起与之进行辩论的挑战。这在几年前的伊朗是难以想象的。④ 伊朗总统内贾德破天荒地写信祝贺新当选的美国总统竞选胜利。⑤ 哈梅内伊曾说,当恢复美伊关系的时机到来时,他将批准恢复这种关系。⑥ 伊朗外长穆塔基也表达了类似的立场:"美伊之间不可能永远断绝外交关系。"⑦ 尽管相互猜疑和憎恶也已到达令人吃惊的程度,但与此矛盾的是,在两国首都要求美伊对话的呼声却是史上最高的。在德黑兰,长期存在的与美国对话的禁忌表面看来已被打破。仅仅在5年前,伊朗人会因为主张与美国对话而被送入监狱。但而今,该国

---

① Geoffrey Kemp, "The View from Iran," in National Intelligence Council, *Afghanistan and Regional Geopolitical Dynamics after 11 September*, Lightning Source Inc., 2002, p. 12.
② 刘强:《伊拉克战争后美国与伊朗关系的发展趋势》,《世界经济与政治论坛》2003年第4期,第83页。
③ See Khashayar Hooshiyar, "Iran, Globalization, and US Imperialist Agenda in the Middle East," 2006, p. 7.
④ Karim Sadjadpour, "Guidelines for Approaching Iran," June 2007, p. 6, http://www.carnegieendowment.org/files/sadjadpour_iran_final1.pdf.
⑤ Basima Tewfik, "US – Iran Relations Update," p. 1, http://www.hmceurope.org/2009/docs/updates/Senate2_iran_relations_update.pdf.
⑥ "Iran 'could Restore Ties with U.S.'," BBC, January 3, 2008, http://news.bbc.co.uk/2/hi/middle_east/7170381.stm.
⑦ "Ties with U.S. will not Remain Severed Forever: FM," *Payvand*, January 27, 2008, http://payvand.com/news/08/jan/1249.html.

的最高领袖哈梅内伊已经公开地认可这样做了。① 在伊朗的政治系统中有一些人尽管职位不是很高,但可能支持对美接触,因为接触对他们有利。这些人包括伊朗国家石油公司(National Iranian Oil Company,NIOC)的官员,他们很渴望获得西方的技术和投资,他们的总代表伊朗石油部长与商业领域的现实主义者关系密切。的确,对于伊朗国家石油公司的官员以及其他行为者而言,美伊在稳定伊拉克和阿富汗方面携手努力将会开启重建管道项目和其他相关工程的大门。② 伊朗议会前议长卡鲁比(Karroubi)或许是所有主张与美国和解的人中最为大胆的一个。他说:"两国间的寂静不会永远继续下去。坚冰应该打破,猜疑之墙应被推倒。"③

但是在小布什政府时期,伊朗的改革派们难以动员大众支持与美国接触。小布什政府把伊朗称作邪恶轴心国,并不断对之发出武力威胁,使伊朗政权很容易把美国妖魔化为大撒旦,并有理由声称与西方改善关系的障碍是疯狂的美国而不是伊朗政权。然而,奥巴马政府对伊朗接触政策的推出,一定程度上显示出美国已非改善关系的障碍了。奥巴马政府向伊朗伸出的橄榄枝,及其执政的前六个月对"接触"的反复强调,表明构建一种新的西方与伊朗关系是可能的,从而为伊朗的改革者提供了动力。在2009年的伊朗大选期间,穆萨维的竞选活动中充满了标语和肖像,很像奥巴马的竞选活动。在活动中,穆萨维说:"在伊朗,与美国会谈的禁忌已经被打破……现在我们相信,一个强大的伊朗通过与世界各国的互动并与之建立互信,能够扮演一个更为重要的国际角色。这是我们所追求的。"④ 奥巴马政府对伊朗的接触政策,使伊朗改革者更有信心地认为美伊关系中存在着转向新的方向的机会,使伊朗内部支持对美接触的力量扩大了。

在上述背景下,尽管美国等国于2009年10月的会谈中推出的核燃料交换提议没有被伊朗接受,而伊朗也在2010年6月再度遭受国际经济制裁,但"6+1"模式的核谈"列车"已开启,它只可能暂停而不会永驻。奥巴

---

① Karim Sadjadpour, "Iran: Is Productive Engagement Possible?", *Policy Brief*, October 2008, p. 2, http://carnegieendowment.org/files/us_iran_policy.pdf.
② Daniel Brumberg and Eriks Berzins, "U. S. – Iranian Engagement: Toward a Grand Agenda?" United States Institute of Peace, Working Paper, May 2009, p. 7.
③ Ted Galen Carpenter, "Iran's Nuclear Program: America's Policy Options," *CATO Institute Policy Analysis*, No. 578, September 20, 2006, pp. 14 – 15.
④ Teymoor Nabili, "Mousavi Revives Reformist Vote," June 13, 2009, http://www.aljazeera.com/focus/2009/06/2009612102154262910.html.

马总统及其高级幕僚均强调：制裁的目的是使伊朗回到谈判桌前。欧盟外交事务高级代表阿什顿（Ashton）于2010年10月致函伊朗首席核谈代表贾利利（Jalili），邀请他于11月15～17日赴维也纳举行对话。贾利利在回信中同意11月10日后选定"对双方都合适的时间与地点"举行会谈。① 在中断了14个月后，伊朗与六国于2010年12月6日在日内瓦重启了闭门会谈。就在会谈前一天，伊朗原子能组织主席萨利希称，伊朗在生产重要核工业原料铀"黄饼"方面已实现自给自足。此前，伊朗曾宣布生产出35公斤纯度为20%的浓缩铀，并有望于2011年9月前为布什尔（Bushehr）核电站提供国产核燃料棒。② 伊朗代表在会谈前一天如此高调公开自己的核活动情况，显然是想表明制裁对其核计划没有任何影响，同时也为了在谈判中争取主动，提出较高的要求。本次谈判没有取得任何进展，但各方均同意，下次会谈于2011年1月21～22日在伊斯坦布尔举行。但伊斯坦布尔会谈同样没有取得成果，因为伊朗要求以解除国际制裁作为讨论实质问题的前提。此时中东巨变已经开始，埃及等国发生的事使德黑兰受到鼓舞（伊朗称之为伊斯兰觉醒、伊朗伊斯兰革命的后续），但却使美国颇为措手不及。在此地区背景下，伊朗在核谈中不可能做出什么妥协。

2011年3月美欧开始军事干预利比亚，美国年底将从伊拉克全部撤军，同时美欧在此期间也期待着伊朗发生类似北非地区等阿拉伯国家的反政府运动，而伊朗则从卡扎菲被推翻中进一步认识到其在核问题上没有屈从西方压力的正确性，并利用巨变所致的高油价缓解了制裁压力，因而在一年多的时间里没有举行"6+1"伊核问题会谈。2011年9月（这时伊朗已经充分掌握了20%铀浓缩技术，并且浓缩铀的储备也日渐增加），伊朗提出停止其20%丰度的铀浓缩活动，接受西方提供的用于德黑兰核反应堆的燃料棒。西方拒绝了伊朗的提议，这样伊朗就必须自行生产核燃料棒了。③ 由于卡扎菲政权被推翻，担心美军从伊拉克撤军后伊朗会趁机填补真空，扩大在伊拉克的影响力，又因为伊朗没有出现西方所期望的内部

---

① 《伊朗准备好11月10日后与六国进行核问题会谈》，中新网，2010年10月29日电，http://www.chinanews.com/gj/2010/10-29/2622896.shtml。

② 何光海、杜源江：《伊朗呼吁六国应为谈判营造"建设性"氛围》，新华网德黑兰2010年12月7日电，http://news.xinhuanet.com/world/2010-12/08/c_12858581.htm。

③ Hossein Mousavian, "The Iranian Nuclear Dispute: Origins and Current Options," Arms Control Association (ACA), July 8, 2012, http://www.princeton.edu/sgs/faculty-staff/seyed-hossein-mousavian/Iranian-Nuclear-Dispute-Origins.pdf.

骚乱，伊朗的核活动不断扩大，欧美在 2012 年 1 月开始对伊朗施加更大制裁压力。"欧洲联盟成员国外交部部长 23 日在比利时首都布鲁塞尔决定，不再进口伊朗原油及石油产品，同时针对伊朗中央银行等机构出台一揽子经济制裁方案。"同日，美国财政部宣布："制裁伊朗国有商业银行德佳拉特银行。至此，美方已把伊朗所有主要国有银行置于惩罚措施之下。"① 而伊朗则以封锁霍尔姆斯海峡作为回应，一时形势十分紧张。伊朗在没有取消部分经济制裁的情况下是绝对不会中止铀浓缩活动的，而美欧则把维持并不断强化对伊朗的经济制裁作为确保伊朗行为改变的关键要素。

但紧张的形势并没有像有些分析人士所判断的那样发展到战争，2012 年 4 月 13～14 日，"6 + 1"会谈又在伊斯坦布尔举行。本次会谈中，西方国家集中于要求伊朗停止 20% 丰度的铀浓缩，至少作为一个临时步骤。本次会议决定，下次会谈于同年 5 月 23～24 日在巴格达举行。在巴格达会谈中六国提出了如下建议：伊朗停止 20% 的铀浓缩，把现存的 20% 浓缩铀库存运出伊朗；关闭库姆附近的福尔多（Fordow）地下铀浓缩工厂；伊朗接受全面的核查机制以确保其履行了自己所做出的承诺；伊朗解释被称为旨在设计核爆炸装置的活动。相应地，西方国家对伊朗采取如下互惠措施：西方国家至少在此期间允许伊朗进行 3.5%～5% 丰度的铀浓缩；向伊朗提供受保障的医用同位素供应以及技术援助，以确保民用核设施的安全；向伊朗提供民用客机备件。但六国没有满足伊朗提出的承认其铀浓缩权利的要求，也没有满足其停止欧盟既定的（2012 年 7 月 1 日）对伊石油禁运要求。② 伊朗或许更愿意运出其 20% 丰度的浓缩铀，而不愿意完全放弃福尔多核工厂。福尔多核工厂被伊朗看作最大的力量来源之一，因为它深埋山底，从而较难受到以色列和可能的美国空中打击，而且就位于什叶派圣地库姆（Qom）附近。它是在伊朗遭受制裁时由伊朗自己建设起来的，是伊朗国民抵抗外部压力和自豪感的象征。因此，伊朗对六国提出的上述建议是难以接受的。2012 年 6 月 18～19 日，在莫斯科举行的会谈，同样没有取得突破，但各方于 2012 年 7 月 3 日在伊斯坦布尔举行了

---

① 凌朔：《欧美联手制裁伊朗：石油禁运制裁银行》，新华网，2012 年 1 月 25 日，http://news.xinhuanet.com/fortune/2012 - 01/25/c_ 122619169. htm。
② See Kenneth Katzman, *Iran: U. S. Concerns and Policy Responses*, Congressional Research Service, March 5, 2014, pp. 28 - 29.

较低级别的技术性会谈。阿什顿与贾利利同年9月在伊斯坦布尔也进行了会面。

在这些谈判进行的过程中,伊朗不但掌握了把铀提纯到20%丰度的技术,而且还取得了其他令人难以想象的具有里程碑意义的成就:国内生产了供德黑兰反应堆使用的燃料棒,拥有约一万台离心机,6000公斤低浓缩铀以及150公斤的丰度为20%的浓缩铀。① 在这种情况下,西方如果仅向伊朗提限制其核活动的要求,而不在其核权利上及对伊制裁上有较为明显的让步,伊朗与西方是很难达成协议的。

2013年2月26~27日,"6+1"会谈在哈萨克斯坦第一大城市阿拉木图举行。会谈地点的选择是颇具深意的。作为一个世俗的、穆斯林为主的国家,哈萨克斯坦同与会各国均保持良好关系,其在核不扩散方面堪称榜样:它于1991年自愿放弃了从苏联继承的核武库,为《中亚无核武器区条约》的签署与生效做出了重要贡献。在本次会谈中,西方放弃了对伊朗彻底关闭福尔多核工厂的要求,但继续坚持要求伊朗停止在该工厂进行20%丰度的铀浓缩活动;允许伊朗保留部分能够被用于医疗同位素的20%丰度的浓缩铀;解除以黄金或其他贵金属向伊朗付款的多国禁令以及购买伊朗石化产品的禁令。2013年4月5~6日举行的第二轮阿拉木图会谈中,伊朗提议:伊朗停止在福尔多安装离心机、继续与国际原子能机构进行会谈、继续把20%丰度的浓缩铀转化为氧化铀、停止把铀提纯至20%;西方承认伊朗进行铀浓缩的权利、快速解除联合国制裁和多国制裁,并提出讨论更为广泛的地区问题。② 阿拉木图的两次会谈表明双方的立场已经有很大的交集了,问题核心仍然是各方如何在伊朗的核权利和国际制裁上进一步进行协调。

鲁哈尼就任伊朗总统后,其对外较之内贾德表现得更为温和,其一系列积极言行为核谈创造了良好的前景。他认为国际政治已不再是零和游戏,而是一个多维舞台,合作与竞争经常同时发生,血仇时代已经过去。他主张伊朗与美国一道结束危险的对立与冲突,协调解决悬而未决的问题,争

---

① Hossein Mousavian, "The Iranian Nuclear Dispute: Origins and Current Options," Arms Control Association (ACA), July 8, 2012, http://www.princeton.edu/sgs/faculty-staff/seyed-hossein-mousavian/Iranian-Nuclear-Dispute-Origins.pdf.

② Kelsey Davenport, "History of Official Proposals on the Iranian Nuclear Issue," updated January 2014, http://www.armscontrol.org/factsheets/Iran_Nuclear_Proposals.

取达到双赢的结果。①

2013 年 9 月 26 日,在联合国大会会外展开了"6+1"会谈。在这次会谈中,美国国务卿克里和伊朗新任外长扎里夫(Zarif)进行了单独会谈。作为会谈的一个结果,各方同意,另一轮"6+1"高级会谈于 2013 年 10 月 15~16 日在日内瓦举行。在日内瓦会谈中讨论了达成一个临时协议的问题,会谈结束时,各方达成一致,定于 2013 年 11 月 7~8 日再次举行会谈。在下次会谈开始前,进行技术性会谈。在会谈临近时,伊朗官员的声明暗示,达成一个限制伊朗的核计划以换取减轻制裁的临时协议是可能的。在会谈进行时,六国的外长改变了他们参加会谈的时间表,延长了会谈时间,试图商定一个最终草案,宣告临时协议的达成。但由于六国外长间存在分歧,以及伊朗外长在没有与德黑兰的更高级官员磋商的情况下不敢最终敲定临时协议,因此会谈没有达成一致。各方同意在 11 月 20 日,再次举行会谈。② 这样,伊核问题临时协议便呼之欲出了。

实际上,除了上述"6+1"会谈,美国与伊朗的秘密会谈对伊核问题临时协议的达成也起到了重要的推动作用,甚至是关键性作用。美伊首轮秘密会谈于 2013 年 3 月就进行了,而伊朗的总统大选是在 6 月,新总统就职是在 8 月,这就是说,两国就伊核问题进行的密谈是内贾德在任时开启的。在首轮密谈中,美方的代表是副国务卿威廉·伯恩斯(William Burns)。鲁哈尼当选总统后,美伊两国双边接触与对话的节奏提速,两国又进行了四次密谈,8 月和 10 月各两次,多数是在阿曼举行的。奥巴马与鲁哈尼通电话以后,美国才开始把与伊朗的密谈告知盟友。"6+1"会谈,只不过是美伊间严肃会谈的遮蔽。伊朗与六国达成的伊核问题临时协议中的一些要点,正是以美伊间的这些秘密会谈为基础的。③ 在 3 月的密谈中,美方还提出了伊朗卷入叙利亚、伊朗威胁封锁霍尔木兹海峡、失踪的美国人等所关

---

① "Let's End Unhealthy Rivalries: Iranian President to US," September 20, 2013, http://zeenews.india.com/news/world/let-s-end-unhealthy-rivalries-iranian-president-to-us_878076.html.

② See Kenneth Katzman, *Iran: U.S. Concerns and Policy Responses*, Congressional Research Service, March 5, 2014, p. 30.

③ See Barak Ravid, "Israeli Intel Revealed Secret U.S.-Iran Talks, Months before Obama Briefed Netanyahu," November 24, 2013, http://www.haaretz.com/news/diplomacy-defense/.premium-1.559964;陈立希:《美伊今年已多次秘密直接会谈》,《新闻晨报》2013 年 11 月 26 日,A18 版。

切的问题。

经过上述多轮会谈，双方持续地讨价还价后，都大致明白了对方的底线，先求同存异达成一个临时协议，以为最终协议的达成创造良好的条件，对各方而言不失为一个明智之举。

第四节　本章小结

伊朗核问题是新世纪美伊关系中的一个亟待解决的核心问题。但美伊两国长期敌对、互不信任，罕有官方接触，这给伊核问题的解决带来了很大困难。小布什政府上台伊始即对伊朗发出不友好的声音，但"9·11"事件以及随之而来的阿富汗战争，使美伊关系有所缓和，两国在阿富汗问题上进行了卓有成效的接触。但好景不长，随着阿富汗塔利班政权被推翻，美国开始实施其"大中东民主计划"，拟定武力推翻伊拉克萨达姆政权，在伊拉克建立中东的民主灯塔，伊朗被同伊拉克和朝鲜一起列入"邪恶轴心"，两国因阿富汗战争而有所解冻的关系再次冷却下来。2002年8月，伊朗秘密核活动的曝光，给美伊关系雪上加霜。萨达姆政权被推翻后，美国中止了与伊朗的所有接触，在核问题上让欧盟出面斡旋，不断对伊朗发出武力威胁，严厉要求其停止铀浓缩活动，伊朗俨然成了美国下一个攻击目标。但美国很快陷入伊战泥潭，阿富汗塔利班势力回潮趋势明显，而伊朗对伊拉克和阿富汗两国均具有巨大的影响力，稳定两国局势无法绕开伊朗，因此2005年末美国通过外交手段解决伊核问题的意向有所增强，开始对伊朗实施选择性接触政策，即在阿富汗、伊拉克问题上与伊朗进行无条件接触，但在核问题上，美国以伊朗停止铀浓缩活动作为与之进行接触的先决条件。伊朗维护其核权利的意志十分坚决，尽管经历了多轮制裁，但其核技术不断提高、核研发设施的规模也不断扩大，从而能够做出某种妥协的底线也越来越高。在此情况下，如果美国仍然以伊朗停止铀浓缩作为与伊朗进行直接会谈的条件，伊核问题的僵局将难以打破，其发展趋向令世人堪忧。

奥巴马政府上台后，除了继承了小布什政府的未了且十分棘手的两场战争遗产外，还面临金融危机的严峻挑战，因而在外交政策上试图缓和与敌对力量的关系，对伊朗采取了无条件接触政策，在伊朗核问题上愿意不预设条件地参与同伊朗的直接会谈。这便打破了伊核问题僵局，为美伊两国面对面讨论伊核问题创造了条件。2009年10月1日，美国向伊朗提出了核燃料交换建议，但遭伊朗的拒绝，这标志着其"接触政策"效果不佳。

但它对美国来说也并非没有产生任何积极效果。奥巴马政府对伊朗的接触政策固然是一种和解姿态，但恰恰是这种姿态为美国提供了在核燃料交换提议遭拒后，动员国际力量对伊朗实施新的国际经济制裁的能量，使中俄无充分理由反对安理会通过1929号决议。而国际经济制裁，在迫使伊朗最终在核问题上做出让步方面起到了重要作用。这表明"接触政策"为伊核问题临时协议的达成起到了间接推动作用。尽管2010年以后，奥巴马政府逐渐对伊朗实施强制性外交，但其始终没有关闭就伊核问题与伊朗进行接触的大门，"接触政策"所开启的"6+1"会谈模式始终没有终止。这是"接触政策"为伊核问题临时协议的达成提供可能性的一个方面。另一方面，"接触政策"促使伊朗内部政治力量进一步分化，这种分化在统治精英和普通民众中均有所体现，使伊朗国内支持与美国进行接触并改善关系的力量增大。2009年的伊朗大选危机不能不说与奥巴马政府对伊朗的接触政策有一定关系，危机虽然最终被平息下去，但它所展示出的伊朗的弱点，无疑对美国和伊朗的统治精英均产生了重要启示：它使伊朗的强硬派领导人（包括最高领袖哈梅内伊）进一步认识到，对于与欧美缓和关系的努力，如果不是大力支持的话，至少也是难以反对的；它使美国领导人愈加觉得，伊朗内部有演变的潜能，让伊朗保留部分核活动，同时又努力延缓其踏入核门槛的时间，是较为理想的政策选项，因为这将为伊朗的和平演变争取更多的时间。在解释美国为何同意与伊朗达成伊核问题临时协议时，奥巴马说：对于伊朗政权所引发的威胁，我们不要太天真，无论伊朗人何时从事恐怖活动或采取敌视我们或我们的盟友的行为，我们都要与之斗争，这是至关重要的。但我们不要老是假定随着时间的推移，伊朗也不会像其他国家那样发生改变。①

总之，"接触政策"打破了小布什政府留下的伊核问题僵局，开启了"6+1"伊核谈判模式，并使美伊就核问题进行秘密会谈成为可能；"接触

---

① Rebecca Shimoni Stoll and Ricky Ben-David, "Obama: Iran can Have Peaceful Nuclear Frogram, 'Modest Enrichment'," *The Times of Israel*, December 7, 2013, http://www.timesofisrael.com/obama-my-goal-is-to-prevent-iran-from-getting-nuclear-weapon/.

政策"有利于奥巴马政府在伊朗拒绝其核燃料交换提议后动员国际社会对伊朗实施经济制裁,而经济制裁是促使伊核问题临时协议达成的因素之一;"接触政策"一定程度上推动了伊朗内部政治力量的进一步分裂,从而促使美伊双方逐渐调整了对对方的政策,为伊核问题临时协议的达成创造了现实条件。因此,"接触政策"是伊核问题临时协议达成的背景原因之一。

第二章 美国在伊朗核权利上的渐次让步与伊核问题初步破局

"协议并没有改变这样一个事实：伊朗的核活动继续违反联合国安理会的各相关决议。"①

下面在具体考察这一背景原因之前，首先分析一下伊朗正常的核权利应该是什么。

第一节 伊朗的核权利应该是什么

"和平利用核能"是《不扩散核武器条约》的三大支柱之一（另外两个支柱是"不扩散"和"核裁军"）。作为《不扩散核武器条约》的成员国，伊朗也因此享有和平利用核能的权利。目前而言，和平利用核能的国际目标可以表述为：确保决定使用核能的国家都能公平地、通过国际合作获得核能带来的好处，同时也确保核能的使用不会导致核武器扩散、不会危及人类健康与安全、不会破坏环境。但到底什么是"和平利用"呢？《不扩散核武器条约》实际上并没有特别明确阐释"和平目的"或"和平利用"的含义。从逻辑上来看，其外延在"条约"所关注的另外两类核活动之外，即如果不属于下列核活动那么就属于和平核活动。这些活动是：制造或获取核武器或其他的核爆炸装置，管控这种武器和爆炸装置（除了5个被"条约"所认可的核国家外，其他所有国家都禁止从事此类活动）。把核反应堆用做军舰的动力来源，虽然不是以爆炸为功能取向从而并不被禁止，

---

① European External Action Service, "E3/EU +3 Nuclear Negotiations with Iran: Terms of the Agreement on a Joint Plan of Action, Including Measures to be Undertaken by the European Union," *Fact Sheet*, Brussels, 17 January 2014, p. 3, http://eeas.europa.eu/statements/docs/2013/131219_02_en.pdf.

但也属于对核能的非和平利用。这类活动是否属于"条约"第四条所规定的"不可剥夺的权利"是有歧义的，不属于核合作的范围。①

实际上，单从技术层面讲，到底什么是"和平利用"也确实难以准确定义，因为这里涉及核技术以及核材料的双用途问题。如果一个非核武器国家获得了足以生产和积聚裂变材料（主要是高浓缩铀和已分离出来的钚）的能力，那么这个国家就清除了通向制作其第一个核爆炸装置道路上的最为困难和最为关键性的障碍。② 这可以从核（武器）材料制作的主要流程中看出来。

核（武器）材料生产的主要流程如图 2-1 所示。③

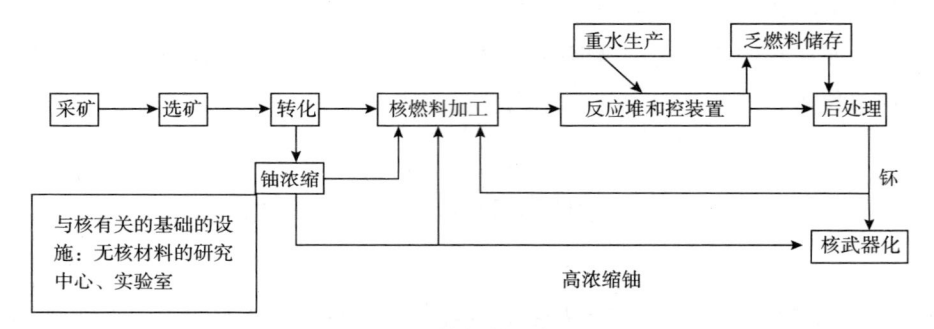

图 2-1 核材料生产流程

核武器可以用高浓缩铀或者钚这两种材料制造。高浓缩铀一般包含至少 90% 的铀 -235。包含 3% 左右铀 -235 的低浓缩铀一般用于核能反应堆中。由于天然铀矿石中只含有不到 1% 的铀 -235，因此它需要浓缩以用做核能反应堆的燃料。国际原子能机构负责监控这些核燃料以确保其不被进一步提纯生产出武器级核材料。钚是由在核反应堆中的天然铀燃料或低浓缩的铀燃料生产出来的，因为在产生核能的过程中这些燃料被消耗了。这个反应循环系统把少量的铀燃料转换成钚，但这种形式的钚必须从乏燃料

---

① See Ramesh Thakur and Gareth Evans, eds., *Nuclear Weapons: The State of Play*, Centre for Nuclear Non-Proliferation and Disarmament, 2013, pp. 198-199.
② Robert Zarate, "The NPT, IAEA Safeguards and Peaceful Nuclear Energy: An 'Inalienable Right', but Precisely to What?" pp. 2-3, http://www.npolicy.org/article_file/The_NPT_IAEA_Safeguards_and_Peaceful_Nuclear_Energy.pdf.
③ See Laura Rockwood, "Nuclear Nonproliferation and IAEA Safeguards," June, 2012, p. 13, http://www.iaea.org/nuclearenergy/nuclearknowledge/schools/NEM-school/2012/Japan/PDFs/week1/4-3_Rockwood_SafeguardsPresentation.pdf.

中提取。这一提取过程被称作"后处理"。国际原子能机构的核查人员在此情形下要对乏燃料负责,确保其不被通过后处理生产出钚。钚也可用做核反应堆的燃料,因此在那些以钚做核燃料的地方,国际原子能机构的核查人员要负责确保钚没有被转用于生产核武器。①

铀浓缩后产生的高浓缩铀以及后处理后产生的钚既可以军用也可以民用,铀浓缩能力和后处理能力都属于"双用途"能力。目前,9个有核武器的国家(安理会5个常任理事国以及印度、巴基斯坦、朝鲜、以色列)以及巴西、德国和日本均具有铀浓缩和后处理能力,澳大利亚、阿根廷、伊朗、荷兰、南非拥有铀浓缩能力,比利时和意大利具有后处理能力。②这样就出现了"核潜伏"国家和"核对冲"国家问题。这是《不扩散核武器条约》中没有被清楚地预见也没有被充分应对的问题。"核潜伏"是指:在明显的和平核计划之下,一个国家已经具备了"双用途"能力。"核潜伏"可以被看作不经意的:一个国家拥有了铀浓缩或后处理能力从而也具有了为核武器制造裂变材料的基本能力,尽管其在可预见的情况下很可能没有这样做的意愿。如果"核潜伏"被认为是不经意的,那么"核对冲"则是深思熟虑的国家战略,"核对冲"是指"以能够在相对较短的时间(从几周到几年)内生产出核武器的本土技术能力为基础,维持或至少表面上维持一种切实可行的相对快速地获取核武器的选择自由。"③"核潜伏"指一国的能力,而"核对冲"指一国谋求或维持核潜伏。④

就制造核武器的能力而言,日本肯定比伊朗强,就制造核武器的迹象和意向而言,日本恐怕也不比伊朗弱。但日本被当作"核潜伏"国家,而没有被国际社会追究核能的非和平利用责任。显然,根据《不扩散核武器条约》,如果伊朗在发展核技术、利用核能时没有制造获取核武器或其他的核爆炸装置,没有管控这种武器和爆炸装置,同时又接受国际原子能机构的监督,那么它就应当被看作和日本等具有核燃料生产能力的国家一样在

---

① See Baker Spring, "Controlling the Bomb: International Constraints on Nuclear Weapons are Not Enough," May 19, 1993, p. 5, http://research.policyarchive.org/11301.pdf.
② Ramesh Thakur and Gareth Evans, eds., *Nuclear Weapons: The State of Play*, Centre for Nuclear Non-Proliferation and Disarmament, 2013, p. 208.
③ Ariel E. Levite, "Never Say Never again: Nuclear Reversal Revisited," *International Security*, Vol. 27, No. 3, Winter 2002, p. 69.
④ Ches Thurber, "A Step Short of the Bomb: Explaining the Strategy of Nuclear Hedging," *Journal of Public and International Affairs*, 2011, p. 32.

和平利用核能，在享用自己的核权利。就此而言，进行铀浓缩应该是无核国家正常的核权利，当然也属于伊朗的核权利范围。这一解读得到了绝大多数国家认可。2010年5月17日，土耳其、巴西与伊朗达成的核燃料交换协议中明确宣称：我们重申遵守《不扩散核武器条约》，并根据相关条款再次强调包括伊朗伊斯兰共和国在内的所有国家享有的为了和平目的，无歧视地展开核能的研究、生产和利用的权利以及开展包括铀浓缩活动在内的核燃料循环系统建设的能力。① 中国对此协议表示了欢迎，认为是朝着和平方向迈出的一步。② 这说明中国在无核国家核权利的认识上与三国类似。即便伊朗执行的是"核对冲"政策，也很难说其违反了《不扩散核武器条约》，如果说它违反的话，那么日本早就违反了。"伊朗发展铀浓缩和核燃料循环技术的权利实际上是相当明确和无可争议的。国际社会中的大多数国家，包括中国、俄罗斯、巴西、土耳其、印度、南非以及不结盟运动的所有120个成员，均承认这种权利。"③ 即使为了和平目的发展和利用核技术的权利是否包括浓缩铀活动是有争议的，但是《不扩散核武器条约》的一些成员国，包括阿根廷、巴西、德国、日本和荷兰，拥有自己的国内铀浓缩计划，这些计划在实施时并没有受到制裁或威胁。④ 这难道不能表明美国等国对这一权利的实际默认吗？

《不扩散核武器条约》的一个重要目标是确保核能真的只用于和平目的而不促发核武器的扩散。而核燃料的生产，不但对国际社会而且也对国际原子能机构构成许多新的挑战，因为核查铀浓缩设备和后处理设备是非常困难的，而且所谓的转换时间，即把裂变材料转换以用于核爆炸装置所需的时间，非常短暂。⑤ 因此，条约的第四条肯定了各国为了和平目的而利

---

① "Text of Iran Letter on Nuclear Fuel Swap Offer," May 24, 2010, http：//in. mobile. reuters. com/article/worldNews/idINIndia－48751920100524.
② Diego Santos Vieira de Jesus, "Building Trust and Flexibility：A Brazilian View of the Fuel Swap with Iran," *The Washington Quarterly*, Vol. 34, No. 2, Spring 2011, p. 62.
③ Nima Shirazi, "Iran's Nuclear Rights vs. the West's 'Bombastic Diplomacy'," November 11, 2013, http：//mondoweiss. net/2013/11/nuclear－bombastic－diplomacy. html/comment－page－1.
④ Stephen Gowans, "US Aiming for More than Nuclear Deal in Iran," *Global Research*, October 8, 2013, http：//www. globalresearch. ca/us－aiming－for－more－than－nuclear－deal－in－iran/5353452？print＝1.
⑤ Dr. Mohamed ElBaradei, "Addressing Verification Challenges," Statement of the IAEA Director General to the Symposium on International Safeguards, Vienna, Austria, October 16, 2006, http：//www. iaea. org/NewsCenter/Statements/2006/ebsp2006n018. html.

用核能的权利，但条件是这种利用与条约中所规定的不扩散义务相一致，而且国际原子能机构的保障监督适用于核实对这些义务的履行情况。伊朗在行使自己的权利，和平利用核能的同时，也要履行作为《不扩散核武器条约》成员国所应承担的核不扩散义务，并接受国际原子能机构的保障监督。

第二节　小布什政府在伊朗核权利上的让步

2002年秋，伊朗秘密核活动被曝光后，立即引起美国的关注，声称将伊核问题提交联合国安理会，并主要通过欧盟在美伊间进行斡旋，传达美国的条件和要求。小布什政府在对待伊朗的核权利上执行的是"合法的歧视"（legitimate discrimination）政策。"合法的歧视"旨在堵住《不扩散核武器条约》的漏洞，其要义是由相关国际机构，最好是联合国安理会，制定补充性法规，拒绝承认个别"关注国"（state of concern）拥有发展铀浓缩能力的权利，从而阻止其滥用该条约所规定的和平利用核能的权利而秘密发展核武器。《不扩散核武器条约》把世界各国分为核国家和非核国家。"合法的歧视"思想更进了一步，把非核国家再分为"关注国"和"非关注国"，后者被准予拥有并使用铀浓缩设备进行核能的和平开发和利用，而前者则被剥夺这种权利。①

尽管因存在着争议和操作上的困难，"合法的歧视"思想并没有上升为国际法，但小布什政府在应对伊核问题上还是践行了这种思想，特别是在第一任期内，小布什政府力图阻止伊朗进行任何核活动。伊朗秘密核设施被曝光后，美国政府警告伊朗停止开展与铀浓缩相关的活动，并要求国际原子能机构理事会根据国际原子能机构规约寻找伊朗违反其应当承担的保障监督义务的证据，然后向联合国安理会汇报，以对伊朗进行制裁。但是包括大多数欧洲国家在内的许多理事会成员国反对把伊朗核问题提交到安理会，主张给予伊朗更多的时间与国际原子能机构合作以解决其过去的核活动问题。②

---

① See Cyrus Samii, "Managing Nuclear Threats after Iraq," International Peace Academy, February 2005, pp. 1, 11, https://files.nyu.edu/cds2083/public/docs/MANAGING_NUCLEAR_THREATS.pdf.

② Gary Samore, "Meeting Iran's Nuclear Challenge," WMDC Paper, No. 21, October 2004, pp. 2-3, http://www.blixassociates.com/wp-content/uploads/2011/03/No21.pdf.

2003年10月21日，英法德三国外长飞抵德黑兰与伊朗政权进行直接会谈并与之达成了协议。伊朗同意签署《不扩散核武器条约》附加议定书，完全公开其核计划，暂停铀浓缩活动和后处理活动，加强与国际原子能机构的全面合作。2003年12月18日，伊朗签署了"附加议定书"。但伊朗合作的时间很短。2004年6月末，伊朗最高领袖哈梅内伊说伊朗拥有完备的核燃料循环系统是至关重要的，因为如果不这样伊朗将依赖其他国家，并易受到出于政治动机而中断核燃料供应的影响。[1] 2004年9月，伊朗开始了铀浓缩活动。在制裁压力下，伊朗于2004年11月14日与欧盟三国缔结了巴黎协议（Paris Agreement），接受欧盟的要求，继续暂停铀浓缩和铀转化活动，欧盟三国则承诺对伊朗提供民用核技术援助和举行贸易谈判。但由于欧盟没有在伊朗履行协议时兑现其承诺，更由于美国在伊拉克和阿富汗日益陷入困境，加之伊朗新任总统内贾德上台，2005年8月1日，伊朗通知国际原子能机构它将在伊斯法罕重启铀转化活动。[2] 当年8月8日伊朗拆除了国际原子能机构在其核设施上打的封条，在伊斯法罕开始了铀转化活动。此时，伊朗进行铀转化活动被欧盟看作越过了红线。在欧盟的推动下，2005年9月24日，国际原子能机构理事会宣布伊朗违反了《不扩散核武器条约》，警告伊朗如果在下次会议前仍不遵守条约，就将把此问题提交联合国安理会。[3] 随后，欧盟向伊朗明确表示，只有在伊朗暂停铀浓缩计划的情况下，才愿意与伊朗退让重新谈判。这表明欧盟做了让步，把红线的位置由原来的"伊朗进行铀转化"退让至现在的"伊朗进行铀浓缩"。也就是说，欧盟首次开始接受伊朗进行铀转化活动，承认了伊朗拥有进行铀转化的权利。由于欧盟是代表美国说话的，因此也可以认为此时小布什政府在伊朗核权利上首次做出让步。自此，迫使伊朗停止铀浓缩活动成了小布什政府对伊朗政策的核心目标，换句话说，小布什政府只勉强默认伊朗进行铀转化活动。铀转化是进行铀

---

[1] Robert J. Einhorn, "A Transatlantic Strategy on Iran's Nuclear Program," *The Washington Quarterly*, Autumn 2004, p. 26.

[2] Anne Penketh, "Iran in Showdown with EU over its Nuclear Ambitions," August 1, 2005, http：//www.independent.co.uk/news/world/middle－east/iran－in－showdown－with－eu－over－its－nuclear－ambitions－501007.html.

[3] "Implementation of the NPT Safeguards Agreement in the Islamic Republic of Iran," Resolution adopted on 24 September 2005, p. 3, http：//www.iaea.org/Publications/Documents/Board/2005/gov2005－77.pdf.

浓缩等的基础性活动，这一点可以从上文提及的核材料生产流程中看出来。

内贾德总统上台后不久，伊朗大大扩展了其核活动，同时联合国和美国也不断追加制裁，并把制裁的取消同伊朗遵守安理会决议挂钩。但伊朗坚称其核活动每一步都是无法逆转的，从而就为日后的会谈不断设置了使伊朗核权利一次比一次扩大的底线，使美国越来越难以坚持其限制伊朗核活动的底线，不得不在伊朗核权利上逐渐让步。

美国政府对伊朗请俄罗斯帮助其完成布什尔核电站建设也非常关切，并不断采取措施大力阻挠该项目的顺利进行。俄伊核协议签署于1995年，美国十分关切。多年来，美国官员为其关切提出的主要理由是：核电站能够帮助伊朗的科学家获取宝贵的技术和经验甚至武器级核材料；核电站能够被伊朗用做发展核燃料循环技术的借口，包括核燃料的加工和铀浓缩。总之，美国认为俄罗斯帮助伊朗建设布什尔核电站有明显的核扩散危险。美国政府从一开始就采取利诱、威逼等各种方式，试图迫使俄罗斯放弃与伊朗的所有核协议。对此，俄罗斯不同意，最终只答应把其与伊朗的核合作限于完成布什尔核电站的第一座反应堆装置，为其提供燃料并训练伊朗专家管理此电站。许多美国人认为，在俄罗斯拒绝与伊朗在核燃料循环技术上进行合作以后，伊朗将会对布什尔核项目工程失去兴趣，从而将永远无法完成核电站建设。[①] 美国还不遗余力地成功劝说乌克兰、捷克等国的公司远离布什尔核电站项目。然而伊朗并没有失去建设布什尔核电站的兴趣。尽管有美国的压力，2005年2月28日，俄罗斯还是与伊朗签署了一个协议。根据该协议，俄罗斯向伊朗提供核燃料，但布什尔核电站产生的核废料应被运回俄罗斯。此时，美国只有面对现实而改变原有立场，对该协议表示欢迎，认为这将使伊朗没有必要建设自己的铀浓缩设施或发展独立的核燃料循环能力。这就是说，表面上美国认为伊俄间关于把核废料运回俄罗斯的协议使俄罗斯参与的核电站建设不再是个问题了，不再具有核扩散危险了。其实，2005年伊俄核协议远未消除美国的忧虑。美国认为，尽管布什尔核反应堆在国际原子能机构的监督之下，但如果伊朗在此反应堆运行三年以后退出《不扩散核武器条约》，届时反应堆及乏燃料中将含有足以

---

① Einhorn J. Robert, Samore Gary, "Ending Russian Assistance to Iran's Nuclear Bomb," *Survival*, 2002, No. 2., p. 53.

制造数枚核武器的钚。① 实际上，美国一开始反对但后来接受俄罗斯参与伊朗布什尔核电站建设，还有一个更重要的原因——2006 年美国等西方国家与俄罗斯达成了一个交易：西方同意在关于伊核问题的联合国制裁决议中不提及布什尔核电站，作为交换条件，俄罗斯支持相关制裁决议。安理会后来通过的 3 个（1747 号、1803 号、1929 号）制裁决议也没有提及布什尔核电站。②

上述情况表明，美国一开始反对伊朗通过建设布什尔核电站行使其和平利用核能的权利，但后来至少表面上默认了伊朗的这一权利。不过，其让步的一个重要原因是为了获得俄罗斯在推动联合国对伊制裁方面的支持，同时联合国对伊朗的制裁条款虽然没有提及布什尔核电站，但在客观上也减缓了俄罗斯帮助建设此电站的速度。

第三节　奥巴马政府在伊朗核权利上的继续让步

2009 年初，奥巴马上台时，虽然美国已经推动联合国安理会通过了多个制裁伊朗的决议，而且还对伊实施了单边制裁，但是并没有达到目的，伊朗照样进行核活动，其核活动的规模不断扩大，核技术水平也不断提高。2009 年 2 月，国际原子能机构的报告显示伊朗少报了约 1/3 的浓缩铀库存。伊朗此时已经积聚了 2227 磅的低浓缩铀，如果进一步浓缩到 90% 以上，就足以制造一枚核弹了。在对纳坦兹（Natanz）的铀浓缩工厂进行核查后，国际原子能机构也报告了该工厂最新的离心机数量：4000 台正在运行，另有 1600 台可用，总数为 5600 台。美国科学与国际安全研究院（ISIS）主席、核专家大卫·奥尔布赖特说，伊朗已经具备了"突破能力"（breakout capacity），或者说为制造一枚核弹生产出足够的高浓缩铀的理论生产能力。③

---

① John R. Bolton, "The Bush Administration's Nonproliferation Policy: Successes and Future Challenges," Testimony Before the House International Relations Committee, March 30, 2004, http://2001-2009.state.gov/t/us/rm/31029.htm.

② "Russia's Nuclear Help to Iran Stirs Questions about Its 'Improved' Relations with U. S.," August 14, 2010, FoxNews.com, http://www.foxnews.com/politics/2010/08/14/russias-nuclear-help-iran-stirs-questions-improved-relations/.

③ William J. Broad and David E. Sanger, "Iran Has a Third More Enriched Uranium Than Thought, Inspectors Say," *The New York Times*, 20 February 2009.

这样，如果继续小布什政府的以伊朗停止浓缩铀作为美国参与同伊朗就核问题进行谈判的条件，恐怕核问题僵局仍很难打破，因为就形势发展来看，这实际上是把会谈的预期结果作为会谈的条件。因此，美国有必要不预设条件地与伊朗就核问题进行直接谈判，并部分承认伊朗的核权利。

2009年4月8日，美国宣布将无条件地全面参与六国与伊朗举行的所有核谈判（美国放弃了小布什政府时期的以伊朗停止铀浓缩作为在核问题上进行直接谈判的条件），暂停寻求针对伊朗的新的国际制裁。[①] 伊朗总统内贾德在一次演讲中对此做出反应，表示乐于与美国进行"诚实"会谈。同年6月4日，在开罗发表的对穆斯林世界的演讲中，[②] 奥巴马表示，在履行《不扩散核武器条约》所规定的相关义务的前提下，伊朗有和平利用核能的权利，愿与伊朗在相互尊重的基础上进行无条件谈判，他说："任何一个国家——包括伊朗——如果它履行对《不扩散核武器条约》承担的责任，就应当有权获取用于和平目的的核能源。这一承诺是这项条约的核心，应为条约各方全面遵守。"小布什政府从未公开承认伊朗有和平利用核能的权利，因此，这是美国在伊朗核权利上的又一次明显退让，并为美国与伊朗就核问题进行面对面谈判创造了条件。但是，奥巴马总统在开罗发表的演讲，只是在强调了伊朗所应承担的义务的前提下，对其核权利的口头承认，尚缺乏实际的行动，而且奥巴马向伊斯兰世界及伊朗示好的演讲恰恰发表在伊朗总统大选之际，其目的之一是想以此进一步分化伊朗内部的政治力量，为伊核问题的解决寻找机会。

2009年6月13日，伊朗大选落下帷幕，伊内政部宣布内贾德获胜。但是选举落败的穆萨维指责内贾德有舞弊行为，其大批支持者走上街头进行持续多日的大规模抗议，并引发暴力，造成大选危机。伊朗大选危机表明，不但伊朗民众中存在着较大的政治裂痕，而且统治精英内部也存在一定的政治分歧。伊朗大选危机使奥巴马政府认识到，在外部力量作用下，伊朗内部实现和平演变的希望更大了，从而更加坚定了通过外交手段解决伊核问题的信念。奥巴马在伊核问题上的主要策略是：在部分承认（确切地说是"默认"）伊朗核权利的同时，努力设法延缓伊朗到达核门槛的速度，在

---

① K. Deyoung, "U. S. to Join Talks on Iran's Nuclear Program," *The Washington Post*, April 9, 2009.

② 演讲的汉译文本可参见 http://iipdigital.usembassy.gov/st/chinese/article/2009/0€/20090604121534eaifas0.4368097。

确保伊朗不越过红线的前提下，利用伊朗的内部变革争取更多的时间。这一点可以从 2009 年 10 月奥巴马政府主导推出的核燃料交换（nuclear fuel swap）提议中看出来。

2009 年 6 月，伊朗告知国际原子能机构其正在为对德黑兰研究用反应堆添加燃料寻求帮助。该反应堆所需铀燃料的丰度为 19.75%。对此，美国提出了核燃料交换的建议。2009 年 10 月 1 日，在美国、法国、俄罗斯、伊朗以及国际原子能机构共同举行的初次会议上，伊朗官员原则上同意进行核燃料交换的提议。该提议的主要内容是：伊朗在 2009 年年底前一次性地运出其生产的 1600 公斤低浓缩铀中的 3/4（1200 公斤）；① 俄罗斯把伊朗的低浓缩铀进一步浓缩至 20%，这一过程将产生约 120 公斤丰度为 20% 的浓缩铀，供制作成德黑兰研究用反应堆的燃料棒；法国制造核燃料棒，并在协议签署的一年后且在当前的核燃料供给耗尽前交付伊朗；美国与国际原子能机构一起完善安全保障措施并监督协议的落实。② 但是，由于国内反对声较大，因此伊朗迟迟没有明确回应该提议，后来提出了反建议：交换地点在伊朗本地进行；交换应分批进行而不是一次性的；交换应同时进行。对此，美国没有接受，认为其破坏了把伊朗低浓缩铀运往国外以建立信任的宗旨。

美国提出的核燃料交换提议主要是要求伊朗把约占其总量近 80% 的低浓缩铀运往国外进行加工处理，并没有明确要求伊朗停止铀浓缩活动。当然，联合国安理会已通过的伊核问题决议中均明确要求伊朗停止铀浓缩活动，但在核燃料交换提议中并没有提及。这在逻辑上表明，只要伊朗同意核燃料交换提议，即使其继续进行丰度较低的铀浓缩活动，美国在维持原有制裁的情况下，至少在核燃料交换实施过程中，不会推动安理会对伊朗施加新的国际制裁。一些欧洲国家认为"该协议允许伊朗继续生产供其轻

---

① 巧合（也许并非巧合）的是，1200 公斤 3.5% 丰度的低浓缩铀大约是生产 25 公斤高浓缩铀所需的量，而制造一枚核弹只需 25 公斤高浓缩铀。如果伊朗同意运出 1200 公斤低浓缩铀至俄罗斯，那么其持有的低浓缩铀的量将回落到 2008 年 8 月的水平，远低于制造一枚核弹所需的量，这将不但为谈判提供了更大空间，而且也确立了伊朗的铀能够在伊朗本土之外进行进一步浓缩这样一个原则，从而创造了一个先例。Mark Fitzpatrick, "Containing the Iranian Nuclear Crisis: The Useful Precedent of a Fuel Swap," *Perceptions*, Summer 2011, Vol. 16, No. 2, p. 29.

② Kelsey Davenport, "History of Official Proposals on the Iranian Nuclear Issue," updated January 2014, http://www.armscontrol.org/factsheets/Iran_Nuclear_Proposals.

水反应堆使用的核燃料",甚至"使伊朗进行铀浓缩合法化了",因而对该协议热情不高。① 但是,2010年2月,伊朗借口为德黑兰研究用反应堆提供燃料而开始将其部分低浓缩铀的丰度提高到20%(但伊朗当时"并不具备把较高丰度的浓缩铀转换成核反应堆所需的燃料棒的能力")。② 在此情况下,美国以没有涉及伊朗自行生产的20%丰度的浓缩铀及其扩大了的低浓缩铀库存为由,拒绝了巴西、土耳其和伊朗达成的核燃料交换协议,并于2010年6月9日推动安理会通过了1929号制裁伊朗的决议。

新的制裁决议的提出是由于伊朗拒绝美国提出的核燃料交换方案,自行生产20%丰度的浓缩铀。奥巴马政府把对伊朗进行制裁的红线由小布什政府的"伊朗进行任何形式的铀浓缩活动"后退到"伊朗进行20%丰度的浓缩铀生产活动"。

第四节　美国在伊朗核权利上让步的原因

美国因何在伊朗核权利上逐渐让步,而不充分利用现存的严厉经济制裁所产生的有利局面以及伊朗明显的会谈意愿最大限度地限制伊朗的核权利呢?③ 在其他条件不变的情况下,完全禁止伊朗的铀浓缩活动将会比允许其进行有限的铀浓缩使其离核武器更远并且更加易于查证。而且,除德国、日本、巴西等少数国家外,绝大多数拥有民用核电站的国家都放弃了在本国进行铀浓缩的选择。因此,通过要求伊朗彻底放弃核燃料循环活动,特别是要求其不再进行任何形式的铀浓缩活动,以使其尽最大可能地远离核

---

① Oliver Meier, "European Efforts to Solve the Conflict over Iran's Nuclear Programme: How has the European Union Performed?" *Non – Proliferation Papers*, No. 27, February 2013, p. 13.
② Judah Grunstein, "Iran Failed, Not Engagement," Feb. 10, 2010, http://www.worldpoliticsreview.com/trend – lines/5100/iran – failed – not – engagement.
③ 以色列总理内塔尼亚胡就伊核问题提出过"四禁止"要求,即禁止伊朗进行任何水平的铀浓缩活动,禁止其储存浓缩铀,禁止其拥有离心机,禁止伊朗建造阿拉克重水反应堆。美国的许多学者和政治人士也认为,只有按照类似内塔尼亚胡总理的"四禁止"方针限制伊朗的核权利才能真正有效地预防伊朗的"核突围"(nuclear breakout),即快速或秘密地生产出制造一枚或多枚核弹所需的裂变材料,而不被国际社会发现并及时做出反应。Graham Allison, "In Iran, Perfect is the Enemy of the Good: Why Demanding No Enrichment and No Centrifuges Means No Deal," January 22, 2014, http://www.foreignpolicy.com/articles/2014/01/22/us_ iran_ nuclear_ deal。

武器，似乎是慎重设定且合情合理的目标。

然而，事实上，这种对要伊朗永久终止任何形式铀浓缩的最理想协议的追求可能会使外交手段以失败告终，从而使不受限制的伊朗核武器化或者在伊核问题上的军事摊牌，这种对美国而言更为糟糕的结果出现的可能性更大。因为，尽管有来自美国及其盟国，乃至更广泛的国际社会的压力，伊朗政权不可能同意永久放弃行使其进行铀浓缩的权利。"进行铀浓缩的权利已经成为伊朗全民关注的大事，并且被看作该国主权独立的必要条件。鉴于已渗透到伊核问题中的民族主义的存在，提出一个涉及伊朗退却并放弃铀浓缩权利的危机解决方式几乎是不可能的。"[①] 维护伊朗的核权利，已经是伊朗政权提高国内合法性的重要手段。

总体而言，尽管在核计划的成本与收益方面存在着复杂的争论，伊朗的精英阶层无论是在原则上，还是在态度和策略上都没有产生明显分化。前哈塔米政府的成员、前总统拉夫桑贾尼和前首席核谈代表阿里·拉尼贾尼都曾批评过内贾德的挑衅性言论和在处理核问题时所表现出的外交不成熟，但从来没有重要的伊朗内部精英人士对核计划本身及其最终目标表示过怀疑。2009 年总统大选后，尽管出现了政治混乱，但越来越清楚的是不仅许多保守派而且许多改革派的政策制定者想继续寻求核技术，使伊朗拥有随时可以核武器化的自由选择能力。[②] 尽管伊朗承受着令人恐惧的经济制裁压力，哈梅内伊，这位伊朗最终决策者，也绝不会冒着失去民众的支持与忠诚的风险，而去同意或默认伊朗终止铀浓缩活动。在其本土范围内，伊朗已经差不多拥有了自行制作核弹所需的专门知识、设备和资源。2008年当伊朗科学家和工程师掌握了铀浓缩技术时，伊朗实际上就已越过了在通向制造核武器的道路上的最为重要的"红线"。成百上千名伊朗科学家所牢牢掌握的相关知识和技能是无法遂西方国家的意愿而消失殆尽的。多年来，为了掌握与铀浓缩有关的知识和离心机技术，这个伊斯兰共和国投入了太多的经济和政治资本，承受了太多的经济和政治压力。核计划和抵抗"傲慢大国"已经深深植入伊朗政权的意识形态之中。如果会谈的最终成果将反映政权的彻底投降，哈梅内伊以及革命卫队中的强硬派是不会持续支

---

① Mark Fitzpatrick, "Containing the Iranian Nuclear Crisis: The Useful Precedent of a Fuel Swap," *Perceptions*, Summer 2011, Vol. 16, No. 2, p. 30.

② Shirin Pakfar, "Dealing with Iran: How can the EU Achieve its Strategic Objectives?", *DIIS Policy Brief*, May 2011, p. 3.

持进一步的谈判的。如果哈梅内伊彻底废除了伊朗的核项目，他将无法向伊朗人民解释巨大的开支和多年来遭受的制裁和孤立是为何。哈梅内伊对这一结果的恐惧可能超过伊朗的经济崩溃或是核设施遭受定点军事打击。换句话说，哈梅内伊宁可让伊朗继续忍受更加具有破坏性的经济制裁或者遭受军事打击，也不会彻底放弃伊朗的核权利。总统鲁哈尼及其谈判队伍也不会同意停止铀浓缩活动，因为他如果这样做就等于政治自杀。要知道，与美国达成的临时协议都被强硬派诬为"金樽毒酒"（poisoned chalice）。① 自上台以来，鲁哈尼一直强调伊朗进行铀浓缩的权利，它曾说："伊朗政府的权利和我们的国家利益是一条红线。在国际规章框架下的各项核权利，包括在伊朗本土进行铀浓缩的权利也是一条红线。"②

核计划不单单是伊朗的国家自豪感问题，说到底还是一个国家安全问题。伊朗目睹了伊拉克萨达姆政权和利比亚卡扎菲政权这两个无核政权的覆灭，也注意到了拥有核弹的朝鲜政权的续存。据此，伊朗的统治精英们很可能认为拥有至少制造核弹的潜力是应对外部威胁的某种法宝。尤其值得指出的是，在伊朗拥有最终话语权的哈梅内伊一直坚信美国对伊朗政策的根本目标就是政权更迭。他说："美国官员在会谈中告诉我们的代表他们不寻求在伊朗出现政权更迭。他们在说谎，如果美国有能力这样做，他们将毫不迟疑。"③ 在最高领袖对美国持有这一认识的情况下，让其彻底停止核活动几乎是不可能的。

在明知伊朗不会彻底放弃铀浓缩活动的情况下，美国如果依然坚持这一要求，那么就无法达成任何协议，而且还会使双方的对抗进一步升级：美国及其盟国继续甚至加大对伊朗的制裁力度，与此同时伊朗的核计划也一如既往地稳步推进。其实，美国并没有指望严厉的经济制裁会直接迫使伊朗在核问题上做出让美国最满意的让步，美国的目的除了使流向伊朗核计划的资金减少外，很大程度上是试图通过经济制裁诱发伊朗民众对本国政权的不满情绪，甚至发生反政府活动，美国再借机干预，推动伊朗的政

---

① See The Associated Press, "Iran Hard-liners Call Nuclear Deal 'Poisoned Chalice'," Nov. 27, 2013, http://www.haaretz.com/news/middle-east/1.560586.

② "Iranian President Hassan Rouhani Vows to Preserve Nuclear Rights: Report," 11 November, 2013, http://www.abc.net.au/news/2013-11-11/iranian-president-rouhani-vows-to-preserve-country27s-nuclear-/5081998.

③ Aliakbar Dareini, "Iran Leader: Don't Pin Hope on Sanctions Relief," February 8, 2014, http://news.yahoo.com/iran-leader-don-39-t-pin-hope-sanctions-111020451.html.

权更迭,使伊朗出现亲西方政权,从而再现 1979 年前的美伊密切关系。鉴于伊朗十分重要的战略地位,美国将会取得一个难得的遏制俄罗斯及中国的战略筹码,在伊拉克、阿富汗、叙利亚,甚至巴以冲突等中东棘手问题上获得伊朗支持的可能性也将增大,从而利于美国"亚太再平衡战略"的顺利实施。但美国等国对伊朗长期的制裁实践表明,制裁难以达到此目的。美国要达到此目的需要一个必要条件,即伊朗民众把国际制裁所带来的困苦迁怒于本国政府,特别是迁怒于其在核问题上的不妥协。但是根据 2013 年的盖洛普民意测验 (Gallup poll),只有 13% 的伊朗公众认为伊朗政权对经济制裁所产生的困苦负责,而把此归咎于美国的却高达 46%。本次民调还发现 68% 的伊朗人支持在遭受经济制裁的情况下继续本国的核计划。① 这与先前的多个调查结果是一致的,先前的调查表明维持伊朗的铀浓缩计划拥有广泛的支持,即使这样做将导致更多的制裁压力。② "经济制裁对伊朗经济的影响及其非计划中的副作用非但没有激起伊朗国内民众对伊朗政权核政策的批评反倒产生了'团结在国旗下 (rally-round-the-flag) 的效应。"③ 因此,如果会谈破裂被认为是由于华盛顿坚持要求伊朗停止所有铀浓缩活动所致,伊朗公众可能会把外交失败所产生的愤怒投向美国而非本国政府。

为了迫使伊朗彻底放弃铀浓缩而继续对其实施制裁,美国等制裁国将付出高昂的维持制裁机制的成本,使盟友利益继续受损,使伊朗的无辜民众遭受更大伤害,更会加剧美伊敌对关系,甚至爆发战争。④ 这样美国将不得不再次深陷该地区的政治旋涡中,而无法顺利实现自身战略重心的转移,从而在应对地区强国的挑战方面将更力不从心。

综上可知,在无法使伊朗彻底放弃铀浓缩等活动的情况下,美国所能

---

① Jay Loschky, "Most Iranian Say Sanctions Hurting Their Livelihoods," *Gallup World*, November 6, 2013, http://www.gallup.com/poll/165743/iranians-say-sanctions-hurting-livelihoods.aspx.
② Geneive Abdo, "Iran's Nuclear Resistance," ForeignPolicy.com, October 25, 2012, http://mideast.foreignpolicy.com/posts/2012/10/25/irans_nuclear_resistance.
③ Steven Blockmans and Stefan Waizer, "E3+3 Coercive Diplomacy towards Iran: Do the Economic Sanctions Add up?", *CEPS Policy Brief*, No. 292, 6 June 2013, p. 1.
④ 美国人大多认为,美国应该保留使用武力阻止伊朗发展核武器的最后手段的权利。但是除非美国入侵并占领伊朗,然后强行推动政权更迭,否则单单对伊朗核设施实施外科手术式攻击的威胁,无论其有多么可信,都不足以迫使伊朗政权彻底放弃核计划。也就是说,战争手段将使美国面临两难境地:外科手术式的攻击无法完成使伊朗去核的目标;武力政权更迭风险太大、成本太高而且成功可能性小。

期望的最优选项是：在允许伊朗进行受限的核活动的同时，确保伊朗无法利用掌握的知识、拥有的工业基础和正在进行的铀浓缩活动尝试推行其核武器项目。这就要求在伊朗决定制造核武器与成功制造出核武器之间的时间（或者说核突围时间）足够长，且伊朗朝向拥核方向迈进的行动足够清楚，以使美国或以色列拥有足够的时间采取行动阻止伊朗获得成功。对美国而言，伊朗核突围需要的时间越长越好，因为时间越长，美国及其国际上的盟国就越能够采取更多的应对手段，这样伊朗就越难做出制造核武器的决定，即便做出决定了也可能会改变。伊朗是否试图制造核武器受到如下因素的影响：美国和以色列阻止其实现目标的能力；美以在发现伊朗制造核武器时进行武力攻击的意愿；伊朗对在自己试图制造核武器时将会被发现的可能性的评估。这第三个因素甚至比前两个因素更重要。因此对美国而言，在对伊朗核活动进行有限限制（不要求伊朗彻底放弃铀浓缩活动）的同时，增强伊朗核活动的透明度，如强化对纳坦兹（Natanz）和福尔多（Fordow）铀浓缩工厂的核查等就显得尤为重要。而在伊核问题临时协议中，对伊朗核活动的透明度恰恰有新的特殊要求。

第五节　本章小结

美国与伊朗在伊核问题上的较量已持续十余年，美国出于伊核本身及伊核之外的原因而不断动用资源对伊朗进行国际经济制裁和单边制裁，还时不时地发出武力威胁。但美国的多方努力并没有达到预期目标，在美国不断向伊朗施加压力的同时，伊朗的核技术却不断提高，核设施的规模也不断扩大，浓缩铀的库存逐渐增加、丰度也不断提高。在此情况下，如果双方不做妥协，伊核问题似乎终将导致战争。双方如何做妥协，这要看双方僵持不下的焦点是什么。一直以来，双方争论的焦点是伊朗的铀浓缩活动，这是由浓缩铀的双用途特性决定的。美国以防（反）扩散为借口，反对伊朗进行铀浓缩活动，伊朗则坚持认为进行铀浓缩活动是自己不可剥夺的核权利。因此，美国如果要做妥协，就必须对伊朗的核权利给予一定程度的承认，主要表现为允许伊朗进行较小规模的铀浓缩活动，以提取较低丰度的、一定量的浓缩铀。

事实上，美国在对待伊朗核权利的立场上，有一个逐渐退让的过程。

小布什政府在伊朗的核权利上推行"合法的歧视"政策，认为作为"关注国"，伊朗无权发展核技术，最初甚至不允许伊朗进行铀转化，并极力阻挠、破坏伊朗的核电站建设。但后来小布什政府默认了伊朗的铀转化活动，接受了俄罗斯对布什尔核电站的建设，把努力方向集中于阻止伊朗进行铀浓缩上，把伊朗停止铀浓缩作为与伊朗就核问题进行直接会谈的先决条件，从而使六国与伊朗的直接谈判难的大门以开启，伊核问题陷入僵局。奥巴马政府上台后，改变了小布什政府以伊朗停止铀浓缩活动作为谈判的前提条件的要求，公开声称愿意与伊朗就核问题进行无条件谈判，还特地在国际公开场合承认伊朗的核权利，这与小布什政府形成鲜明对比。其于2009年10月1日正式推出的核燃料交换提议，也没有特别要求伊朗停止所有铀浓缩活动。2010年6月推动的制裁伊朗的安理会1929号决议，主要针对的是伊朗把低浓缩铀提纯到20%浓度水平的活动。

　　由于伊朗核计划与伊朗的国民自豪感、国家安全、伊朗政权的统治的合法性等有很密切的联系，且获得统治阶层和广大民众的普遍支持，因此在伊朗核技术不断取得进步的同时，美国不得不在伊朗核权利上逐渐让步，否则谈判将难以进行，即使进行了也难以取得实质性进展。这样双方对抗势必日益升级，终将导致美国不愿面对的战争或伊朗的核武器化。美国在伊朗核权利上的渐次让步，是符合美国利益的，并最终为伊核问题临时协议的达成创造了良好条件，因而是该协议产生的另一重要背景原因之一。

第三章　欧盟在伊朗核问题上的政策与伊核问题破局

对于欧盟在伊核问题上的政策，国内似乎缺少这方面的探讨。国外对此问题的探讨较多，有的重在理论分析，且分析仅限于欧盟伊核政策的早、中期阶段，如"欧盟与伊朗核计划：检验强制性外交的限度"；[①] 有的虽然对欧盟伊核政策的各个阶段进行了考察，但却过于偏重对政策事实的叙述，对政策目标、效用等分析得不足或不够客观，如"解决伊核计划冲突的欧洲努力：欧盟是如何表现的？"；[②] 有的则专注于欧盟伊核政策的某一方面，如"评估欧盟的制裁政策：以伊朗为例"。[③] 此外，国内外更缺少欧盟的伊核政策对中国的影响的探讨。

冷战结束后，欧盟试图扩大在中东的经济和政治影响力，并推出了一系列政策措施，日益形成与美国竞争的态势。在对伊朗的关系上，欧盟也表现出不同于美国的特点：美国试图通过孤立和对抗作为应对伊朗的手段，而欧盟则倾向于以接触为手段。因此，在美国强化对伊朗遏制（1996年8月克林顿总统签署了《伊朗—利比亚制裁法案》）的同时，欧盟则利用贸易合作和投资作为筹码，希望伊朗能够在所谓人权、恐怖主义、中东和平进程、大规模杀伤性武器等问题上有所让步。这时，大规模杀伤性武器扩散问题虽然已引起欧盟的关切，但并没有成为欧盟与伊朗关系中的首要问题。但是，2002年8月伊朗秘密核活动被曝光后，特别是在2003年2月国际原子能机构就伊核问题发表了第一个报告后，欧盟对伊朗政策的重点日益集

[①] Monika Tocha, "The EU and Iran's Nuclear Programme: Testing the Limits of Coercive Diplomacy," *EU Diplomacy Papers*, No.1, 2009.

[②] Oliver Meier, "European Efforts to Solve the Conflict over Iran's Nuclear Programme: How has the European Union Performed?", *Non-Proliferation Papers*, No.27, February 2013.

[③] Dina Esfandiary, "Assessing the European Union's Sanctions Policy: Iran as a Case," *Non-Proliferation Papers*, No.34, December 2013.

中于伊朗核问题上，民主、人权等问题退居次要地位，经济互惠关系也开始成为欧盟就核问题向伊朗施压的工具。欧盟在伊朗核问题上具体采取了什么政策？这是本章所要着重讨论的问题。

第一节　国际原子能机构框架下欧盟的积极调解人角色（2003~2006 年）

伊朗秘密核计划被曝光后，美国政府警告伊朗停止与铀浓缩相关的活动，并要求国际原子能机构理事会根据国际原子能机构规约寻找伊朗违反其应当承担的保障监督义务的证据，然后向联合国安理会汇报，以对伊朗进行制裁。但是包括大多数欧洲国家在内的许多理事会成员国反对把伊朗核问题提交到安理会，主张给予伊朗更多的时间与国际原子能机构合作以解决其过去的核活动问题。欧盟开始积极地在美国与伊朗之间进行斡旋，在核问题上，对伊朗主要采取威胁与利诱并举的策略。

欧盟之所以积极参与到伊核问题中是因为其拥有历史、商业和地缘政治方面的优势。伊朗与欧盟的关系比与美国的关系好。多年来，欧盟是伊朗的主要贸易伙伴，伊朗出口大量的石油和石油制品到欧洲市场以换取机械和运输设备以及化学制品。伊朗和更广泛的海湾地区是欧洲的后院，那里所发生的事对于欧洲有更为直接和深远的影响，相对于朝核问题欧盟也更加易于发挥自身的影响力。2002 年年底伊朗秘密核活动的曝光几乎伴随着另外两个事件的发生。第一个事件是，欧盟制定了反扩散战略，更加关注大规模杀伤性武器扩散。"9·11"事件后，欧盟逐渐把大规模杀伤性武器扩散看作对其安全的最大威胁之一，加之"英法这两个核大国兼欧盟重要成员国在阻止核扩散方面拥有巨大的利益"。① 因此，2003 年欧盟反扩散战略出台。该战略确定了反扩散目标并把实现这些目标的一些基本指导原则纳入其中。在核武器扩散方面，欧盟主要关注的是伊朗的情况。欧盟认为伊朗核计划对自己是潜在威胁，不但因为欧洲在伊朗的导弹射程之内，

---

① Mgr. Michal Kovařík, "EU Dissuasion Strategy against Iranian Nuclear Program," April 2013, p. 6, http://is.muni.cz/th/273475/fss_m_b1/Kovarik_diploma_thesis_EU_dissuasion_Iran_final_version.pdf.

而且还因为伊朗向拥核（同美国和以色列一样，欧盟也认为伊朗核计划旨在制造核武器）道路上的迈进会加剧原本就不稳定的地区局势紧张。① 第二个事件是，美国入侵了伊拉克。伊拉克战争使中东形势骤然紧张，也使部分欧洲国家与美国之间的关系出现裂痕，欧盟内部在对待伊拉克战争的态度上出现明显不和。欧盟认为伊核问题的出现为下列目标的实现提供了好机会：弥合因伊战而扩大的大西洋两岸裂痕、力争欧洲用一个声音说话、践行欧盟的共同外交和安全政策、提升欧盟作为一个政治实体的国际地位。

2003 年秋，欧盟三国开始采取行动化解伊核危机。当年 10 月 21 日，英法德三国外长飞抵德黑兰与伊朗领导人进行直接会谈。② 三国要求伊朗中止铀浓缩活动、详细说明其核计划和核设施的全部情况、签署《不扩散核武器条约》附加议定书。对此，伊朗表示接受。作为回报，欧盟三国外长承诺只要伊朗完全履行自己的承诺，他们将反对把伊朗核问题提交联合国。他们还说，如果国际关切能够得到处理并彻底解决，伊朗将更容易获得广泛领域的技术和设备支持。③ 2003 年 12 月 18 日，伊朗签署了"附加议定书"。

由于伊朗的强硬派借口美国和欧盟在努力阻止伊朗从先进技术中获得好处，2004 年 9 月，伊朗又开始了铀浓缩活动。结果，2004 年秋历史重演了：美国催促把伊核问题提交安理会，而欧盟继续推行外交努力。在制裁压力下，伊朗于 2004 年 11 月 14 日与欧盟三国缔结了巴黎协议，伊朗同意继续暂停铀浓缩和转换活动，欧盟三国则承诺对伊朗提供民用核技术援助和进行贸易谈判。但是尽管伊朗履行了协议，却没有看到来自欧洲的任何实际回应。欧洲国家从来没有兑现向伊朗提供民用核技术的承诺。④ 伊朗与

---

① Thomas Renard, "Partnering for a Nuclear – safe World: The EU, Its Strategic Partners and Nuclear Non – proliferation," *ESPO Working Paper*, No. 3, October 2013, p. 8.
② 斡旋的前三个月，英法德三国代表欧盟与伊朗进行谈判。在意大利和一些较小的欧盟成员国的压力下，2003 年 11 月，欧盟共同外交与安全政策高级代表索拉纳作为三国与其他成员国的联系者，以及欧盟与伊朗之间的联系者一同加入了谈判队伍，使广大成员国能够更加有效地在伊核问题上减少摩擦、消除分歧、统一立场。E3/EU 这一模式确保了欧盟在伊核问题上的政策连贯性并赋予欧盟在该问题上统一行动和用一个声音说话的能力。
③ Sara Kutchesfahani, "Iran's Nuclear Challenge and European Diplomacy," *EPC Issue Paper*, No. 46, March 2006, p. 12.
④ James E. Doyle and Sara Kutchesfahani, "Time for a U. S. /Iran Patch up," March 21, 2006, p. 13, http: //www. carnegieendowment. org/files/losalamos_ iran. pdf.

欧盟的谈判因伊朗内政的变化而进一步复杂。2004 年的伊朗议会选举使保守派重掌大权，2005 年的总统选举又使保守派的内贾德登上宝座。

2005 年 8 月 1 日，伊朗通知国际原子能机构它将在伊斯法罕重启铀转换活动。① 2005 年 8 月 5 日，伊朗拒绝了欧盟三国向伊朗提出的一揽子刺激措施，即所谓的"长期协议框架"（Framework for a Long-term Agreement）。此时欧盟首次争得美国的支持——同意不反对伊朗加入世界贸易组织、向伊朗出售民用航空部件，但条件是伊朗永久停止所有铀浓缩活动。在政府中的温和派和广大民众的支持下，伊朗以协议干涉其主权为由拒绝了该协议。8 月 8 日伊朗拆除了国际原子能机构在其核设施上打的封条，在伊斯法罕开始了铀转换活动。此时，伊朗进行铀转换活动被欧盟看作越过了红线。

2005 年 9 月 24 日，国际原子能机构理事会宣布伊朗违反了《不扩散核武器条约》，警告伊朗如果其在下次会议前不遵守条约，将把此问题提交联合国安理会。② 欧盟向伊朗明确表示，只有在伊朗暂停铀浓缩计划的情况下，才愿意与伊朗进行重新谈判。这表明欧盟做了让步，把红线的位置由原来的"伊朗进行铀转换"移至现在的"伊朗进行铀浓缩"。也就是说，欧盟首次开始接受伊朗进行铀转换活动。由于 2005 年 10 月伊朗向国际原子能机构提交了新的汇报材料，2005 年 11 月国际原子能机构理事会没有把伊核问题提交安理会。2005 年 12 月，欧盟与伊朗进行了新一轮会谈，但没有取得进展。2006 年 1 月 9 日，伊朗又重启铀浓缩活动。在欧盟三国的要求下，国际原子能机构理事会于 2006 年 2 月 4 日召开紧急会议，表决通过了一个决议，要求国际原子能机构向安理会报告伊朗核问题。2006 年 3 月 29 日，安理会通过并发表了无法律约束力的主席声明，要求伊朗恢复停止铀浓缩活动，重新考虑重水反应堆的建造，批准并执行"附加议定书"。声明还要求国际原子能机构总干事 30 天内向国际原子能机构理事会和安理会汇报伊朗遵守要求的情况。③ 自此，作为调停者的欧盟三国在伊朗核问题上所做的

---

① Anne Penketh, "Iran in Showdown with EU over Its Nuclear Ambitions," August 1, 2005, http: //www. independent. co. uk/news/world/middle-east/iran-in-showdown-with-eu-over-its-nuclear-ambitions-501007. html.

② "Implementation of the NPT Safeguards Agreement in the Islamic Republic of Iran," p. 3, http: //www. iaea. org/Publications/Documents/Board/2005/gov2005-77. pdf.

③ See http: //www. un. org/News/Press/docs/2006/sc8679. doc. htm.

外交努力失败。① 对于自己的失败，欧盟除了归因于内贾德以外，也抱怨美国没有在与伊朗接触上做出足够努力因而破坏了谈判的有效性。② 事实上，欧盟在伊朗核问题上缺少筹码。伊朗想得到安全保障和切实的经济报酬，对于前者欧盟无能为力，因为没有一个欧盟成员国对伊朗构成威胁。而美国却对伊朗形成了军事包围之势，并一直对其实施经济制裁。而且，伊朗领导人认为美国以核问题作为在伊朗进行政权更迭的借口。在向伊朗提供安全保障方面，美国与欧盟相比更具有优势。

欧盟作为美国与伊朗两方的调停者，其一系列行为，从其期望达到的目标——伊朗停止铀浓缩等来看，显然是不成功的。欧盟作为一个政治实体，其影响力的提高并不主要取决于自己干了什么大事情，而是是否真的干成了大事情。其在伊核问题上两年多的不懈努力并没有使伊朗的核计划止步，因此其试图通过积极参与伊核问题的解决，在美伊间做调停人角色以提升其国际地位的目标完成得不够理想。这主要是从结果来看的，若从过程来看，欧盟两年多的积极斡旋向世界各国表明了其在核不扩散方面的立场和主张，比较好地践行了欧盟共同外交和安全政策，从而对于强化各成员国及其人民的欧盟身份认同起到了积极作用。

第二节　联合国安理会框架下欧盟在伊核问题上的政策（2006~2008 年）

欧盟在美伊间就伊核问题进行的斡旋失败后，伊核问题开始走出国际原子能机构解决框架，而进入联合国安理会框架。这样欧盟在解决伊核问题的上作用和影响似乎降低了，但是由于客观上欧盟成员国中有两个安

---

① 欧盟的外交努力或许延缓了敏感的伊朗核活动并帮助曝光了关于这些活动的额外信息。但是 2007 年 2 月初来自负责外交事务的高级代表索拉纳（Solana）办公室的一个内部战略报告泄露给媒体。该报告得出结论说，伊朗核计划的任何延缓都是由于伊朗方面的技术原因而非国际外交努力的结果。Marco Overhaus, "Analysis: European Diplomacy and the Conflict over Iran's Nuclear Program," p. 4, http://www.deutsche-aussenpolitik.de/resources/dossiers/iran06/Dossier-Iran-Introduction.pdf.

② Emily B. Landau, "A Nuclear Iran: Implications for Arms Control in the Nuclear Realm," in Ephraim Kam, ed. *Israel and a Nuclear Iran: Implications for Arms Control, Deterrence, and Defense*, INSS Memorandum, No. 94, July 2008, p. 39, http://www.inss.org.il/upload/(FILE) 1216203568.pdf.

理会常任理事国，主观上欧盟采取了一系列行动，积极推动联合国安理会对伊朗实施制裁，从而使其在伊核问题上依然发挥着重要作用。伊核问题进入联合国安理会解决框架，并非欧盟（三国）斡旋的终结，相反很大程度上是其斡旋的延续，因为在斡旋之前和斡旋过程中，美国都一直威胁把伊核问题提交联合国安理会，这实际上是对欧盟斡旋的一种配合。①若斡旋失败则伊核问题将交由联合国安理会处理是斡旋一开始各方都心知肚明的情形，是斡旋过程中对伊朗的一种威慑。斡旋的较长过程，为其失败后安理会对伊朗展开经济制裁提供了一定的合理性。更为重要的是，联合国安理会发表的声明和通过的各个决议鲜明地体现了欧盟斡旋时对伊朗所提的要求。这就是说，由于欧盟两年多的斡旋是以联合国安理会为后盾的，其长期的斡旋努力为斡旋失败后说服中俄这两个联合国安理会常任理事国同意对伊朗实施国际制裁创造了积极条件，而且制裁决议包含了欧盟在斡旋时对伊朗所提的主要要求。因此，在伊核问题进入联合国安理会框架后，欧盟在伊核问题上所起的作用依然很大。

2006~2008年，在美欧的努力下，联合国安理会通过了5个决议，其中有3个（1737号、1747号、1803号）涉及对伊朗实施有限制裁，②如表3-1所示。

表3-1 联合国安理会关于制裁伊朗的措施

联合国安理会决议	通过日期	投票情况	主要目标
1696号	2006年7月31日	14票赞成，1票反对（卡塔尔）	在2006年8月31日前，伊朗必须可验证地停止与铀浓缩和后处理有关的活动
1737号	2006年12月23日	15票赞成	伊朗必须在2007年2月前可验证地停止与铀浓缩和后处理有关的活动；禁止向伊朗出售能够用于铀浓缩和后处理的技术；成员国必须冻结被认定的公司和个人的资产

---

① 如果从强制性外交理论的视角看，伊核问题进入安理会框架更是欧盟斡旋的延续。强制性外交有三个要素：要求（demand）、威胁（threat）、时间压力（time pressure）。详细点说就是：首先，必须向对手提出一个明确的要求；其次，该要求必须以威胁做支撑；第三，以威胁做支撑的要求，还要辅以时间压力，即对手接受要求的截止日期。把伊核问题提交到安理会正是欧盟对伊朗强制性外交中主要的"威胁"要素。相关探讨详见Tom Sauer, "Coercive Diplomacy by the EU. Case-study: The Iranian Nuclear Weapons Crisis," Third Pan-European Conference on EU Politics, 21-23 September 2006, Istanbul, http://www.jhubc.it/ecpr-istanbul/virtualpaperroom/022.pdf.

② Maseh Zarif, "U. S. Policy toward Iran's Nuclear Program," July 21, 2009, http://www.irantracker.org/us-policy/us-policy-toward-irans-nuclear-program.

续表

联合国安理会决议	通过日期	投票情况	主要目标
1747 号	2007 年 3 月 24 日	15 票赞成	伊朗必须可验证地停止与铀浓缩和后处理有关的活动；禁止伊朗转移武器；要求成员国通报受制裁的伊朗人的旅行情况
1803 号	2008 年 3 月 3 日	14 票赞成，1 票弃权（印尼）	伊朗必须可验证地停止与铀浓缩和后处理有关的活动；授权对伊朗的两个公司货物进行检查；禁止向伊朗出售双用途物项；对一些个人施以旅行禁令；鼓励禁止与被认定的银行进行金融交易
1835 号	2008 年 9 月 27 日	15 票赞成	重申了 1696 号、1737 号、1747 号和 1803 号决议

这些决议不但受到美国以及欧盟的支持，还得到俄罗斯和中国等国的认可，这说明欧盟在斡旋时对伊朗所提的要求获得国际社会更大范围的肯定，进而有利于维护或提高欧盟的国际地位。值得指出的是，尽管联合国的制裁无可挽回地改变了欧盟三国与伊朗会谈的动态机制，但是欧盟对与伊朗接触仍然保持开放的态度，欧盟的外交政策高级代表索拉纳定期与伊朗谈判者们保持接触。进入安理会框架后，索拉纳代表"六国"（5 个常任理事国和德国）与伊朗沟通，负责领导与伊朗进行的谈判。这对各方都有好处：美国避免了直接出面；中俄对欧盟的引领比对美国的引领感觉更舒服；欧盟 3 国能够确信自己的意见包含于给伊朗的提议中并为它们实际上代表欧盟提供了合法性。特别是德国，其与安理会 5 个常任理事国一起讨论伊核问题，国际地位有所提高。

在对安理会通过的对伊朗制裁决议的落实上欧盟也是很积极的，欧盟委员会执行了所有与伊核计划有关的联合国安理会制裁决议。[①] 非但如此，2007 年 3 月，在伊核问题谈判无实质性进展，中国和俄罗斯对进一步制裁伊朗态度消极时，法国总统萨科齐为了摆脱法国在希拉克时期的反美名声而带头主张欧盟对伊朗实施单边制裁。法国外长甚至鼓吹必要情况下对伊朗动用武力。[②] 法国关于推行联合国之外的单边制裁的主张受到英国的支

---

① Aniseh Bassiri Tabrizi and Ruth Hanau Santini, "EU Sanctions against Iran: New Wine in Old Bottles?", *ISPI – Analysis*, No. 97, March 2012, pp. 1 – 2.
② "Iran Anger over French War Warning," September 18, 2007, http://edition.cnn.com/2007/WORLD/europe/09/17/france.iran/index.html?iref=nextin.

持，但却受到德国等国的反对。① 德国等国坚持认为，任何新的制裁机制均需获得联合国的同意，欧盟的单边制裁只会破坏欧盟作为一个谈判者的地位，并且也将使欧盟无法提供新的解决方案。

鉴于伊朗与欧盟密切的经贸关系，如果欧盟对伊朗实施单边制裁，伊朗肯定会受到比较严重的打击。然而经济制裁并不一定产生预期的结果，其经常会对普通百姓造成伤害，而不是政府或政治领导阶层。制裁历来是一把双刃剑，它同样会对与伊朗经贸联系密切的欧盟国家，例如德国、意大利等造成不小的伤害。而且，中东及非洲的许多地方已遭受亚洲国家竞争压力的欧洲公司，不愿把其传统的市场让给亚洲的竞争者。它们的理由是，制裁只会导致欧洲的出口为中国等国所替代以及欧洲对伊朗影响力的减弱。另外，由于当时油价持续上涨，没有哪个欧洲人看起来真正想孤立伊朗这个世界产油大国。鉴于此种情况，即便是主张欧盟对伊朗实施单边制裁的法国和英国，也似乎主要是为了讨好美国展露一下姿态。

第三节 "6+1" 框架下欧盟在伊核问题上的政策（2009~ ）

伊核问题解决的 "6+1"（联合国安理会5个常任理事国，德国为"6"，"1"指伊朗）框架的形成与美国在奥巴马政府上台时在伊核问题上的政策转变有关。2009年，奥巴马政府执政，其接手的是二战后最糟糕的总统"遗产"之一。这促使奥巴马政府改变或调整美国的对外政策，奥巴马政府对伊朗则实施了接触政策。奥巴马政府对伊朗的接触政策的言语表现以奥巴马2009年3月20日发表的祝贺伊朗新年的视频讲话最为引人注目，行为表现以2009年4月8日奥巴马政府宣布将无条件地全面参与六国与伊朗的所有核谈判（小布什政府以伊朗停止铀浓缩活动作为与其进行核问题谈判的先决条件）、暂停对伊朗施加新的制裁、承认伊朗和平利用核能的权利最具转折意义。

奥巴马政府不断向伊朗伸出橄榄枝，缓和与伊朗的紧张关系，愿意就

---

① Peter Crail, "UN Iran Sanctions Push Thwarted for Now," *Arms Control Today*, October 2007, http://www.armscontrol.org/act/2007_10/UNIranSanctions.

核问题与伊朗进行直接会谈，暂停向伊朗施加新的制裁的做法使欧盟在伊核问题上的作用有所减弱，因而欧盟国家特别是有核国家法国和英国实际上对奥巴马政府对伊朗的接触政策反应消极。当奥巴马政府私下里深信把终止所有铀浓缩活动作为目标纳入与伊朗达成的最终协议的一部分可能是不现实的时候，法国继续坚持在未来的协议中伊朗不应该被允许进行任何形式的铀浓缩活动。2009年6月，英国强调尽管欢迎奥巴马在与伊朗对话方面所做的努力，但这种支持并不是无限期的。如果伊朗在2009年年底还不准备按照国际社会对其的要求办事，英国将在制裁方面采取更强硬的立场。① 随着伊朗核项目的推进，核能力的提高，奥巴马政府外交活动的焦点由阻止伊朗的所有铀浓缩活动转移到了阻止伊朗把铀浓缩到更高水平。

伊核问题出现后，欧盟虽然把核问题置于比所谓人权等问题更优先的位置，但欧盟从来没有停止对伊朗人权问题的关注。2009年6月，伊朗总统大选后出现持续多日的骚乱。对于伊朗政府对反对派的压制，美国奥巴马政府为了顺利推进其"接触政策"，总体而言反应温和。但是欧盟，特别是其成员国英国积极地采取行动，对伊朗大选危机推波助澜，这使伊核问题的谈判蒙上了一层阴影。伊朗政府借口煽动民众抗议选举结果而扣押了9名英国使馆人员。对此，2009年7月英国要求其欧洲的伙伴从德黑兰临时撤出外交人员以示抗议。欧盟成员国响应了英国的要求。伊朗随之宣布欧盟失去了其举行核谈判的资格，因为其干涉了伊朗的内部事务，煽动了选举后的骚乱。②

伊朗大选危机后，其与欧盟的裂痕有所增大，法国再次提出对伊朗实施超越安理会制裁决议的单边制裁，而奥巴马政府却继续推行对伊朗的接触政策，并推出了核燃料交换提议。

2009年6月，伊朗通知国际原子能机构其正在为对德黑兰研究用反应堆添加燃料而寻求帮助。该反应堆所需铀燃料的丰度为19.75%。对此，美国提出了核燃料交换的建议。该提议的主要内容是：伊朗在2009年年底前一次性地运出其生产的1600公斤低浓缩铀中的3/4（1200公斤）；俄罗斯把伊朗的低浓缩铀进一步浓缩至20%，这一过程将产生约120公斤丰度为

---

① David Gerstman, "How Anxious is Obama to Make a Deal with Iran?", May 29, 2014, http://legalinsurrection.com/2014/05/how-anxious-is-obama-to-make-a-deal-with-iran/.
② "Iran: EU Lost Qualification for Nuclear Talks," Wed Jul 1, 2009, http://edition.presstv.ir/detail/99546.html.

20%的浓缩铀，供制作成德黑兰研究用反应堆的燃料棒；法国制造核燃料棒，并在协议签署的一年后且在当前的核燃料供给耗尽前交付给伊朗；美国与国际原子能机构一起完善安全保障措施并监督协议的落实。① 这一核燃料交换提议，一方面能够减少伊朗的低浓缩铀的量，从而增加了伊朗越过核门槛所需的时间，另一方面，使伊朗能够无须在国内进行生产的情况下，就可以获得其德黑兰研究用反应堆所需的燃料。更重要的是，该提议被看作一个为解决伊核问题建立信任的重要措施。由于核燃料交换提议允许伊朗继续为其轻水反应堆生产核燃料，因此，奥巴马政府的提议实际上使欧洲国家特别是英法一直反对的伊朗铀浓缩活动合法化了，尽管美国口头上并不承认伊朗的此类活动是符合国际法的。对该提议英法两国认为没有什么意义，相反，德国对提议反应积极，认为它是为核问题解决争取更多时间的机会，同时也是对原有立场的一种超越。由于美国对此提议热情很高，欧盟总体上采取配合的立场。但伊朗在其反建议没有被接受后，② 最终拒绝了美国提出的核燃料交换提议。

　　许多欧洲国家曾认为，伊核问题上外交努力没有进展的主要原因是小布什政府拒绝与伊朗进行无条件接触。这次的协议获得了美国的全力支持，但却没有达成，因而使这些欧洲国家很失望。欧盟于是积极配合奥巴马政府，开始对伊朗采取新的强制性措施，积极推动安理会通过针对伊朗的新的制裁决议。在巴西、土耳其与伊朗达成的核燃料交换协议被拒绝后，2010年6月9日，联合国安理会通过了1929号制裁伊朗的决议。该决议禁止伊朗发展能够运载核武器的弹道导弹，对伊朗重型武器系统进口实施禁运等。决议鼓励欧盟的外交事务高级代表继续代表六国与伊朗进行交流。③ 这实际上明确承认了欧盟在伊核问题上突出的外交地位。2010年7月17日，欧盟批准了一系列新的限制性措施，这些措施基于但又超越了联合国安理会决议。欧盟开始对伊朗实施自己的经济制裁，例如禁止欧盟成员国投资伊朗的石油和天然气项目，也禁止向伊朗的能源部门转移技术和设备。欧盟对

---

① Kelsey Davenport, "History of Official Proposals on the Iranian Nuclear Issue," updated January 2014, http://www.armscontrol.org/factsheets/Iran_Nuclear_Proposals.
② 由于国内反对声较大，因此伊朗迟迟没有对美国支持的核燃料交换提议明确回应，后来伊朗提出了反建议：交换地点在伊朗本地进行；交换应分批进行而不是一次性的；交换应同时进行。对此，美国没有接受，认为伊朗破坏了把低浓缩铀运往国外以建立信任的宗旨。
③ "Resolution 1929 Adopted by the UN Security Council," 9 June 2010, http://www.voltairenet.org/article165790.html.

伊朗政策伴随着欧盟领导层的变化趋于强硬。随着《里斯本条约》的生效，2009年11月凯瑟琳·阿什顿（Catherine Ashton）接替索拉纳作为欧盟外交事务高级代表参与处理伊核问题。

1929号决议通过后不久，中东大变局出现，欧美因忙于阿拉伯事务，特别是军事干涉利比亚，而无暇顾及伊朗核问题。当然，在此期间，伊朗核科学家接连遭到暗杀，其部分核设备也遭到病毒攻击，但其核活动一直没有停止。2011年10月卡扎菲政权被推翻，随之而来的是叙利亚骚乱加剧，加之2011年年底美国将从伊拉克撤出全部军队，美欧再度高度关注伊核问题，旨在借核问题进一步遏制伊朗，因为伊朗对叙利亚和伊拉克两国均有重要影响力。2011年11月8日，国际原子能机构就伊核问题发表的调查报告为欧盟和美国强化对伊朗的打压提供了借口。尽管报告提到了新发现的伊朗秘密核设施，但总体而言该报告只是确证了2007年美国《国家情报评估》关于伊朗核计划的核心发现。而且中俄认为国际原子能机构的评估没有为对伊朗实施新的制裁提供充分依据。但西方国家却以此报告作为推动新制裁的机会。在英国和加拿大已经宣布针对伊朗核计划的新措施后，2011年11月21日，法国总统萨科齐写信给欧盟及其成员国，以及美国、日本、加拿大等国，指责伊朗加快推进其核计划、拒绝谈判、迫使自己的人民陷于孤立境地，因此建议它们立即冻结伊朗中央银行的资产并停止购买伊朗的石油。① 2012年1月23日，欧盟外交事务委员会决定禁止进口伊朗的原油，冻结欧盟之内的伊朗中央银行的资产。2012年10月，欧盟进一步强化了现存的贸易限制并扩大了制裁，除了在严格条件下的事先授权，禁止欧洲与伊朗银行间的所有交易。此外，欧盟还决定强化针对伊朗银行的限制性措施。②

一方面由于欧盟以及美国的制裁对伊朗经济造成很大的冲击（伊朗的石油出口锐减、货币大量贬值、外汇储备空虚），伊朗总统鲁哈尼上台后表现出有别于内贾德的对外言行，另一方面美欧维持制裁机制的成本很高，

---

① See Natasha Mozgovaya, Yossi Melman and Barak Ravid, "U.S. Announces New Iran Nuclear Sanctions, Avoids Targeting Central Bank," Nov. 22, 2011, http://www.haaretz.com/news/diplomacy-defense/u-s-announces-new-iran-nuclear-sanctions-avoids-targeting-central-bank-1.396941#!.

② Council of the European Union, "Council Conclusions on Iran," 3191st Foreign Affairs Council Meeting, Luxembourg, 15 October 2012.

美欧在伊朗核权利上不得不让步,因此2013年11月底六国与伊朗达成了伊核问题临时协议。协议的主要内容是:在其生效后的六个月时间里,伊朗同意暂停生产丰度为5%以上的浓缩铀,同时稀释或转化库存的丰度为20%的浓缩铀;伊朗不再增加丰度为3.5%的浓缩铀库存,不再兴建额外的铀浓缩设施,不新增离心机;伊朗使阿拉克(Arak)的重水反应堆保持不运行状态,既不向其添加燃料,也不开启它;伊朗核设施接受以往从未有过的国际监督(每日一次,具有突击性、广泛性)。作为交换条件,美国将解冻约70亿美元的伊朗资产。部分制裁也将在此期间暂停,包括对伊朗石化产品出口上的一些制裁,在黄金和贵金属贸易方面施加的制裁,在汽车工业和伊朗民用航空工业配件供应上的制裁。美国暂停要求伊朗的石油买家继续进一步削减购买伊朗的石油。为人道物资的转移构建一个各方都同意的金融渠道。只要临时协议持续有效,也不能对伊朗施加新的制裁。但协议并没有取消对伊朗的关键性制裁,以防止伊朗进行与军事用途相关的核活动。六个月后,如果双方同意,协议可以延长。① 如果伊朗不履行其承诺,国际社会将会施加更多的制裁和其他方面的压力。

  欧盟在伊核问题上的目标是取得一个全面的、谈判达成的长期解决方案,该解决方案能够建立对伊朗核计划特有的和平性质的信任,同时,尊重伊朗与《不扩散核武器条约》相一致的和平利用核能的合法权利,并且充分考虑联合国安理会和国际原子能机构理事会通过的各项决议。② 而且,伊朗丰富的油气资源对能源缺乏的欧洲国家来说太重要了因而无法忽视,欧洲需要伊朗在打击来自阿富汗的毒品走私方面的合作,当然在促进地区稳定方面也需要伊朗,基地组织在中东的再次回潮对美国、欧洲和伊朗构成共同的严重安全威胁。③ 因此,欧盟对伊核问题临时协议持支持态度。协议达成后,欧盟即采取行动解除部分制裁,并努力参与与伊朗的谈判,以

---

① See Zachary Fillingham, "The US – Iran Nuclear Breakthrough in Geneva," November 25, 2013, http://www.geopoliticalmonitor.com/the – us – iran – nuclear – breakthrough – in – geneva – 4888/; George Jahn, "Iran at Talks: No Scrapping any Nuclear Facility," February 18, 2014, http://news.yahoo.com/iran – talks – no – scrapping – nuclear – facility – 134856208 – finance.html.

② EEAS Factsheet, "The European Union and Iran," Brussels, 24 January 2014, p.2, http://eeas.europa.eu/statements/docs/2013/131219_04_en.pdf.

③ Walter Posch, "The Persian Pivot? Iran's Emerging Regional Role," in Giovanni Grevi and Daniel Keohane, eds, *Challenges for European Foreign Policy in 2014: The EU's Extended Neighbourhood*, Spain: Fride 2014, p.77.

期达成一个最终协议。但是在此期间，欧盟似乎加大了对伊朗人权问题的关注，这可以从阿什顿到德黑兰进行访问的言行中看出来。[①] 欧盟各国在对伊核问题临时协议的解读上也出现一定分歧。美国的高级政府官员在 2013 年 11 月 24 日解释道：尽管综合解决方案中的确设想了可能的伊朗铀浓缩计划，但美国并没有认可伊朗政府具有铀浓缩的权利，我们也不打算承认。英法两国领导人重复美国的立场，不认为临时协议中包含对铀浓缩权利的认可，也不认为《不扩散核武器条约》赋予伊朗或其他国家以此种权利。然而无核武器但核技术能力很强的德国等国，却坚持认为《不扩散核武器条约》包含进行铀浓缩的权利。[②]

计划达成最终协议的半年期限（2014 年 1 月 20 日至 7 月 20 日）过后，临时协议又延长了两次（第一次延长到 2014 年 11 月 24 日，第二次延长到 2015 年 6 月 30 日）。2015 年 6 月各方在奥地利维也纳举行谈判，先后错过了 6 月 30 日和 7 月 7 日两个截止期限，直到 7 月 14 日才取得历史性突破，达成了伊核问题最终协议。最终协议的达成与欧盟在临时协议达成后的积极努力不无关系。欧盟积极履行临时协议，在其生效的当天，欧盟外交事务高级代表阿什顿即表示："今天伊朗已经履行了在联合行动计划中所达成的与核问题相关的义务。欧盟外长们也已进行了必要的立法以暂时中止对伊朗的制裁行动，终止期限为六个月。该中止行动将于当天起生效。"[③] 在临时协议延长时，欧盟也相应地延长了对伊制裁的冻结期。这些都为伊核问题最终协议的达成创造了良好条件。由于最终协议的重要内容之一是解除对伊朗的相关制裁，而欧盟不但严格履行了联合国的相关制裁伊朗的决议，而且也对伊朗实施了自身的单边制裁，因此欧盟在伊核最终协议的落实上发挥重要作用。实际上，在伊核问题全面协议达成后的当天，欧盟即表示将对伊朗制裁的冻结期限延长至 2016 年 1 月 14 日。最终协议达成几天后，欧盟即批准了它，这是欧盟解除对伊朗制裁所迈出的第一步。欧盟这一做法无疑对美国国会对协议的态度产生了积极影响。对于美国国内的怀

---

① Saeed Kamali Dehghan, "EU's Catherine Ashton Criticised for Meeting Iranian Women Activists," 10 March 2014, http://www.theguardian.com/world/2014/mar/10/eu-catherine-ashton-criticised-meeting-iran-women-activists.

② See Kenneth Katzman, Paul K. Kerr, *Interim Agreement on Iran's Nuclear Program*, Congressional Research Service, December 11, 2013, p. 9.

③ 《伊核问题协议开始执行　欧美放松对伊朗制裁》，2014 年 1 月 21 日，环球网，http://finance.huanqiu.com/view/2014-01/4777146.html。

疑声音和来自以色列的坚决抵制，欧盟外交部部长们在布鲁塞尔开会时强调没有（比达成最终协议）更好的选择。① 2015年7月31日，欧洲理事会就落实伊朗核问题全面协议有关问题通过法案，表示欧盟开始落实伊朗核问题全面协议。②

第四节　本章小结

就直接目标而言，欧盟的伊核政策与其对伊朗核权利的认可情况高度相关，这里的核心是对伊朗进行铀浓缩权利的认可情况。欧盟最初对伊朗政策的直接目标是伊朗停止所有核活动，把伊朗进行铀转换看作红线。但后来欧盟有所退却，把红线定为伊朗进行任何形式的铀浓缩活动，即不承认伊朗拥有进行铀浓缩的权利。由于伊朗不断越过红线，因而欧盟积极努力推动实施了多轮制裁。但是奥巴马上台后，美国政府提出核燃料交换提议，该提议实际上部分承认了伊朗进行铀浓缩的权利。欧盟虽然对美国奥巴马政府的核燃料交换提议热情不高，但总体上还是持支持态度。而欧盟对伊核问题临时协议的支持则进一步表明其对伊朗进行较低丰度浓缩铀权利的实质上的认可，尽管它们口头上拒绝承认这一点。

就间接目标而言，欧盟试图通过参与伊核问题的解决以提高自身国际地位，加强欧盟各国人民对欧盟的认同感。但是间接目标的实现程度有赖于直接目标的实现状况。欧盟的直接目标不断做出调整，而且调整还是紧跟美国的政策而进行的，主动性不足，其更多地表现为美国的配角。另外，在伊核问题中欧盟的重要成员国英法德主导着欧盟的政策，德国因与5个常任理事国共同探讨伊核问题而提高了自身地位，这样就淡化了作为一个整体的欧盟的作用。因此，在伊核问题上欧盟并不起主导作用，其间接目标的实现是有限的。尽管如此，欧盟在伊核问题上的政策无疑是推动伊核问题全面破局的重要因素。

---

① Robin Emmott, "Europe Backs Iran Deal, Hopes to Send a Signal to U. S. Congress," July 20, 2015, http://www.huffingtonpost.com/entry/europe-iran-nuclear-deal_55ace75de4b0d2ded39f5089.

② 孙奕：《欧盟释放减少对伊朗制裁的信号》，新华网，2015年08月01日，http://world.people.com.cn/n/2015/0801/c157278-27395912.html。

第四章　经济制裁、政权更迭与
伊核问题全面破局

2013年11月24日，伊朗与联合国安理会五个常任理事国及德国达成了伊核问题临时协议，这使伊核问题初步破局。又经过近20个月的近乎不间断的谈判后，2015年7月14日，伊朗与"六国"终于达成了伊核问题全面协议（最终协议），该协议旨在通过限制伊朗的铀浓缩能力以及阻止其获得制造核武器的能力以换取解除在过去十年里对伊朗经济造成重创的制裁。①"最终协议"的达成标志着伊核问题实现了全面破局。久拖不决的伊核问题最终得以破局，原因很多，其中奥巴马政府对伊朗的无条件接触政策、美国在伊朗核权利上的渐次让步、伊朗的核对冲战略、伊朗新任总统鲁哈尼改善伊朗与西方关系的外交姿态、西方严厉的经济制裁等都是重要因素。在这些重要因素中，西方对伊朗的严厉经济制裁是最重要的因素，这可以从伊核问题协议的基本特点——严格限制伊朗的核活动以换取西方制裁的解除上看出来。

作为促进伊核问题破局的一个最重要因素，经济制裁发挥作用的可能逻辑路径有多条：在自身经济及世界经济不景气的情况下，西方特别是欧盟长期维持严苛的经济制裁的成本太高，因而试图让步以达成协议；在维持严苛经济制裁的同时，如果不对伊朗的核权利有所尊重，从事情发展的逻辑上看，将会导致西方特别是美国不愿意看到的战争；严

---

① 制裁特别是单边制裁只是部分解除且可逆。由于中俄在过去曾经保护伊朗免遭安理会的惩罚，伊核问题谈判者们设计了一个独特的机制防止这种可能性，即万一伊朗违约，中国或俄罗斯通过安理会一票否决权阻止恢复对伊朗的制裁。最终协议要求成立一个由8名成员构成的小组包括安理会5个常任理事国、德国、欧盟和伊朗。该小组被授权调查伊朗的违约行为，能够通过多数票决在65天内恢复联合国的制裁。在这种情况下，即使中国和俄罗斯反对，也不能够阻止制裁的恢复。Zachary Laub, "International Sanctions on Iran," July 15, 2015, http://www.cfr.org/iran/international-sanctions-iran/p20258。

苛的经济制裁对伊朗的经济和社会造成重创，迫使伊朗在自身核权利上也做出一定让步，从而使达成协议成为可能。另外还有一个路径：在所谓"阿拉伯之春"的背景下，西方希冀严苛的经济制裁会增强普通民众的反政府情绪，从而使伊朗内部出现政权更迭，或者至少伊朗内部出现反政府暴乱。然而伊朗2012年顺利完成了议会选举，2013年的总统选举也顺利完成，伊朗政局保持了稳定，就此而言，西方严苛制裁的目的没有达到，因此改变策略，希望达成协议。本文将详细探讨这一路径。

第一节　以核问题为由对伊朗的经济制裁

直到21世纪初，伊朗和西方主要在人权、恐怖主义、中东和平进程、大规模杀伤性武器等方面存在矛盾，为此美国采取的是孤立和遏制政策，欧盟实行的是接触政策，核问题尽管已经引起了美国的注意，但并没有成为伊朗与西方的核心问题。但是2002年秋，事情发生了变化，因为此时伊朗被发现正在进行秘密的核活动，于是伊朗核问题对西方国家特别是美国而言开始成为头等大事。

伊朗的秘密核活动被公开后，美国威胁把此事提交安理会讨论，但受到欧盟多数国家的反对。2003年欧盟三国开始在美伊之间进行斡旋，一开始欧盟要求伊朗停止所有核活动，包括铀转换活动，但在2005年随着内贾德总统的上台，伊朗在自身核活动上日趋强硬，欧盟开始转变自身在伊朗核活动上的红线，由原来的伊朗进行铀转换活动转变为伊朗进行任何形式的铀浓缩活动。但欧盟两年多的斡旋并没有取得成功，2006年伊朗公开进行铀浓缩活动。欧盟要求国际原子能机构把伊朗核问题提交安理会讨论。

由于伊朗一直不愿意停止铀浓缩活动，2006~2008年，在美欧的推动下，联合国安理会先后通过了5个决议，其中有三个（1737号、1747号、1803号）涉及对伊朗实施有限制裁，[①] 如表4-1所示。

[①] Maseh Zarif, "U.S. Policy toward Iran's Nuclear Program," July 21, 2009, http://www.irantracker.org/us-policy/us-policy-toward-irans-nuclear-program.

表 4-1 对伊朗涉及有限制裁的决议

联合国安理会决议	通过日期	投票情况	主要目标
1696 号	2006 年 7 月 31 日	14 票赞成，1 票反对（卡塔尔）	在 2006 年 8 月 31 日前，伊朗必须可验证地停止与铀浓缩和后处理有关的活动
1737 号	2006 年 12 月 23 日	15 票赞成	伊朗必须在 2007 年 2 月前可验证地停止与铀浓缩和后处理有关的活动；禁止向伊朗出售能够用于铀浓缩和后处理的技术；成员国必须冻结被认定的公司和个人的资产
1747 号	2007 年 3 月 24 日	15 票赞成	伊朗必须可验证地停止与铀浓缩和后处理有关的活动；禁止伊朗转移武器；要求成员国通报受制裁的伊朗人的旅行情况
1803 号	2008 年 3 月 3 日	14 票赞成，1 票弃权（印度尼西亚）	伊朗必须可验证地停止与铀浓缩和后处理有关的活动；授权对伊朗的两个公司货物进行检查；禁止向伊朗出售双用途物项；对一些个人施以旅行禁令；鼓励禁止与被认定的银行进行金融交易

由于小布什政府对伊朗执行有限接触政策，即在阿富汗和伊拉克问题上愿意与伊朗进行直接接触，而在伊核问题上不愿与伊朗直接接触，除非伊朗停止铀浓缩活动，而伊朗又坚决不同意美国这种把希望谈判达到的结果作为展开谈判的前提条件，因此伊朗核问题处于僵局。

奥巴马政府上台伊始即对伊朗实施无条件接触政策，公开承认伊朗和平利用核能的权利，表示愿意就核问题同伊朗进行直接会谈，从而开启了解决伊核问题的"6+1"模式。2009 年 6 月伊朗大选危机期间，奥巴马政府反应谨慎，但尽管如此伊朗还是拒绝了其于当年 10 月提出核燃料交换计划，而且扩建核设施、继续进行铀浓缩活动。在此情况下，美国重拾了小布什政府的老路，开始对伊朗采取强制性外交政策。2010 年 6 月，美欧努力推动联合国安理会通过了 1929 号制裁伊朗的决议。该决议禁止伊朗发展能够运载核武器的弹道导弹，对伊朗重型武器系统进口实施禁运等。该决议鼓励欧盟的外交事务高级代表继续代表"六国"与伊朗进行交流。[①] 最终

---

① "Resolution 1929 Adopted by the UN Security Council," 9 June 2010, http://www.voltairenet.org/article165790.html.

通过的 1929 号决议版本与最初美国等西方国家提出的草案版本相比，删除了对伊朗能源行业实施制裁的内容，仅表示承认伊朗能源收入与核扩散之间的潜在联系，并注意到石化工业所需的化学工艺设备、材料与核燃料循环之间具有很多共同点，并无各成员国就与伊朗能源行业有关事宜采取具体措施的实质性内容。①

正是因为在联合国机制内制裁伊朗能源行业的计划落空，美国等西方国家逐步收紧了通过国内法制裁伊朗能源行业的各项措施。继 1996 年颁布《制裁伊朗法案》（Iran Sanctions Act）后，2010 年 7 月 1 日美国制定《全面制裁伊朗、问责和撤资法案》（Comprehensive Iran Sanctions, Accountability and Divestment Act），规定向伊朗出售成品油或原油加工设备（包括资金投入、输送能源技术与设备等）超过 100 万美元的公司将受到美国制裁，目的是准备对取代欧盟进入伊朗市场的诸如中国企业采取行动。该法案还禁止美国银行与伊朗革命卫队往来，并对向伊朗出口敏感技术的第三国实施出口限制。② 2010 年 7 月 17 日，欧盟批准了一系列新的限制性措施，这些措施基于但又超越了联合国安理会决议。欧盟开始对伊朗实施自己的经济制裁，例如禁止欧盟成员国投资伊朗的石油和天然气项目，也禁止向伊朗的能源部门转移技术和设备。这一切表明，美欧开始把制裁重心转移到伊朗能源领域。

1929 号决议通过后不久，中东大变局出现，欧美因忙于阿拉伯事务，特别是军事干涉利比亚而无暇顾及伊朗核问题。当然，在此期间，伊朗核科学家接连遭到暗杀，其部分核设备也遭到病毒攻击，但其核活动一直没有停止。2011 年 10 月卡扎菲政权被推翻，随之而来的是叙利亚骚乱加剧，加之 2011 年年底美国将从伊拉克撤出全部军队，美欧再度高度关注伊核问题，旨在借核问题进一步遏制伊朗。2011 年 11 月 8 日，国际原子能机构就伊核问题发表的调查报告为欧盟和美国强化对伊朗的打压提供了借口。尽管报告提到了新发现的伊朗秘密核设施，但总体而言该报告只是确证了 2007 年美国《国家情报评估》关于伊朗核计划的核心发现。而且中俄认为国际原子能机构的评估没有为对伊朗实施新的制裁提供充分依据。但西方国家却坚持以此报告作为推动新制裁的机会。

---

① 常明霞：《伊朗制裁问题的国际法解析》，《朝阳法律评论》2012 年第 2 期，第 156 页。
② "Fact Sheet: Comprehensive Iran Sanctions, Accountability, and Divestment Act (CISADA)," May 23, 2011, http://www.state.gov/e/eb/esc/iransanctions/docs/160710.htm.

2011年12月31日，美国公布《2012财政年度国防授权法》，重点强化对伊朗中央银行及相关银行的金融制裁。法案第1245条规定，自2012年6月28日起，如果某个国家的金融机构继续通过伊朗央行从伊朗购买石油，美国就切断该国所有金融机构与美国银行体系的联系，目的是切断伊朗中央银行与全球金融体系的联系。根据该制裁条文，伊朗与位于比利时的国际电子银行网络"环球同业银行金融电讯协会"（SWIFT）的业务管道被切断，从而极大地限制了其金融业务与对外贸易。2012年7月12日，美国财政部再次推出新制裁措施，将制裁范围从金融扩展至贸易、能源和人员等多个领域。7月31日，美国总统奥巴马下令对伊朗能源和石化部门采取额外制裁措施，同时还对向伊朗国家石油公司、朗蒂夫国际贸易公司和伊朗中央银行提供物质支持，或者向伊朗政府提供金融帮助的个人和实体实施制裁，目的是进一步深化细化制裁措施，阻挠伊朗采用其他途径规避制裁。同时，美国要求国际社会采取实质性措施配合其制裁。2013年1月2日，美国公布新财年《国防授权法》，除加强在能源、船运、造船领域的制裁外，还将限制伊朗在贵金属、石墨、铝、钢铁、冶金用煤和一些商业软件领域的贸易，并特别规定限制易货交易，防止伊朗规避制裁。①

欧盟及其他西方国家紧随美国，在英国和加拿大已经宣布针对伊朗核计划的新措施后，2011年11月21日，法国总统萨科齐写信给欧盟及其成员国，以及美国、日本、加拿大等国，指责伊朗加快推进核计划、拒绝谈判、迫使自己的人民陷于孤立境地，因此建议它们立即冻结伊朗中央银行的资产并停止购买伊朗的石油。② 2012年1月23日，欧盟外交事务委员会决定禁止进口伊朗的原油，冻结欧盟之内的伊朗中央银行的资产。2012年10月，欧盟进一步强化了现存的贸易限制并扩大了制裁，除了在严格条件下的事先授权，禁止欧洲与伊朗银行间的所有交易。此外，欧盟还决定强化针对伊朗银行的限制性措施。③ 另外，在面临基于《全面制裁伊朗、问责

---

① 孙立昕：《美国制裁伊朗的现状、效果及影响》，《当代世界》2014年第5期，第48页。
② See Natasha Mozgovaya, Yossi Melman and Barak Ravid, "U. S. Announces New Iran Nuclear Sanctions, Avoids Targeting Central Bank," Nov. 22, 2011, http://www.haaretz.com/news/diplomacy-defense/u-s-announces-new-iran-nuclear-sanctions-avoids-targeting-central-bank-1.396941#！.
③ Council of the European Union, "Council Conclusions on Iran," 3191st Foreign Affairs Council Meeting, Luxembourg, 15 October 2012.

和撤资法案》的美国可能的制裁威胁下,在美欧新制裁措施实施不久中国、印度、日本、韩国等国就采取了减少从伊朗购买石油的措施。

第二节　政权更迭：美欧强化制裁的目的

美国对伊朗的经济制裁由来已久,但在核问题出现前,制裁主要是以人权、恐怖主义等为借口而展开,真实目的是遏制伊朗以维持中东地区有利于美国的均势。伊核问题出现后,在推动多轮联合国制裁的同时,美国以核问题为借口增加了对伊朗的制裁,欧盟也以此为借口开启了对伊朗的制裁。伊核问题出现后,美欧推动针对伊朗的国际制裁和单边制裁的目的其实并非仅限于严格限制伊朗的核活动,还出于其他方面的考量。

人们一般将制裁的政治动机分为四大类别:惩戒、威慑、强制(coercion)或胁迫(compellance)、显示决心。① 可以说,西方以核为借口对伊朗的制裁包含上述所有动机:就伊朗不听警告、不屈服已有的压力,执意提升自己的核能力而言,制裁具有惩戒的动机;就慑止伊朗继续扩大核设施、提高浓缩铀丰度而言,制裁具有威慑的一面;就迫使伊朗停止现行的核活动而言,制裁具有强制的特点;就西方所认为的伊朗核计划违反了国际核不扩散机制的相关原则,破坏中东地区和平与稳定,威胁以色列等国安全而言,制裁具有显示决心的目的,表达了西方坚决维护核不扩散机制的权威性、维护中东地区和平与稳定的决心。

上述无论哪种动机,都是从制裁所具有的可能功能出发的。但是制裁的可能功能并不止这些,如果把制裁放在美伊关系以及地区形势的大背景下进行考察,情况更是如此。一般而言,经济制裁的基本预设逻辑是:外来经济压力→(对象国)经济困难→社会压力或政治动荡→政策行为改变。② 就2010年以来,西方陡然强化的对伊朗的经济制裁导致了伊朗的经济困难

---

① James Lindsay, "Trade Sanctions as International Punishment," *International Studies Quarterly*, No. 30, 1986, pp. 155 – 156.
② Johan Galtung, "On the Effects of International Economic Sanctions: With Examples from the Case of Rhodesia," *World Politics*, Vol. 19, No. 3, 1967, pp. 378 – 416; David A. Baldwin and Robert A. Pape, "Evaluating Economic Sanctions," *International Security*, Vol. 23, No. 2, 1998, pp. 193 – 197.

是确定无疑的。但经济困难还可能导致对象国的外交能力减弱，从而达到遏制的目的。西方以伊朗核计划为借口，对伊朗的制裁显然还有核之外的目的，例如在美军撤出伊拉克的背景下，遏制伊朗的地区影响力。因制裁或其他什么原因而导致的经济困难可以引发社会压力或政治动荡，但社会压力或政治动荡不但可以导致对象国政策行为的改变而且还可能导致其政权更迭。"制裁者的理念是：如果经济情况恶化了，目标国的大部分民众将会把生活上的艰难困苦归因于自己的政府并可能起而反抗之"。[1] 因此，可以说，西方2010年以来极度强化的对伊朗的经济制裁，除了与核问题直接相关的诸如惩戒、威慑、强制、显示决心等政治目的外，更有遏制伊朗地区影响力以及在伊朗国内制造动乱，从而为政权更迭创造机会等目的。即使施压国的目标相对有限，并不以促发巨变和叛乱为目的，但经济制裁的后果之一也可能是在目标国爆发破坏性的动荡。事实上，一些经济制裁的倡导者认为这种动荡的担心恰恰推动了目标国政权服从施压国。[2]

长期以来，推动伊朗的政权更迭是美国对伊朗政策的根本目标，其表面上因核问题而对伊朗采取的一系列举措一定程度上也是以政权更迭（伊朗的神权政治体系倒台，代之以类似西方的所谓民主政治体系）为目标。对于美国而言，一个国家拥有核武器本身并不一定是大问题，关键看这个国家是什么样的政权。在难以有效阻止伊朗核活动的情况下，伊朗的政权更迭便是美国最理想的目标了。因为，如果伊朗政权更迭了，美国与伊朗关系中的"人权问题"将会极大地淡化（因为美国认为西方民主制度是人权的最好保障），伊朗也会因其意识形态的转变而停止对美国所称的恐怖主义组织真主党游击队和哈马斯的支持，从而美伊关系中的"伊朗支持恐怖主义问题"也将不存在。随之而来的将是"伊朗阻碍中东和平问题"的消失。这样一来，就只剩下"大规模杀伤性武器问题"特别是核问题了。尽管即使伊朗政权更迭了也不能保证其不发展核技术乃至核武器，但政权更迭了的伊朗至少会更听美国的话，从而使伊朗中止核活动的可能性增大。退一步讲，先进的核技术或威力巨大的核武器掌握在一个政权更迭、亲西方的、民主化的伊朗新政权的手里，对美国而言要比掌握在一个施行神权

---

[1] Mark Kramer, "Exclusive: Sanctions and Regime Survival," 11 Mar. 2015, http://www.ponarseurasia.org/article/sanctions-and-regime-survival.

[2] Susan Hannah Allen, "The Domestic Political Costs of Economic Sanctions," *Journal of Conflict Resolution*, Vol. 52, No. 6, December 2008, pp. 916–917.

政治的伊朗手中要好得多。这就是说，虽然政权更迭了的伊朗不见得会停止核活动，但其核活动对美国而言也许不会成为问题，即如果伊朗实现了政权更迭，伊朗核问题也将随之消失，这是由伊朗核问题的本质——美伊敌对关系决定的。① 早在 2006 年就有西方学者指出："从长远来看，解决伊朗核威胁唯一的方法是一个民主的伊朗的出现。"②

美国等西方国家，强化对伊朗的经济制裁，重要的目的是促使伊朗的政权更迭，这是美国对伊朗政策的历史惯性使然。

小布什政府对伊朗政策的根本目标就是伊朗的政权更迭。这首先体现在小布什政府对伊朗的归类上。小布什政府上台后不久便给伊朗重新贴上"流氓国家"的标签，并开始暗示伊朗同伊拉克一样是"疯狂的国家"（crazy state），"威慑不住、无法用传统外交手段应对的政权"。③ 美国领导人还把伊朗说成"暴政前哨"。赖斯在正式成为国务卿前夕的参议院确认听证会（Senate confirmation hearings）上说："的确，在我们的世界里存在着暴政前哨（outposts of tyranny），美国站在各大洲被压迫的人民一边。古巴、缅甸、朝鲜、伊朗、白俄罗斯、津巴布韦就存在着暴政前哨。"④ 2002 年 1 月 29 日，小布什总统在其国情咨文中把伊朗连同伊拉克、朝鲜列入"邪恶轴心"（axis of evil）。⑤ "流氓国家"可以理解为需要严厉打压的国家。"疯狂的国家"可以理解为需要用特殊手段，比如武力手段应对的国家，即要以理性的疯狂对非理性的疯狂。"暴政前哨"意指压迫本国人民的国家。"邪恶轴心"是严重威胁国际和平与安全的国家。因此，在逻辑上它们都是应该被推翻的国家。正如一位学者所说："这种蛮横的妖魔化做法被用做宣传工具，为号召在伊朗进行政权更迭提供正当理由。"⑥ 而实际上，"邪恶轴

---

① 关于伊朗核问题的本质可参见岳汉景《伊朗核问题的本质探析》，《西亚非洲》2006 年第 6 期，第 18~23 页。
② M. Mcfaul, A. Milani, L. Diamond, "A Win – Win U. S. Strategy for Dealing with Iran," *The Washington Quarterly*, Vol. 30, No. 1, Winter 2006 – 2007, p. 123.
③ Katzman, et al., "The End of Dual Containment: Iraq, Iran and Smart Sanctions," *Middle East Policy*, Vol. 8, No. 3, September 2001, p. 81.
④ Keith Porter, "The U. S. – Iranian Relationship," http: //usforeignpolicy. about. com/od/countryprofi3/p/usiranprofile. htm.
⑤ James Dobbins, *After the Taliban: Nation Building in Afghanistan*, Dulles, Virginia: Potomac Books, 2008, p. 103.
⑥ Ismael Hossein – zadeh, "Reflecting on Iran's Presidential Election," July 2009, p. 20, http: //faculty. cbpa. drake. edu/hossein – zadeh/papers/Iran'sPresidentialElection. pdf.

心"正是美国在伊拉克实施政权更迭,推翻萨达姆政权的重要理据。

萨达姆倒台后美国与伊朗的任何官方接触都被看作等同于使伊朗政权合法化,因而对华盛顿来说是禁忌。① 伊拉克战争前几个月,美军快速挺进,巴格达很快沦陷,小布什政府受此鼓舞,开始对伊朗实施积极的政权更迭政策,以进一步落实"大中东民主计划"。虽然美国政府没有公开清楚说明此政策,但是华盛顿许多有很大政治影响、被称作新保守主义者的人开始高调号召在伊朗进行政权更迭。时任国防部国防政策咨询会(Defense Policy Board)主席的理查德·珀尔(Richard Perle)和前白宫撰稿人"邪恶轴心"的原创者大卫·弗鲁姆(David Frum)在他们合著的《终结邪恶》(An End to Evil)一书中,号召美国政府采取隐秘行动推翻伊朗政权。他们认为,"伊朗存在的问题比武器问题大得多","这个问题是寻求核武器的恐怖主义政权,此政权必须要推翻"。② 另一位知名的新保守主义者迈克尔·莱丁(Michael Ledeen)甚至得意地声称:"德黑兰正在等候我们呢。"③ 2005 年 1 月,刚刚就任国务卿的赖斯在接受电视采访时谈到"将会席卷中东的伟大改革运动"。可以想象,随着阿富汗塔利班政权和伊拉克萨达姆政权被推翻,伊朗将是美国"伟大改革运动"计划中的下一个目标。④ 在军事上,美国对伊朗形成包围之势。阿富汗和伊拉克不但驻扎着美军,而且两国新政府都是由美国扶持建立的,并一定程度上受美国控制。在伊朗的其他邻国也有美国的驻军,波斯湾上的巴林有美国的第五舰队驻扎。美国还利用铁杆盟友以色列不断对伊朗发出军事威胁。

但随着美军占领伊拉克所带来的严重困难局面的出现,随着"解放"了的伊拉克处于内战的边缘,美国的官员似乎意识到进行一场"解放"伊朗的行动危险性会更大。2005 年年底和 2006 年年初,美国开始采取新的对伊战略。小布什在 2005 年 1 月 20 日发表的就职演说中说:"我们的国家希望有朝一日能够成为自由、民主的伊朗的最亲密的朋友。"其于

---

① See Suzanne Maloney, "U. S. Policy toward Iran: Missed Opportunities and Paths forward," *Fletcher Forum of World Affairs*, Vol. 32, No. 2, Summer 2008, pp. 32 – 33.

② Richard Perle and David Frum, *An End to Evil: How to Win the War on Terror*, New York: Ballantine Books, 2004, p. 93.

③ Rovert Dreyfuss and Laura Rozen, "Still Dreaming of Tehran," *The Nation*, April 12, 2004, p. 17.

④ Kutchesfahani, "Iran's Nuclear Challenge and European Diplomacy," p. 13.

2006 年 1 月 31 日发表的国情咨文中也有类似表达。① 新战略总体目标依然是政权更迭，具体内容包括：支持伊朗公民对政府采取不服从和反抗行为，加大对伊朗的经济、政治和军事孤立，由联邦调查局带头破坏伊朗的全球金融运作。此战略与先前的战略的根本不同在于白宫和国务院所付出的外交资源和精力的多少。② 现在华盛顿的新领导所考虑的问题与其说是该对伊朗做什么，不如说是何时、如何实现所期望的"政权更迭"。③

2005 年春，美国国会通过了《支持伊朗自由法案》（*Iran Freedom Support Act*），"该法案拨款 1000 万美元，指示美国总统使用这些资源资助反对伊朗政府的组织。布什总统把分配这些所谓的政权更迭基金称赞为激励大众去努力推翻伊朗神权政府，并铸造一个自由民主政府以取而代之的第一步"④。第二年支持反对伊朗政府活动的资金大大增加了。这些增加了的资金主要用于无线电广播和其他宣传活动，并为工会组织和其他异议团体提供支持。⑤ 美国对曾被列入恐怖主义名单的组织示好，这些组织反对伊朗政权，美国希望借助它们的力量推动伊朗内部的政治变革。在两党的坚定支持下，布什政府又开始高调支持伊朗政权的反对者。这一政策的重要标志是 2006 年 2 月宣布以 7500 万美元作为促进伊朗民主的基金。德黑兰把此理解为美国赤裸裸的政权更迭行为。⑥ 2006 年小布什政府开始增加驻伊朗周边国家美国外交使团中说波斯语的外交人员的数量，部分目的是促进伊朗人参与到美国的促进民主的计划中。美国国务院成立了伊朗事务办公室（Office of Iran Affairs），主要从事与以美国为基地的伊朗流亡组织的接触。小布什政

---

① Kenneth Katzman, "Iran: U. S. Concerns and Policy Responses," CRS Report for Congress, June 11, 2010, p. 49, http: //www. fas. org/sgp/crs/mideast/RL32048. pdf.
② Mehran Kamrava, "The United States and Iran: A Dangerous but Contained Rivalry," *The Middle East Institute Policy Brief*, No. 9, March 2008, p. 6.
③ See Khashayar Hooshiyar, "Iran, Globalization, and US Imperialist Agenda in the Middle East," 2006, p. 8, http: //iranreview. com/Editorials/Iran%20and%20US. pdf.
④ C. Christine Fair and Stephen M. Shellman, "Determinants of Popular Support for Iran's Nuclear Program: Insights from a Nationally Representative Survey," *Contemporary Security Policy*, Vol. 29, No. 3, December 2008, p. 539, http: //www. contemporarysecuritypolicy. org/assets/CSP - 29 - 3 - FairShellman. pdf.
⑤ Glenn Kessler, "Rice Asks for $75 Million to Increase Pressure on Iran," *The Washington Post*, February 16, 2006.
⑥ Maloney, "U. S. Policy toward Iran: Missed Opportunities and Paths forward," pp. 29 - 30.

府也开始公开发表言论，认为伊朗是一个伟大的国家，表示尊重其历史。这突出表现在其于 2006 年 6 月 19 日和 9 月 18 日分别在美国商船学院（Merchant Marine Academy）和联合国大会上发表的演讲中。① 这实际上是美国企图分化伊朗内部的政治势力的表现，是一种柔性的政权更迭策略，与"邪恶轴心"论所要达到的目的一样。

奥巴马政府上台后，构成美伊关系背景的原有主要因素——阿富汗战争、伊拉克战争、伊朗核问题仍然存在，而且美国此时还面临着严重的国际金融危机冲击，因而其对伊朗政策具有历史的延续性：美对伊政策的根本目标如同小布什政府一样还是伊朗的政权更迭（尽管其口头上否认）。政权更迭比奥巴马政府在核问题上与伊朗现政府达成的任何交易都更有意义。即使伊朗接受 2009 年 10 月的核燃料交换提议，这只是在一个漫长、不确定的道路上卖出的价值不高的一步。这样的一个小小的让步比不上推动伊朗真正的变化。促进德黑兰的政权更迭是最好的防扩散政策。② 伊朗大选危机以及伊朗拒绝了核燃料交换协议后，有学者认为"自从 2009 年 10 月上台以来，奥巴马总统着力阻止伊朗拥有核武器。他采用了双轨方法——把无条件谈判与在谈判失败的情况下采取更为严厉的制裁联系起来。一年过去了这种方法几乎失败了。但在此期间伊朗人民动摇了伊朗政权的基础，而奥巴马只是口头谴责了伊朗政权的野蛮做法。事实上，阻止伊朗迈向核门槛的最好的机会是改变其统治方式。"③ "政权更迭"是自 1979 年伊朗伊斯兰革命以来历届美国政府的核心目标。④

奥巴马政府执政之初，对伊朗采取的接触政策的根本目标已是伊朗的政权更迭。美国推动伊朗的政权更迭，对美国而言显然是必要的，但关键是如何推动。继续采用小布什的做法是行不通的。伊朗的政治人物后来说，布什的"邪恶轴心"论为强硬派提供了意想不到的好处，帮助他们强化了立场却破坏了改革派的信誉，因为民众给予改革派的权力与发展与华盛顿

---

① Katzman, "Iran: U. S. Concerns and Policy Responses," p. 43.
② Robert Kagan, "How Obama can Reverse Iran's Dangerous Course," *The Washington Post*, January 27, 2010, http://carnegieendowment.org/publications/index.cfm?fa=view&id=24784.
③ Timothy Garton Ash, "These Protests Should Shame the West into a Change of Policy on Iran," January 6, 2010, http://www.guardian.co.uk/commentisfree/2010/jan/06/protests-shame-west-iran-nuclear.
④ Mousavian, "How to Rescue Obama's Engagement Policy with Iran," presentation at the University of Maryland, *School of Public Policy*, January 9th, 2012.

的关系的倾向有着固有的联系。① 早在 2007 年就有美国学者指出，我们倡导的推动伊朗政权更迭的策略不是入侵，不是军事打击，甚至不是制裁，而是与之进行充分的接触，从而我们就能够与伊朗社会联系到一起，这样反过来最终会促进伊朗的民主化。② "政权罕有在受孤立的情况下改变的。孤立增加了统治精英的绝望、鲁莽和对自己的人民实施压制的意愿。相反接触随着时间的推移或许能导致渐变，而此种渐变能够最终导致政权的解体或者实施更为温和的政策。20 世纪 80 年代苏联的垮台，不是因为我们孤立莫斯科而是因为我们直接与其接触的结果。同样的情况也许会在伊朗发生。"③

小布什政府时期，美国花费数千万美元用于"促进"伊朗的民主。这些努力包括训练伊朗的非政府组织、在美国和伊朗公民间进行教育和专业人员的交流、加大宣扬民主的媒体对伊朗的宣传力度等。但美国的这种一方面为伊朗的公民社会发展提供资金支持，另一方面又号召对伊朗实施政权更迭的做法为伊朗政权压制异议人士提供了特别的借口。不过这种帮助是如何出于善意，到头来却适得其反，激起了对公民社会的各种要素的更加严厉的压制，伊朗政权往往把它们称为美国领导的政权更迭的特务。由此可见，不与伊朗政权接触，是无法通过推动伊朗公民社会发展而达到政权更迭目的的。在重新审视美国战略的过程中，第一步应该是扩大两国政府之间的关系。奥巴马政府寻求新的对伊政策，新政策应注意从有悖于两国建立互信的政策上退回来。美国政府应很好地直接与伊朗政权接触，而把公民社会接触留给私人部门。总之，对伊朗的新政策不仅应该包括政府间的关系也应包括人民之间的关系。④

接触政策应该被看作促进伊朗政权演变的工具，这种演变将最终加强伊朗内部对相互尊重的关系感兴趣的人的力量。为了达到这个目的，美国应该强化公共外交向伊朗人民传达美国的目标和政策，包括由美国提出但

---

① David Heradsteveit and G. Matthew Bonham, "What the Axis of Evil Metaphor Did to Iran," *Middle East Journal*, Vol. 61, No. 3, Summer 2007, pp. 421 – 441.
② M. Mcfaul, A. Milani, L. Diamond, "A Win – Win U. S. Strategy for Dealing with Iran," *The Washington Quarterly*, Vol. 30, No. 1, Winter 2006 – 2007, p. 127.
③ Travis Sharp, "U. S. Foreign Policy toward Iran in the Obama Era," *ISPI – Policy Brief*, No. 145, June 2009, p. 6.
④ See "Iranian Civil Society, U. S. Engagement, and Opportunities for Reform," Presented at the CSID 10th Annual Conference, Cecile Coronato, May 5th, 2009, pp. 12 – 13.

被伊朗现政权拒绝的刺激措施。不能为了安抚现政权丢弃或弱化对人权的关注。该政权阻遏信息的努力一定要通过各种手段予以应对。① 美国学者认为，奥巴马对伊朗接触政策与布什政府相比有较大改变，这种改变向伊朗的反对派组织提供了更大的指责政府的能力。在伊朗发生建立合法和民主的政府的运动从根本上讲比应对伊朗核问题更为重要。②

根据美国一些颇有影响力的学者的分析，伊朗内部状况为其政权更迭提供了广阔前景。伊朗政权更迭的内部条件包括伊朗经济发展水平、伊朗人民较高的受教育程度、伊朗年轻人数量占人口总数的比例较大、伊朗人相对强烈的国家认同感。伊朗现政权面临日益严峻的统治合法性危机。在伊斯兰共和国成立的最初几年，霍梅尼的意识形态享有广泛的支持。这种意识形态为其统治提供了合法性。而如今霍梅尼的意识形态信条为现政权提供的合法性微乎其微，已无法为现政权的统治服务。许多伊朗政权过去的积极支持者，已变为积极的反对者。③

事实上，不但民众与政权之间裂痕加大，伊朗统治精英内部也有很深的矛盾。哈梅内伊、内贾德及其支持者革命卫队、巴斯基民兵和一些原教旨主义者属于一个阵营；另一阵营则是拉夫桑贾尼为首的改革派。革命卫队绝非铁板一块的力量，他们要求更大部分的政治权力和经济影响力。伊朗的神职人员也分歧严重，一些提倡改革，另一些支持内贾德的保守政策。神职人员也越来越大胆地挑战伊朗宗教领袖哈梅内伊。哈梅内伊和拉夫桑贾尼之间激烈的竞争与较量是伊朗政权裂痕加深的明证之一。

另外，伊朗国内存在着公民社会复兴的趋势，也有利于美国推动伊朗的政权更迭。众多的非政府组织继续采取行动；人权律师们也在与政府进行抗争；一些受到筛选的相对独立的媒体依然在运作；估计75000多个博客（世界上拥有最多的博客数量的国家之一）已登上政治舞台；妇女们把头巾越来越高地戴在额头上并且穿着鲜艳的服装；学生们在家喝着烈性酒，听着西方音乐；年轻人从互联网、收音机、电视中接收大量独立的、有颠覆

---

① Shahram Chubin, "The Iranian Nuclear Riddle after June 12," *The Washington Quarterly*, January 2010, p. 170.
② "BBC Live at Carnegie: Obama's Foreign Policy—One Year On," http://carnegieendowment.org/events/? fa = eventDetail&id = 2801.
③ See M. Mcfaul, A. Milani, L. Diamond, "A Win – Win U. S. Strategy for Dealing with Iran," *The Washington Quarterly*, Vol. 30, No. 1, Winter 2006 – 2007, pp. 130 – 132.

性的信息和思想。①

美国认为，与他们的父辈不同，伊朗的年轻人不持有反美观点。许多人希望美国能够影响伊朗向好的方向转变，包括在自由、民主和人权领域。任何对伊朗的战略措施都应考虑伊朗年轻人的愿望。如果美国忽视这些价值观并试图以利比亚模式与伊朗政权和解，那么美国将失去伊朗年轻一代的好感，并有可能使这种好感再次转变成愤怒和仇恨。如果美国想使伊朗在诸如核问题、恐怖主义问题、阿以冲突等问题上做出行动改变，那么它至少还要加上三个要求：言论自由、选举自由、政党和公民社会组织的自由。② 如果伊朗彻底拒绝美国的示好言行，对伊朗领导层来说将会是代价高昂的。伊朗相当一部分的政治和军事精英认识到自 1979 年开始的"美国去死吧"的口号在当今已没有建设性意义。他们知道，尽管伊朗拥有巨大的自然和人力资源，只要它与美国保持敌对关系，它就永远无法充分发挥其潜力。目前，他们中的许多人坚信是美国而非伊朗反对改善两国关系。只要情况表明德黑兰的少数强硬派人士是改善两国关系的主要障碍，伊朗内部的反对派阵营将会形成，潜在意义上巨大的、不可预知的分裂将会被制造出来。③

虽然奥巴马的接触政策并没有让伊朗接受其核燃料交换提议，而且 2010 年后，奥巴马政府逐渐重回了对伊朗强制性外交的老路，但其对伊朗接触的大门始终敞开。2011 年后，西方强化对伊朗制裁的措施依然有鲜明的政权更迭目的。2012 年，一家报纸援引一位美国情报官员的话说，政权更迭是美国对伊朗制裁的一个目标，但是美国政府的立场后退了，结果出现了一个修改后的表述，仅把"众怒"（public ire）而非"政权更迭"说成是新制裁的目标。④ 然而，引起众怒显然是以政权更迭为目标的。西方国家从 2009 年伊朗大选危机中看到，伊朗内部存在着很大的政治裂痕，他们也

---

① See M. Mcfaul, A. Milani, L. Diamond, "A Win–Win U. S. Strategy for Dealing with Iran," *The Washington Quarterly*, Vol. 30, No. 1, Winter 2006–2007, p. 133.

② Mohsen Sazegara, "The Importance of Iran's Domestic Political Atmosphere," in Patrick Clawson, ed., "Engaging Iran: Lessons from the Past," The Washington Institute for Near East Policy, May 2009, p. 7.

③ Karim Sadjadpour, "Iran: Is Productive Engagement Possible?", *Policy Brief*, October 2008, p. 11, http: //carnegieendowment. org/files/us_ iran_ policy. pdf.

④ Raymond Tanter, "U. S. and Israel Should Push for Regime Change in Iran," March 5, 2012, http: //www. usnews. com/debate–club/should–the–us–discourage–israel–from–attacking–iran/us–and–israel–should–push–for–regime–change–in–iran.

期望着所谓的"阿拉伯之春"能够传染到伊朗,因此它们期待着通过强化制裁能够看到即将到来的伊朗 2013 年的总统选举出现比 2009 年更大规模的骚乱,从而再伺机进行干预,以实现伊朗的政权更迭。然而,西方的期望落空了,因为伊朗 2013 年总统大选比较平静地完成,其在中东大变局中一直保持政治稳定。

第三节　伊朗政局保持稳定:美欧目的没有实现

在政治学中,政治统治是一个重要概念,其基本内容是构建政治权威与服从关系。① 但是我们如何知道这种关系是怎么样呢？或者换句话说,我们评估此种关系的标准是什么？标准是政治稳定性。如果一国享有高水平的政治稳定,就表明政权和人民之间的权威和服从关系建立得很好,国家治理的成本就会较低,但是如果一国不稳定,那么权威与服从关系就构建得不好,国家治理的成本就会相应较高。政治稳定因此是政治统治的价值取向。

准确地说,什么是政治稳定呢？在回答此问题之前,我们可以首先思考一下什么是政治不稳定。诸如政治暴乱、政变、政治暗杀、政治骚乱以及频繁而不定期政治机构和政治领导人的变更等都是政治不稳定的征兆或证据。那么我们可以说政治稳定是正在运行的政治体系所表现出来的秩序和持续性。这里秩序指不存在上述的政治不稳定表征,持续性指政治体系运行相对平稳,关键的组成部分没有变化,没有主要的社会力量或政治运动寻求政治体系的根本性改变。根据此定义,我们首先探讨中东大变局下伊朗政治体系稳定的具体表现。

一　伊朗政治稳定的表现

中东大变局开始于 2010 年年底,时值伊朗强硬派总统内贾德第二个总统任期的第二年。2009 年的伊朗总统大选前后是持续多日的动乱,这被称作伊朗大选危机,其主要聚焦于内贾德再次当选的合法性上。大选危机表明伊朗统治精英内部以及伊朗民众中存在着较深的政治裂痕。大选危机还表明伊朗人民对于大选是如此严肃而又如此被大选所分化,以至于哈梅内

---

① 王浦劬等:《政治学基础》,北京大学出版社,2006,第 120 页。

伊于 2011 年 10 月提到由议会选举的总理取代总统，就像宗教领袖由专家会议选举产生一样。① 而且，大选之后的骚乱清楚地显现了伊朗最高领袖哈梅内伊和前总统拉夫桑贾尼之间的裂痕。尽管如此，伊朗人并没有受到阿拉伯国家动乱的影响采取行动反对他们的政府或者他们国家的政治体系，这很让西方国家和一些阿拉伯国家失望。在利比亚卡扎菲政权被推翻后，美国及其伙伴强化了对伊朗的单边制裁试图促使伊朗民众把他们所遭受的困苦归因于伊朗政府，从而像一些阿拉伯国家民众一样走上街头暴力反抗政府。但是西方国家的这种努力失败了，期望落空了。政治秩序在伊朗获得了维持，没有发生任何值得关注的叛乱、暴动、反抗，甚至连表达他们不满情绪的示威活动也没有发生。西方国家所期望的利用伊朗国内可能的政治冲突去复制利比亚模式的计划被证明只是一厢情愿而已。

此外，伊朗政治体系的持续性也获得了维持，最有说服力的理由是 2013 年鲁哈尼当选为新总统并顺利就职。2009 年伊朗大选危机使西方国家相信下一个伊朗总统选举将会产生又一个危机，因为在许多西方政治精英看来此危机主要是由伊朗的政治结构和意识形态固有缺陷造成的而不是选举舞弊造成的。动摇或者推翻了一些阿拉伯政权的暴乱强化了西方关于伊朗再次发生大选危机的判断。著名的美国智库兰德公司曾经预测"选举可能再次成为精英对抗和公众示威集会的导火线"。② 然而，与一个有争议的总统选举的预期相反，伊朗 2013 年总统选举有序进行，并顺利选出了新总统，派别矛盾和精英竞争恰恰强化了伊朗本次总统选举的"健康性"。"该选举是自由、公正、独立的，民众的投票率高，而且无须进行第二次投票鲁哈尼就取得了胜利。"③ 所有这些似乎向世界表明伊朗人民的意愿得到了较为充分的尊重，人民依然支持自己国家的政治体系。鲁哈尼顺利当选伊朗总统且没有引起争议与骚乱很大程度上表明，伊朗政治体系的持续性得到维持，政治体系与政治秩序的维持向国际社会清楚地表明了伊朗在中东大变局中享有了相对的政治稳定。

---

① Shaul Bakhash, "No Elected President for Iran?", October 31, 2011, http://iranprimer.usip.org/blog/2011/oct/31/no-elected-president-iran.
② Alireza Nader, *Iran's 2013 Presidential Election: Its Meaning and Implications*, The RAND Corporation, 2013, p. 5.
③ See Paola Rivetti, "What's Surprising about Iran's Election," June 17, 2013, http://mideast-africa.foreignpolicy.com/posts/2013/06/17/whats_surprising_about_irans_election.

但是政治稳定背后的东西是什么？或者说，中东大变局背景下伊朗能够维持政治稳定的原因是什么？这是下文将要仔细讨论的。

二 大变局中伊朗政治稳定的原因之一：伊朗例外论

伊朗是一个有着悠久历史和灿烂文化的国度，曾经是强大的波斯帝国（波斯是伊朗的希腊语名称）的一部分。逐渐地，特别在 20 世纪，伊朗人开始把他们的国家看成特殊的、例外的，因为在他们看来伊朗的各类体系是特殊的，是对世界秩序的否定，而且伊朗的文明优于其他国家，他们的种族也很特殊且优秀，因为与中东的其他国家不同，他们是雅利安人的后代（现意指雅利安之国，"Iran"译自"Aryan"，最初的意思是"高尚的人"、"有教养的人"）。① 他们反对西方体系的经济剥削、政治压迫和道德上的虚伪。许多伊朗人把伊朗革命看作"第三条道路"，"非东方也非西方"的理念演化成一种意识形态宣传攻势，暗示自从革命以来在伊朗所建立的伊斯兰模式的优越。② 伊朗作为一个主要的什叶派国家这一宗教特点更使其国民增强了伊朗例外的感觉。自从伊斯兰共和国诞生以来，"伊朗的安全和外交政策主要就是反西方，并千方百计地把伊朗描绘成一个甚至在伊斯兰世界也是独特的国家"。③

"伊朗例外论"使伊朗很难效仿其他国家的政治发展。伊朗人认为他们的国家应该在伊斯兰世界起带头作用并被他国效仿。他们还认为在政治生态上遭遇骚乱或根本性改变的国家都是逊尼派主导的国家，这些国家是西方的傀儡或者与西方国家串通，因而在身份上与伊朗很不相同。埃及穆巴拉克政权倒台后，宗教色彩很浓的穆斯林兄弟会上台了（其他一些阿拉伯国家的暴乱也与伊斯兰政治组织的积极参与有关系），其上台时间尽管不长，但却使伊朗人不无道理地把埃及甚至其他中东国家的政权更迭看作对伊朗伊斯兰革命的效仿。"尽管西方的许多人谨慎乐观地把中东地区的政治发展看作民主化的表现，伊朗却满腔热情地把其称作以 1979 年伊朗伊斯兰

---

① 刘慧：《民族身份认同对伊朗核政策的影响》，《阿拉伯世界研究》2011 年第 4 期，第 34 页。
② Sadegh Zibakalam, "Iranian 'Exceptionalism'," January 29, 2009, http://www.mei.edu/content/iranian-exceptionalism.
③ Bledar Prifti, "The Security and Foreign Policy of the Islamic Republic of Iran: An Offensive Realism Perspective," *Graduate Theses and Dissertations*, p. 14, 2010, http://scholarcommons.usf.edu/cgi/viewcontent.cgi?article=2742&context=etd.

革命为基础的'伊斯兰觉醒'。"① 因此，阿拉伯国家的动荡不安只能提高伊朗人的优越感，而无法使他们采取类似暴力行为去反对他们的统治者或政治体系。一些阿拉伯国家的政治变革对伊朗没有示范效应，就像当初东欧国家的政治转型没有对阿拉伯国家产生示范效应一样。

伊朗把西方所谓的"阿拉伯之春"解读成令伊朗人自豪的"伊斯兰觉醒"的做法很快遭遇挑战，因为2011年3月叙利亚开始发生针对其盟友巴沙尔政权的内部骚乱，并逐渐发展成内战，伊朗被迫深度卷入其中并极力支持巴沙尔政权。

三 原因之二：叙利亚内乱

伊斯兰教有逊尼派和什叶派两大派别。这两派的不和导致了一些阿拉伯国家发生地方性或全国性冲突，甚至导致整个中东地区宗教关系紧张。中东地区的教派冲突，连同其他因素曾经促发了旷日持久的两伊战争。伊朗当时是由霍梅尼领导的什叶派主导的国家，渴望输出革命。伊拉克是一个什叶派占多数的阿拉伯国家，但是当时由萨达姆领导的逊尼派政府所统治，该政府很自然地感受到伊朗革命的威胁。在两伊战争中，伊拉克受到大多数逊尼派占主导的阿拉伯国家，特别是沙特阿拉伯领导的海湾国家的支持。这些海湾国家于1981年5月25日成立了海湾合作委员会（GCC）试图抵御伊朗伊斯兰革命扩张到该地区。而伊朗受到叙利亚的支持，它也是一个逊尼派占多数的国家但却由少数什叶派所控制，它是当时"支持伊朗的唯一的阿拉伯国家"。② 伊朗和叙利亚都支持与叙利亚接壤的黎巴嫩国内的真主党游击队，都强烈反对以色列和美国，它们尤其让海湾阿拉伯君主国感到畏惧。

2003年逊尼派主导的伊拉克萨达姆政权被推翻，取而代之的是什叶派主导的新政权，这改变了中东的政治地图。在萨达姆统治下的伊拉克坚决与伊朗为敌，并在阿拉伯复兴社会党的领导权方面与叙利亚产生冲突，③ 而

---

① Payam Mohseni, "The Islamic Awakening: Iran's Grand Narrative of the Arab Uprisings," *Middle East Brief*, April 2013, No. 71, p. 1.
② Primoz Manfreda, "Why Iran Supports the Syrian Regime," http://middleeast.about.com/od/iran/tp/Why-Iran-Supports-The-Syrian-Regime.htm.
③ Yang Jun, "The Baath Socialist Party Stepped down from the Stage of History after 35 Years of Rule in Iraq," *Wenhui Daily*, 12 May 2003, http://www.china.com.cn/chinese/zhuanti/328214.htm.

今由于政权的更迭开始与伊朗和叙利亚友好，从而使伊朗对伊拉克的影响力大增，其国际地位也上升到一个新高度，这让海湾逊尼派君主国不安，以致早在 2004 年年初约旦的阿卜杜拉国王创造了一个有争议的概念"什叶派新月地带"（Shiite crescent），该地带从贝鲁特到德黑兰经由巴格达。① 这一概念既含有教派意义也含有联盟意义。一个友好的伊拉克使伊朗更容易与叙利亚进行接触，从而也更容易把触角伸向黎巴嫩。黎巴嫩强有力的政治与军事集团真主党游击队总是易受伊朗的煽动并随时准备在以色列对伊朗核设施进行军事打击时给予其一定的报复手段。2006 年，伊朗支持的真主党游击队同以色列进行了差不多一个月的战斗，表现了其卓越的战斗能力，这令亲西方的逊尼派主导的阿拉伯国家相形见绌。此战显示了"什叶派新月地带"的力量并提高了其在阿拉伯民众和更广泛的穆斯林世界的声誉。

自从萨达姆倒台以来，由于内部不和和外部的干预，伊拉克一直不稳定，因此"什叶派新月地带"的核心是伊朗和叙利亚的联盟，该联盟"正式形成于 1982 年，当时由外交部部长带队的一个叙利亚高级代表团访问了德黑兰，签署了一系列石油和贸易方面的双边协议，以及一个秘密的军事协定"。② 2006 年 6 月，两国签署了双边防卫协定（其文本从未公开），2007 年 3 月签署了附加的军事合作协议。③ 双方政治、经济、文化关系近年来也得到长足发展。自从伊拉克发生政权更迭以来，伊朗和叙利亚相互协作阻止伊拉克过分依赖美国，就此而言它们似乎是成功的，因为"在叙利亚爆发反政府的暴乱后，什叶派主导的伊拉克政府听从伊朗的领导，反对在叙利亚进行政权更迭的呼吁"。④ 伊朗依赖叙利亚维持并扩展其在中东乃至伊斯兰世界的影响力。如果阿萨德政权被推翻，取而代之的是一个对伊朗有敌意的新政权，那么伊朗支持真主党游击队将会更加困难，其为了叙利亚乃至阿拉伯世界而反对以色列也将会失去一些合理性。这样一来，伊朗将失去一个向阿拉伯世界扩张势力的跳板，它对伊拉克的向心力也将减

---

① Kayhan Barzegar, "Iran and The Shiite Crescent: Myths and Realities," *The Brown Journal of World Affairs*, Vol. 15, No. 1, 2008, p. 87.
② Jubin Goodarzi, "Iran and Syria," August 2015, http://iranprimer.usip.org/sites/iranprimer.usip.org/files/Iran%20and%20Syria.pdf.
③ Mona Yacoubian, "Syria's Alliance with Iran," *USIPeace Briefing*, May 2007, p. 2.
④ Primoz Manfreda, "Why Iran Supports the Syrian Regime," http://middleeast.about.com/od/iran/tp/Why-Iran-Supports-The-Syrian-Regime.htm.

弱。因此，叙利亚与伊朗的国际地位和影响力密切相关，对伊朗具有地缘政治和战略上的重要性。伊朗也因此对叙利亚的冲突非常关切。

叙利亚的内部冲突最初只是零星的反政府示威活动，但是尽管政府在政治制度上做了调整，内部冲突在规模和强度上却日益升级。叙利亚危机的爆发与本地区其他国家动乱的发生有共性，但也有其自身独特的内部和外部因素。叙利亚是一个阿拉伯国家，境内有库尔德族和亚美尼亚族这样的少数民族。就宗教身份而言，它是一个逊尼派占多数的国家，有几个穆斯林少数群体与什叶派伊斯兰教有关，这其中就有巴沙尔·阿萨德政权所倚重的阿拉维派少数群体。另外还有占叙人口至少10%的基督教徒。① 因此，政府与叛乱者之间的政治对抗较大程度上表现为该国多数派逊尼派和少数派什叶派之间的教派冲突。② 由于外国的干预和冲突本身的溢出效应，表面上的教派冲突日益演化为真实而激烈的教派冲突。

叙反叛分子受到该地区绝大多数逊尼派国家的支持，土耳其、沙特阿拉伯、卡塔尔和约旦是他们主要的支持者。伊朗感受到了威胁，与真主党游击队等什叶派团体联合起来大力支持阿萨德政权，向其提供武器、金融支持，并派遣军事顾问。伊拉克的什叶派民兵也在叙利亚作战以支持阿萨德政权，这是本地区教派冲突扩大的警报信号。甚至有在伊朗受训并由伊朗资助的阿富汗人被派往叙利亚帮助叙政权收复失地。③ 伊朗努力把阿富汗和伊拉克雇佣兵团结在一个类似真主党游击队的组织化程度高、装备精良的组织之下，该组织与阿萨德政权的军队平等，以便伊朗即使在阿萨德政权倒台的情况下，仍然能够通过该组织在叙利亚有计划地长期存在而维持其战略影响力。④

随着叙利亚冲突逐渐演变为教派对抗，1987年，哈马斯成立，旨在巴勒斯坦建立一个伊斯兰国家的伊斯兰教逊尼派组织，并开始疏远阿萨德政权，把其总部从叙利亚迁往卡塔尔并公开宣布支持叙逊尼派叛乱分子，甚

---

① Primoz Manfreda, "Religion and Conflict in Syria," Updated November 25, 2014, http://middleeast.about.com/od/syria/a/Religion-And-Conflict-In-Syria.htm.
② Gary C. Gambill, "Syria is Iran's Stalingrad," June 2013, http://www.meforum.org/3531/syria-iran-stalingrad.
③ Nick Paton Walsh, "'Afghan' in Syria: Iranians Pay us to Fight for Assad," October 31, 2014, CNN, http://edition.cnn.com/2014/10/31/world/meast/syria-afghan-fighter/.
④ See Staff Writer, "Report: Iran building 'new Hezbollah' in Syria," *Al Arabiya News*, 5 November 2014, http://english.alarabiya.net/en/News/middle-east/2016/01/07/Abbas-denies-concern-of-Palestinian-Authority-collapse.html.

至与支持叙政权的真主党游击队交火。"2013年年初，真主党游击队增加了其在叙利亚冲突中的参与力度，派遣部队与叙利亚政府军并肩作战。2013年年中，据报道真主党游击队同哈马斯在离黎巴嫩边境不远的叙利亚库赛尔镇（town of Qusayr）交战。"① 2013年6月，伊朗取消了对哈马斯的每月2300万美元的资金支持，作为对其支持叙利亚叛军的惩罚，并停止了与哈马斯战斗队员的合作及对其进行的培训。② 西方国家支持叙利亚叛军，特别是其中的温和派。尽管遭到中国和俄罗斯等国的反对，他们还是积极地对阿萨德政权实施政治、外交和经济孤立，以便利用本地区教派冲突所暴露出来的战略和政治机会。伊斯兰极端主义者，特别是"伊斯兰国"组织利用叙利亚和伊拉克乱局，势力不断壮大。"伊斯兰国"组织是一个逊尼派圣战组织，其目标是以伊斯兰教教法为基础建立一个单一的跨国性的"伊斯兰国"。"伊斯兰国"组织的野心及其在伊拉克和叙利亚的迅速推进对包括美国、伊朗，甚至海湾国家在内的各国构成严重威胁，因此给叙利亚问题带来更多的复杂性。由于伊朗自身受到属于逊尼派的库尔德分离主义者的威胁，伊朗并不想看到因叙利亚危机而激起的本地区教派冲突不断升级。正因为此，"伊朗把发生在叙利亚的事件看作更为广泛的意识形态斗争的一部分。它是'霸权前线与抵抗前线之间的战争'"，最高领袖哈梅内伊说。③

从相互作用过程的角度来进行描述的冲突是社会化的一种形式，在冲突中诸群体由于联合及分裂等原因而形成。这就是说，冲突并不仅仅带来分裂后果，它还可以统一群组。联合起来反对共同的敌人的必要性压倒了群组和民族内部的矛盾和对抗，促使原本的竞争者携手合作。④ 冲突能够起到构建、维持，甚至增强群组身份的功能，因为冲突通过强化一个群组与其他群组分离的意识而设定群组边界。⑤ 叙利亚冲突因此既具有分裂的功能

---

① Hanin Ghaddar, "The Marriage and Divorce of Hamas and Hezbollah," Aug. 26, 2013, http://www.wilsoncenter.org/islamists/article/the-marriage-and-divorce-hamas-and-hezbollah.
② Jessica Chasmar, "Iran Cuts Hamas' Funding for Backing Syrian Opposition," *The Washington Times*, June 2, 2013.
③ Holly Yan, "Syria Allies: Why Russia, Iran and China are Standing by the Regime," CNN, August 30, 2013, http://edition.cnn.com/2013/08/29/world/meast/syria-iran-china-russia-supporters/.
④ "Useful Functions of Conflict," http://www.sociologyguide.com/basic-concepts/Useful-Functions-of-Conflict.php.
⑤ Lewis Coser, "The Functions of Social Conflict," http://www.colorado.edu/conflict/peace/example/coser.htm.

也具有联合的功能,因为它分裂穆斯林世界的同时也强化了逊尼派穆斯林和什叶派穆斯林的各自认同感。随着叙利亚动乱升级为激烈的内战并引发日益严重的地区教派冲突,伊朗越来越深入地卷入其中,伊朗民众的宗教认同得到了强化,伊朗的内部凝聚力有所增强,伊朗内部各政治力量间的矛盾得到一定程度地弱化,因此促进了伊朗的政治稳定。

四 原因之三:因核活动而对伊朗实施的经济制裁

尽管制裁遏制了伊朗并严重恶化了其经济,但这些制裁并没有诱发许多阿拉伯国家所经历的反政府暴乱,相反却产生了"团结在国旗下"的效果。这种结果有多种原因。

从理论上讲,"一个被广泛接受的外部威胁的存在,对人们支持政治权力和提高社会凝聚力必不可少"。① 以核活动为借口而对伊朗实施的经济制裁长期以来被伊朗人看作一个大的外部威胁。伊朗人,特别是伊朗的统治精英认为西方因伊朗核活动而发起的对伊朗制裁的主要目的是利用伊朗内部的政治裂痕,促使伊朗发生政权更迭。在所有国事上拥有最终决定权的哈梅内伊曾经说过:"美国官员在谈判中告诉我们的官员,他们不寻求在伊朗进行政权更迭。他们在撒谎,因为如果他们有能力这样做的话,他们会毫不迟疑。"② 卡扎菲政权已经弃核近10年,并且一直努力改善与西方关系,但却被西方武力推翻。这一事实强化了伊朗人的上述认知,他们因此坚信即使他们的国家从其核权利上后退并达成一个核协议,西方仍将努力寻找向伊朗施压的其他借口,希望产生进行政权更迭的有利条件。③ 因此,在伊朗人的眼中,西方正在利用制裁干涉伊朗的内部事务。对此伊朗人十分敏感,因为他们的国家经历了20世纪上半叶英俄的占领,又经历了1953年美英发动的政变,政变推翻了广受欢迎的民选首相摩萨台。在对伊朗的石油工业和石油储备实施了国有化后,摩萨台在伊朗广受欢迎,但这却严重侵蚀了西方石油公司特别是英国石油公司的利益。

---

① "The Functions of War," http://www.bibliotecapleyades.net/sociopolitica/esp_sociopol_ironmountain07.htm.

② "Iran leader: Don't Pin Hope on Sanctions Relief," 8 February 2014, http://thecairopost.youm7.com/news/86949/news/iran-leader-dont-pin-hope-on-sanctions-relief.

③ See Shahram Chubin, "The Iranian Nuclear Riddle after June 12," *The Washington Quarterly*, Vol. 33, No, 1, 2010, p. 164.

伊朗人甚至认为因核活动而对伊朗实施的制裁与所谓反核扩散没有什么关系,真实意图是限制伊朗的地区影响力以使美国无较大障碍地控制该地区。"伊朗人对美国会解除制裁高度怀疑,即使伊朗打算满足美国对核计划方面的要求。3/4 的受调查者认为美国将会找到其他理由施加制裁。这一观点与被广泛持有的认识有关,即美国制裁伊朗的主要理由不是出于对核武器的关切而是有其他动机。"① 他们很容易从美国反扩散政策的双重标准中得出这一结论来,因为美国经常大力反对其敌人发展核项目而对其盟友以色列等国发展并拥有核武器却视而不见。伊朗仅在发展核电站和核材料,其领导人已经多次向世界宣布伊朗将永远不会制造核武器,因为拥有核武器与他们的宗教信仰相违背。② 要很好地理解美国的对伊朗政策,伊朗人只需把其置于美国更广泛的企图上的,例如企图把军事触角伸遍全球,并移除美国全球霸权的障碍。美国有遍布全球的军事基地网络,并一直致力于北约东扩,吸收尽可能多的原东欧社会主义国家和苏联加盟共和国,目的是阻止俄罗斯的再度崛起,使它永远无法与美国相抗衡。由于中国被看作美国霸权战略的最大威胁,美国也在军事上包围中国。在此背景下审视西方的制裁,伊朗人可以清楚地看到制裁伊朗的目的是帮助确保美国及其西方盟友能够继续控制中东地区乃至全世界。

伊朗人也认为因核计划而对伊朗的制裁是非法的、不正当的。③ "这些制裁也是不道德的,因为它们首先伤害的是伊朗普通民众。"④ 伊朗早就是《不扩散核武器条约》的缔约国,因而有权发展民用核技术以及为和平目的进行铀浓缩活动。美国坚信伊朗的核计划是为其发展核武器打掩护,因此在小布什政府时期拒绝伊朗进行任何形式的核活动。奥巴马政府尽管公开承认伊朗拥有和平利用核能的权利,但其拒绝伊朗拥有进行铀浓缩的权利,而这项权利被伊朗和世界上大多数国家看作受到《不扩散核武器条约》保

---

① Ebrahim Mohseni, Nancy Gallagher & Clay Ramsay, "Iranian Attitudes on Nuclear Negotiations: A Public Opinion Study," September 2014, p. 15, http: //worldpublicopinion. org/pipa/articles/2014/iranian_ attitudes_ on_ nuclear_ negotiations_ _ final_ _ 091614. pdf.
② Michael Eisenstadt and Mehdi Khalaji, "Nuclear Fatwa: Religion and Politics in Iran's Proliferation Strategy," Policy Focus, No. 115, 2011, p. 11.
③ "Are Sanctions Working?", Updated July 2015, http: //www. iranintelligence. com/sanctions - fail.
④ Muhammad Sahimi, "Victims of Economic Sanctions: The People and the Green Movement," 23 November 2010, http: //www. pbs. org/wgbh/pages/frontline/tehranbureau/2010/11/victims - of - economic - sanctions - the - people - and - the - green - movement. html.

护的。"伊朗固有的进行铀浓缩和发展核燃料循环技术的权利实际上是清楚明白和无可争议的。世界上绝大大多数国家，包括中国、俄罗斯、巴西、土耳其、印度、南非以及所有120个不结盟运动成员国都承认此项权利。"①更为重要的是，尽管对伊朗进行了广泛的核查，但迄今并没有发现其发展核武器的确凿证据。"2007年和2011年发布的美国《国家情报评估》均得出了这样的结论：伊朗尚无积极的核武器计划。没有决定性的证据表明自2003年以来伊朗在制造原子弹方面做了任何努力。而且伊朗的领导人也还没有做出制造一枚实际核武器的政治决定。"② 因此对伊朗的制裁只是基于猜测和怀疑。伊朗人坚信，与美国的指控相反，除了诸如其核电站和医疗所需核燃料需摆脱对他国的依赖这种政治原因外，还有经济和能源安全方面的原因使伊朗确实有必要发展其核技术。因此，伊朗人有理由认为，西方对伊朗实施制裁实际上是试图剥夺其正常拥有的权利。

尽管在发展核计划的方式方面存在着某些分歧，但伊朗人都一致支持他们国家的核计划，认为这涉及国家荣耀。对于大多数伊朗来说，核计划是一个关涉民族自豪感和民族尊严的事。尽管存在着明显的经济困难，但是2/3（68%）的伊朗人说他们的国家应该继续发展核能，遭受巨大制裁也在所不惜。伊朗人认为美国是制裁的主要推动者，近一半的伊朗人（46%）把制裁归因于美国。另有13%的伊朗人认为他们的政府最应该为制裁负责，9%的伊朗人把制裁归因于以色列，归因于西欧和联合国的各占6%。③

总之，伊朗人认为"西方反对伊朗核计划的说辞只不过是借口（就像从未存在过的伊拉克大规模杀伤性武器一样），以便施压并孤立伊朗，削弱其经济以制造大众不满情绪，并且分化伊朗人以作为政权更迭和建立美国的傀儡政府的前奏"。④ 对伊朗的制裁非但没有产生对伊朗政权核政策的批

---

① Nima Shirazi, "Iran's Nuclear Rights vs. the West's 'Bombastic Diplomacy'," November 11, 2013, http://mondoweiss.net/2013/11/nuclear-bombastic-diplomacy.
② Seyed Hossein Mousavian, "20 Reasons Iran is not after Nuclear Bomb," IPPNW - International Physicians for the Prevention of Nuclear War, Berlin, 23 October 2012, p.1, http://www.ippnw.de/commonFiles/pdfs/Atomwaffen/Mousavian_s_Lecuter_at_IPPNW_Berlin-October_22-2012.pdf.
③ Jay Loschky, "Most Iranian Say Sanctions Hurting Their Livelihoods," *Gallup World*, November 6, 2013, http://www.gallup.com/poll/165743/iranians-say-sanctions-hurting-livelihoods.aspx.
④ CASMII, "Fact Sheets of Iran - US Standoff: Key Reasons against Sanctions and Military Intervention in Iran," January 20, 2012, p.2, http://www.campaigniran.org/casmii/files/Fact-Sheets-03-03-2012.pdf.

评，反而产生了"团结在国旗下"的效果。① 在中东剧变之前和剧变过程中，美欧对伊朗日益严厉的制裁一定程度上帮助了伊朗政府获得民众对其统治的默认从而有助于伊朗在中东政治风暴中保持政治稳定。

五　原因之四：伊朗特殊的政治体系

伊朗政治体系的理论基础是霍梅尼的"法基赫的监护"（Velayat‑e Faqih）理论。② 霍梅尼认为，作为由先知穆罕默德传至伊玛目（imam）的领导权的继承者，法基赫对共和国提供唯一合法的监护。"法基赫的监护"理念解决了伊斯兰什叶派宗教政治思想中的一个大难题，它向穆斯林说明，在什叶派的末代伊玛目——第十二伊玛目迟迟不能重返人间的困境下，③ 穆斯林不必消极等待隐遁的伊玛目的再现，而应当听从其代理人法基赫的指导和教诲。

由于"法基赫的监护"的前提是伊斯兰政府的存在，因此霍梅尼着力论证了建立伊斯兰政府的必要性。首先，他强调毛拉（mulla）宣传伊斯兰、介入政治和建立伊斯兰政府的责任，并认为要改造社会、确保人类幸福，仅仅拥有一部法律是不够的，还需要法律的实施权和实施者，这就需要建立伊斯兰政府。如果不建立伊斯兰政府就无法有效实施伊斯兰法，从而伊斯兰法的广泛性和普遍性，以及伊斯兰教本身永恒的有效性也无法充分体现。其次，他认为帝国主义和专制统治者将穆斯林乌玛（ummah，指伊斯兰社群）人为地分裂为许多国家，只有建立伊斯兰政府，才能确保穆斯林乌玛的统一，解放被占领的伊斯兰家园。再次，他坚称帝国主义将不公正的经济秩序强加于伊斯兰世界，将穆斯林社会分为压迫者和被压迫者。拯救被压迫者、反对压迫者、推翻压迫制度、建立伊斯兰政府是伊斯兰学者和

---

① Steven Blockmans and Stefan Waizer, "E3 + 3 Coercive Diplomacy towards Iran: Do the Economic Sanctions Add up?", *CEPS Policy Brief*, No. 292, 6 June 2013, p. 1.

② Velayat‑e Faqih (the rule or governance by the learned Islamic jurist)。"法基赫"（Faqih）是伊斯兰教法学家的意思，但这里的法基赫不是泛指所有的教法学家，而是特指拥有决定国家发展方向、超越政府的许多特权的宗教领袖。关于"法基赫的监护"，详见王彤主编《当代中东政治制度》，中国社会科学出版社，2005，第 246~248 页；Bulent Aras, "Transformation of the Iranian Political System: Towards a New Model?" *Middle East Review of International Affairs*, 2001, Vol. 5, No. 3, pp. 16 – 17.

③ 什叶派教义的主要特点是崇拜阿里和宗教领袖"伊玛目"，自编圣训。在伊朗被奉为国教的是什叶派的一个支派——十二伊玛目派。该派声称，第十二位伊玛目艾布·葛桑在其父于教历 260 年死后隐遁，他将在末日返回人间，重建真正的伊斯兰教以赐福人类。

所有穆斯林义不容辞的责任。

至于伊斯兰政府的形式，霍梅尼认为其应为政教合一的"立宪"政府，但"立宪"的含义不是人们通常理解的为保障公民权利与自由而制订宪法，对政府权力进行限制，而是指统治者服从《古兰经》和圣训。在霍梅尼看来，宗教领导人不能建立新的法律，他们仅仅致力于搜寻工作以维护或发现由真主口授给先知穆罕默德的沙里亚（Sharia，指伊斯兰教教法）。因此，伊斯兰政府的立法权专属于真主。所有人和伊斯兰政府，包括真主的代理人——先知及其继承者，都必须永远服从伊斯兰法。

霍梅尼认为伊斯兰政府应该由一名或多名领袖监护，是一位领袖还是多位领袖取决于完成监护任务的能力是否汇集到了一个人身上。伊斯兰政府的领袖必须"公正、虔诚、对社会政治问题具有敏锐的洞察力"。① 在伊玛目隐遁时只有法基赫符合上述条件。法基赫是"伊斯兰的堡垒"，是"先知的代理人"和遗产的继承者。

"法基赫的监护"理论在伊朗宪法中初步实现具体化，在伊朗政治体系中得到进一步落实，这一点可以从伊朗政治体系构成要素的职权、② 产生方式和总体关系上看出来。

伊朗政治体系的构成要素大致包括非选举产生的机构，即最高领袖（Supreme Leader）、武装力量司令、司法总监（Head of Judiciary）、确定国家利益委员会（Expediency Council）、宪法监护委员会（Guardian Council）和选举产生的机构，即总统、议会（正式名称是"伊斯兰协商议会"Islamic Consultative Assembly）、专家会议（Assembly of Experts）。

最高领袖由专家会议推选，有权任命司法总监、宪法监护委员会中6名高级教士成员、各类武装力量的司令官、星期五教徒祈祷的领导人（Friday prayer leaders）、广播电视局局长等；最高领袖是武装力量总司令，有对外宣战、媾和、进行军事动员的权力；最高领袖在伊朗各省部级机构、军队和安全系统、革命和宗教组织以及在国外设立的伊朗文化中心都委派自己的宗教代表，这些代表的权力往往高于相应的部长和其他行政官员；最高

---

① Ahmad Vaezi, *Shia Political Thought*, Islamic Centre of England, 2004, p. 98.
② 关于伊朗的政治体系的构成要素，详见 William O. Beeman, "Elections and Governmental Structure in Iran: Reform Lurks under the Flaws," *The Brown Journal of World Affairs*, Summer/Fall 2004, Vol. 11, No. 1, pp. 1 – 7.; Shelly Johny, "Iranian Political System and the IRGC," *AIR POWER Journal*, July/September, 2007, Vol. 2, No. 3, pp. 112 – 118。

领袖还有权宣布举行全民公决；在确定国家利益委员会调解失败时，最高领袖是行政、立法、司法三部门纠纷的最终仲裁者。

司法总监负责保证伊斯兰法的执行并规划法律政策，任期 5 年。他还有权提名宪法监护委员会中 6 名世俗成员，任命最高法院院长和总检察长以及推荐司法部长。宪法监护委员会是由保守派控制的伊朗最有影响的政治机构，成员中 6 名教法学家由最高领袖任命，另外 6 名法学家由司法总监提名并经由议会批准，任职 6 年，每 3 年改换其中一半的成员。该机构对每一位总统、议会议员、专家会议成员候选人都拥有实质的否决权，议会通过的每一项法律也要经过其审核以确保其符合宪法和伊斯兰法。该机构有权解释宪法，并且对宪法的任何解释只要有 3/4 的成员意见一致便具有与宪法同等的效力。确定国家利益委员会是最高领袖的咨询机构，有权处理议会与宪法监护委员会在立法方面的纠纷。该机构成员由最高领袖任命，机构成员都是一些在宗教、社会、政治等方面有重要影响的人物。伊朗最高国家安全委员会负责关于外交、国防和安全问题的政策制定和协调，由总统担任主席，成员还有议长、司法总监、革命卫队司令、国防军（正规军）司令、外交部部长以及相关部长等。

伊朗总统由选举产生，连任不能超过两届。1989 年修宪后，取消总理一职，其权力转至总统，总统既是行政首脑，也是国家元首。但是总统的职权主要在社会、文化、经济等事务上，武装力量的控制权，安全、国防和重大外交政策问题的决断权掌握在最高领袖手中而非总统手中，总统选举的结果也需要最高领袖的确认。总统有权任命或解除部长的职务，但要得到议会的批准。总统有与外国政府签署协议、批准驻外大使的权力。伊朗议会（Majles）的 290 名议员是通过每四年一次的大选选举产生的，它有权提出并通过法律、批准国际条约或协议、审核并批准国家年度预算，有权传唤、弹劾部长或总统（需 2/3 多数）。但议会的所有法案须经宪法监护委员会的审核、批准。总统和议员在就职前必须宣誓捍卫伊斯兰教、伊斯兰革命的成果和伊斯兰共和国的基础。专家会议的职权是任命最高领袖，监督其表现，并在认为其无力完成使命的时候解除其职务。专家会议每年召开两次会议，共有 86 名成员，8 年为一个任期。只有宗教人士才能成为专家会议的成员，候选人要经过宪法监护委员会的审查。

伊朗政治体系构成要素的产生方式及相互关系可以由图 4-1 表示。①

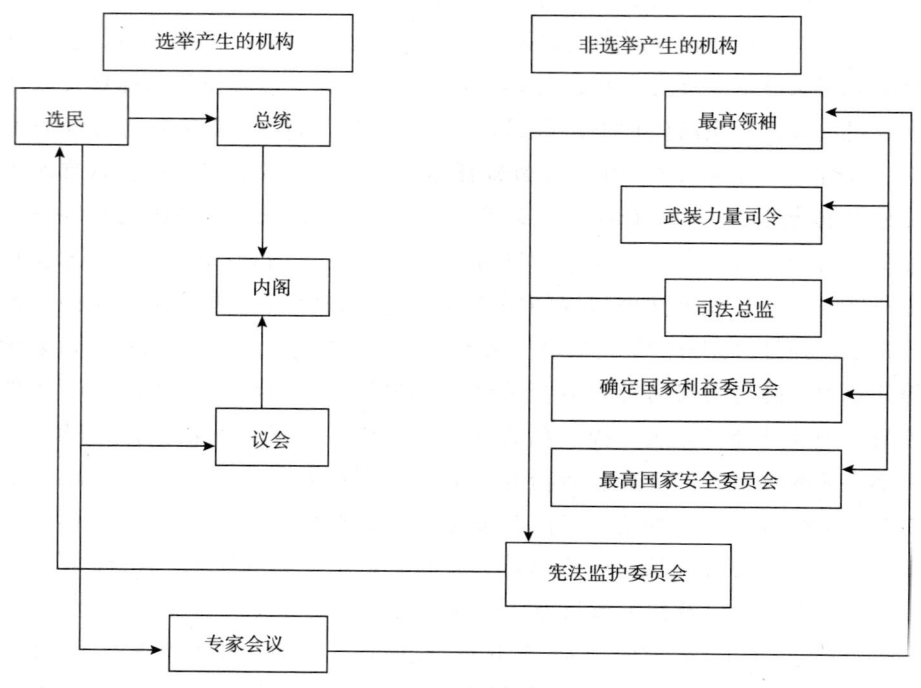

图 4-1 伊朗政治体系构成

同现代民主共和国一样，伊朗政府拥有独立的行政、立法、司法部门，但也有一套由教士控制的与之平行的机构，而且后者比前者拥有更大的权力，如表 4-2 所示。②

表 4-2 共和政体性质、伊斯兰性质机构比较

共和政体性质的机构	伊斯兰性质的机构
总统	最高宗教领袖
由 290 名代表组成的议会	由 12 名代表组成的宪法监护委员会
民事和刑事法庭	伊斯兰法庭
正规军	革命卫队和巴斯基民兵

---

① See William O. Beeman, "Elections and Governmental Structure in Iran: Reform Lurks under the Flaws," *The Brown Journal of World Affairs*, Vol. 11, Iss. 1, Summer/Fall 2004, p. 57.
② See Daniel Brumberg, "Iran and Democracy," http://iranprimer.usip.org/resource/iran-and-democracy.

伊朗政治体系的这种双重特性，较好地体现了伊朗国家名称的全称"伊朗伊斯兰共和国"。由上可知，伊朗政治体系中存在着诸多矛盾，其中主要矛盾是神权与民权的矛盾，其他矛盾都是这一矛盾的具体表现。在这一主要矛盾中，神权是矛盾的主要方面，因此，从政权组织形式上看，伊朗是宗教领袖制国家而不是总统制国家。但是，毋庸讳言，伊朗政治体系的民主成分不但为人民表达利益诉求提供了重要途径，而且也为神权统治提供了更多的灵活性，从而在一定时间内有利于伊朗的政治稳定。伊朗这一独特的政治体系也是伊朗发挥地区乃至国际影响力的重要资本：该体系神权至上的特点使它即使不再积极地输出革命也能在伊斯兰世界拥有天然的强大影响力；该体系中的民主成分更加使它成为中东君主制国家和大多数世俗的威权主义政权的主要畏惧对象。

伊朗政治体系对伊朗在中东剧变中保持政治稳定具有多方面的促进作用。首先，伊朗政治体系正如上文所述，是基于"法基赫的监护"理论的，该理论自伊斯兰革命以来就是伊朗政治文化的核心。由于建立在伊朗的宗教文化、历史之上，并且渗入伊朗的政治体系中并被其强化，伊朗政治文化被伊朗大部分的民众所接受。政治文化为政治体系提供合法性。[①] 因此，从伊朗的政治文化中获取了合法性的伊朗政治体系尚未遇到来自国家内部的巨大挑战。其次，伊朗政治体系尽管本质而言并不符合西方民主制度的基本原则，但它的确为伊朗民众提供了诸如选举总统这样的表达其利益诉求的渠道，同时也为伊朗的政治力量根据宪法展开政治竞争提供了竞技场。伊朗政治体系把伊朗人的注意力从作为整体的政治体系本身转移到他们已经选择或将要选择的总统身上，并使他们严肃地认为总统选举或总统这个人是他们未来的希望。与一些学者所认为的相反，2009年的大选危机并没有表明伊朗人对他们国家的政治体系不满，而是表明了伊朗人认为总统选举非常重要，他们对伊朗的政治体系依然抱有信心。再次，伊朗人感觉他们国家的政治体系比阿拉伯国家的政治体系好，因为在他们看来那些国家的政治体系在本质上是君主制或专制性的，中东剧变和持续混乱更使伊朗人自豪于他们国家的政治体系。

---

① 曹沛霖等：《比较政治制度》，高等教育出版社，2005，第60页。

第四节 本章小结

伊核问题久拖不决，奥巴马政府上台后不久即推出对伊朗的接触政策，同意无条件地与伊朗就核问题进行直接接触，并公开声称伊朗有和平利用核能的权利。这就打破了伊核问题僵局，开启了伊核问题解决的"6+1"会谈模式。尽管如此，2009年10月，伊朗依然拒绝了奥巴马提出的核燃料交换计划，从而使伊核问题谈判再次面临困难局面。经过努力，2010年6月，美欧成功推动联合国安理会通过了1929号新的制裁伊朗的决议，与此同时欧盟开启了其对伊朗的单边制裁，美国也开始强化对伊朗的单边制裁。但是同伊朗接触谈判的大门始终敞开。

不久发生了西方所谓的"阿拉伯之春"，美欧对埃及等国的巨变甚至有些措手不及，但它们很快就决定背叛自己长期的政治盟友，基本上选择支持政府反对派（巴林除外）。西方还以联合国安理会决议为名，开始赤裸裸地武装干涉利比亚，推翻了卡扎菲政府。此时正值美国拟从伊拉克撤军，美国担心伊朗填补其撤军所带来的力量真空。特别是2013年伊朗将会举行总统大选，美欧希望在"阿拉伯之春"的影响下，伊朗会发生比2009年大选危机规模更大的危机，从而利于对伊朗实施政权更迭。因此，尽管联合国安理会在西方的推动下通过了两个制裁伊朗的1984号决议（2011年6月9日）和2049号决议（2012年7月7日），① 但是美国和欧盟还是对伊朗实施了空前严厉的单边经济制裁。从2011年起美欧开始极大地强化了其对伊朗的制裁。但是美欧的这种以压促变的想法落空了，因为伊朗经受了中东变局和美欧最严厉制裁的考验，一直保持政治相对稳定。

2013年的伊朗总统大选顺利完成，并没有发生不少人所预期的类似2009年的总统大选危机。在中东剧变背景下，伊朗保持相对政治稳定首先是因为伊朗例外论的存在。伊朗的独具特色的历史、种族、宗教文化、政治体系等使伊朗人具有一种优越感，中东剧变和剧变后乱局的持续强化了这种优越感，使他们认为自己的国家才应该是他国仿效的对象。其次是因为叙利亚持续的内部冲突。叙内部冲突由于该国自身的政治宗教状况从一开始就较大程度上表现为教派冲突。由于地区国家乃至域外国家的干预，

---

① "Resolution 2049（2012），" Adopted by the Security Council at its 6781st meeting, on 7 June 2012, http：//www.isisnucleariran.org/assets/pdf/Resolution_ 2049_ June_ 7_ 2012.pdf.

这种教派冲突超越了叙利亚自身，使地区层面的教派冲突日益加剧起来。这种教派冲突主要存在于伊斯兰逊尼派和什叶派之间。伊朗由于在战略上需要一个亲近自己的叙利亚政权，加之自身是什叶派的代表，因而深深陷入此教派冲突中。但由于冲突既具有分裂功能也具有联合功能，中东此番因叙利亚冲突而加剧的地区教派冲突，在使逊尼派和什叶派的矛盾进一步加剧并使逊尼派内部发生分裂的同时，却也有利于伊朗内部各政治力量的联合并增强伊朗民众的认同感，从而有利于伊朗的政治稳定。再次是因为对伊朗的经济制裁。对伊经济制裁的由头是伊朗的核计划，但在伊朗人看来以此为由进行制裁无理无据，从而是违法的，他们非但没有因制裁而反对政权，反而因制裁而"团结在国旗下"。最后一个原因是伊朗特殊的政治体系。伊朗政治体系的一个最大特征是神权高于民权，其也含有一定的民主成分，这一方面有利于伊朗发挥对他国的宗教影响力，另一方面也为其民众提供了表达利益诉求的渠道，从而缓解了政治矛盾，有利于政治稳定。

上述在中东变局中有助于伊朗政治稳定的四个因素是密切相关的，因为它们为伊朗政权提供了合法性。在这四个因素中，伊朗的政治体系是最重要的因素，因为它强化了第一个因素伊朗例外论。此外，下面的事实也可以表现其是最重要的因素：在此次剧变中，经历政权更迭或政治剧烈动荡的中东国家共享了与伊朗不同的政治体制。

伊朗在中东变局中的相对政治稳定进一步提升了伊朗国际地位，因为"伊斯兰国"等恐怖组织所造成的中东地区新的动荡，大国在东亚、中亚、东欧地区新的竞争态势使得伊朗日益成为大国关注的对象。更重要的是，由于伊朗政治稳定，美欧试图在中东大变局背景下以十分严厉的经济制裁为手段促进伊朗内部动乱，从而为伊朗的政权更迭创造条件的希望落空了。

美国把中俄看作自己的战略竞争对手，同时严密防范欧盟。其于2010年开始推出"亚太再平衡"战略以遏制中国。为了顺利实施"亚太再平衡"战略、遏制俄罗斯、防范欧盟（主要是德法），美国不得不开启"中东离岸平衡"战略。伊朗作为中东地区的主要大国必然成为美国"中东离岸平衡"战略中的重点国家。在伊朗顺利举行了总统大选，政局保持基本稳定，政权更迭短期内无望且伊朗新总统频频向西方示好的情况下，继续维持对伊朗的高强度的制裁并不符合美国的战略利益，而且欧盟也不会同意，这样伊核问题全面破局便是必然趋势了。

第五章　国际法与伊核问题全面破局

伊核问题破局有多种促成因素，其中国际法的约束作用也是破局的重要促成因素之一。伊核问题在一定意义上讲是伊朗的核权利问题，伊核问题全面协议以伊朗在其核权利上的让步换取联合国及欧美对其与核有关的经济制裁的解除。协议显然是双方围绕伊朗的核权利进行妥协的产物，因为根据协议内容，伊朗从事的核活动受到很大限制，但仍允许伊朗进行包括运行较低丰度的铀浓缩在内的有限的核活动。这就是说，伊核问题全面协议虽然使伊朗的核权利受到较大程度的限制，但是也对其核权利给予了一定尊重，这种结果的出现不能不说有国际法的作用，因为国际法对美国和伊朗形成了双重约束，尽管美国经常性地违反国际法。

第一节　国际核不扩散机制的产生与发展

1945年7月16日，人类第一颗原子弹在美国爆炸成功，标志着人类核武器时代的到来。同年8月6日，美军B-29轰炸机对日本广岛投放了第一颗原子弹，8月9日，又对日本长崎实施了原子弹轰炸。原子弹的巨大威力以及这种威力在日本的真实展示，激起了世界各国对核技术、核武器的高度关注，核问题从此成为国际政治中一个重要议题，国际核不扩散机制应运而生，作为核不扩散机制重要组成部分的国际原子能机构在国际舞台上扮演着越来越重要的角色。

一　美国核垄断时期国际社会的核不扩散努力

原子弹诞生前夕的1945年4月25日，美国作战部部长亨利·史汀生（Henry Stimson）向尚不知情的杜鲁门总统简要介绍了美国制造原子弹的"曼哈顿工程"。他说，对原子弹的控制"将毫无疑问是一项最困难的事情，会涉及我们迄今为止从未预期过的彻底检查的权利和国内控制措施",又说"与别国分享原子技术的问题……将成为我们对外关系中一个首要的问题"。① 他的话被后来的历史事实印证。

原子弹诞生初期,美国出于独霸世界的目的,试图垄断核武器,采取了一些利诱别国的措施。1945 年 11 月 15 日,美国、英国、加拿大三国首脑聚首华盛顿,发表了一个"关于原子能的三国共同声明"。声明说,他们将愿意"本着和平目的同任何愿意给以充分酬答的国家继续交换基础性的科学文献",但前提是"有可能设计出有效、互惠、具有强制性并可为所有国家接受的安全措施",以防止这些文献被用于破坏性目的。② 他们建议新生的联合国应该迅速处理核问题。不久以后,1945 年 12 月 27 日在莫斯科召开了外长会议,会上美英提议建立联合国原子能委员会(UNAEC),"负责考虑因原子能被发现而引发的问题以及其他相关问题"。苏联同意了该提议。但苏联明确要求联合国原子能委员会的工作必须接受安理会的指导。美英接受了苏联提出的这一条件。③ 1946 年 1 月 24 日,联合国大会第一次会议通过了第一项决议,主要内容涉及和平利用原子能以及全面消除大规模杀伤性武器,并正式成立联合国原子能委员会。④

从 1945 年到联合国原子能委员会认为其工作已没有任何意义的 1948 年,美国和苏联及其盟友们宣布的目标不是防止核武器的传播而是在和平利用核能的同时彻底消除核武器。但是,在如何消除核武器方面美苏存在着根本分歧。美国坚持"管制先于裁军",即先建立有效的管制,然后处置现存核武器。显然,这并不能确保销毁现存核武器,从而势必有利于美国保持核垄断地位。苏联则坚持"裁军先于管制",即首先缔结一个国际公约,缔约国应首先承诺在任何情况下不得首先使用核武器,然后在公约生效后 3 个月内,销毁现存的一切核武器。在美苏的这种僵持过程中,美国联合英国和加拿大组建了共同发展机构(Joint Development Agency),试图通过该机构购买刚果、南非、澳大利亚等非社会主义阵营国家生产的铀垄断

---

① Stimson, H. L. & M. Bundy, *On Active Service in Peace and War*, New York: Harper and Brothers, 1947, pp. 635.
② Bechhoefer, B. G., *Postwar Negotiations for Arms Control*, Washington, D. C.: The Brookings Institution, 1961, p. 33.
③ Beckman, R. L., *Nuclear Nonproliferation, Congress and the Control of Peaceful Nuclear Activities*, Boulder: Westview Press, 1985, p. 30.
④ 升平:《联合国大事记》,《人民日报》2005 年 9 月 16 日,第 7 版。

国际铀矿市场从而达到防止核扩散的目的。

美苏两国表面上宣称和平利用核能并彻底消除核武器的背后隐藏的却是美国核垄断图谋与苏联极力打破美国核垄断之间的激烈斗争。1949 年 9 月，苏联首次成功地进行了核试验，美国的核垄断被打破，从而拉开了旷日持久的美苏核军备竞赛的序幕，国际安全态势恶化。在此背景下，1949 年年底，联合国原子能委员会终止了自己的工作。1951 年秋，联合国大会撤销联合国原子能委员会而以联合国裁军委员会（United Nations Disarmament Commission）取而代之。[①]

总之，从 1945 年开始，国际社会为建立一套让所有国家能够根据适当保障监督措施获得核技术的国际制度做了初步努力，但是，由于主要国家之间的严重分歧，此种努力在 1949 年中止，建立此种国际制度的目标没有实现。

二 美国核垄断被打破与国际原子能机构的产生

苏联首次核试验进行得如此之早让许多美国官员感到震惊，他们原以为苏联成为世界上第二个核武器国家应是 20 年以后的事。[②] 由美国国务卿艾奇逊于 1952 年 4 月指定的裁军顾问小组（Panel of Consultants on Disarmament）所做的研究报告认为，苏联的核武器发展将会对美国的安全构成严重威胁。美国认为 1953 年 8 月 12 日苏联试爆了一颗氢弹，[③] 美国对苏联核武器发展的担忧进一步增强了，催生了其新的核政策。

苏联拥有核武器之初，在核武器运载工具方面落后于美国，尤其是在当时唯一能有效投送核武器的战略轰炸机方面相对于美国更是处于明显劣势，因此美国依然相信自己能够打赢一场核战争。加之在常规力量方面西方阵营正处于劣势，难以应付到处涌现的民族独立运动与革命战争，而美国发展常规力量又力有不逮。于是，1953 年 10 月 30 日，美国政府在《国家安全基本政策》中提出了"大规模报复战略"。其核心思想是：一旦遭到或认为遭到社会主义阵营的哪怕是有限的局部攻击，就首先发起核大战，

[①] Bechhoefer, B. G., *Postwar Negotiations for Arms Control*, Washington, D. C.: The Brookings Institution, 1961, p. 136.

[②] Stimson, H. L. & M. Bundy, *On Active Service in Peace and War*, New York: Harper and Brothers, 1947, p. 643.

[③] 现已清楚当时苏联试验的物体是一个裂变推动装置。其实，苏联真正的第一颗氢弹试爆是 1955 年 11 月的事。参见 D. Holloway, *The Soviet Union and the Arms Race*, New Haven: Yale University Press, 1983, p. 24。

在核战争中摧毁对方；基本原则是使潜在敌人由于确信美国将以它愿意的方式——首先是核手段——还击侵略而受到威慑，因而不敢轻举妄动。"大规模报复战略"不但表明美国对发展核武器的重视而且也降低了使用核武器的门槛，它仍然含有美国核垄断时期所采用的"核讹诈"政策的痕迹。美国把先前彻底消除核武器的口号抛弃了。

另外，由于在军用和民用核技术上的垄断地位正不断受到挑战，美国的公司也开始担心核能市场会丢失给英国和加拿大。当时国际上核竞争十分激烈，美苏英都相继有了原子弹，世界上要求和平利用原子能的呼声很强烈，对此，美苏不得不各自做出姿态。美国虽然不再要求与各国公开讨论彻底消除核武器问题，却郑重发出"和平利用原子能"（Atoms for Peace）的倡议。1953年12月8日，艾森豪威尔在联合国大会上发表演说，主张把核武器国家的裂变材料集中储存起来供世界上所有国家用于和平目的。为此，艾森豪威尔呼吁建立一个国际性的原子能机构，致力于有效防止原子能滥用、核武器扩散，并进行原子能的民用研发工作，让原子能技术真正地造福于人类。

苏联一开始便对美国"和平利用原子能"的倡议持怀疑态度，坚持认为应该优先考虑苏联提出的迅速而全面地放弃核武器的建议。在这种情况下，美国于1954年5月1日告知苏联，不管其是否参加，美国都将继续努力创建一个致力于和平利用原子能的国际机构。同年9月，美国向联合国大会通报了其创建原子能机构和召开一个讨论原子能和平用途的国际科学大会的计划。该计划很快在联合国大会通过。1954年10月，英国向美国国务院递交了第一个关于新机构规约的草案文本，美国迅速以自己的修改草案做了回应。1955年年初，美国、英国、法国、加拿大、澳大利亚、南非、比利时以及后来参加的葡萄牙聚集华盛顿，以美英的草案为基础展开讨论。八国的目的是就规约文本达成一致，继续努力争取建立国际原子能机构（IAEA），然后邀请其他国家加入。八国的讨论结果构成了1957年国际原子能机构最终规约文本的基础。1955年8月8日至20日，联合国组织召开了主要由各国科学家参加的"第一次日内瓦会议"，讨论原子能的和平用途问题。

众所周知，各国核能力的发展使其能够将核技术和核材料转用于制造核武器。因此，为防止此类转用的问题，核管制或核安全保障问题便成为关于"和平利用原子能"讨论的中心议题。如上所述，美国处于核垄断地位时，为了维护这一地位坚持"管制先于裁军"；苏联为了打破美国的核垄断则力主"裁军先于管制"。由于美苏的这种垄断与反垄断的矛盾，始于1945年的旨在建立一套让所有国家能够根据适当保障监督措施获得核技术的国际制度的初步努力最终于1949年搁浅。然而，到了1953年，除美国外，苏联和英国都已拥有核武器，美苏之间垄断与反垄断的矛盾基本消失。而这时，两国都既想在各自阵营内保持一定程度的核垄断地位，又想以核技术为诱饵拉拢第三世界国家。这就使得两国在建立一套既推广核技术又对其进行保障监督的国际机制方面达成一致成为可能。而且，斯大林逝世后，苏联领导人认为，由于美国的核垄断被打破，资本主义国家已无法通过战争形式消灭社会主义国家，两种社会制度因而出现了和平共处的可能。基于此，苏联开始改变斯大林时期对西方的强硬外交政策转而执行与西方缓和紧张关系的政策。这也为苏联转而支持艾森豪威尔提出的"和平利用原子能"的计划提供了政策大背景。

1955年7月18日，苏联一改初衷决定参加八国的讨论，并派出自己的科学家出席了日内瓦科学大会。日内瓦会议后不久，来自美国、苏联、英国、加拿大、捷克斯洛伐克的专家聚首讨论在制定安全保障体系时可能出现的技术性问题。这是自核武器诞生以来有关国家首次严肃地讨论核管制问题。1955年秋季举行的联合国大会通过了苏联的提议，将八国集团扩大为十二国，新增苏联、捷克斯洛伐克、巴西、印度，把原子能机构规约草案的修改版散发给所有联合国成员国及其特别机构，并决定于1956年年底在联合国总部召开会议，复审并最后批准该规约。① 1957年7月29日，包括新加入国家在内的26个国家批准了国际原子能机构规约，该规约正式生效。同年10月，国际原子能机构召开首次全体会议，宣布该机构正式成立。

国际原子能机构的组织机构包括大会（General Conference）、理事会（Board of Governors）和秘书处。大会由全体成员国代表组成，每年召开一次会议。理事会是该机构的决策机构，真正掌握着机构的实权，每年举行五次会议。根据国际原子能机构规约，理事会每年改选一次，理事由国际原子能机构大会指定或选举产生。秘书处是执行机构，由总干事（Director General）领导。总干事由理事会任命并经大会批准，作为机构的"首席管理员"根据理事会制定的规章履行职责。国际原子能机构规约规定，任何

---

① David Fischer, *History of the International Atomic Energy Agency: the First Forty Years*, Vienna: The Agency, 1997, p. 34.

国家只要经理事会推荐和大会批准，并交存对机构规约的接受书，即可成为该机构的成员国。

国际原子能机构对违反安全保障协议的国家实施安全保障的一般程序是：检察员向总干事汇报该国的违规行为，总干事再向理事会汇报。如果理事会确认该国没有按照安全保障协议行事，它可以要求该国立即遵守协议。理事会也可以把该国违反协议的行为向原子能机构所有成员国以及联合国安理会和联合国大会汇报。

由于国际原子能机构的功能除了具有经济特点外还具有政治特点，因此，规约规定它主要向联合国大会汇报工作，而不像联合国其他的专门机构那样向经社理事会（ECOSOC）汇报工作。而且，由于在实施安全保障时会涉及国际安全问题，因此根据苏联的建议，规约也要求国际原子能机构在工作中遇到需要安理会解决的问题时向安理会提交报告。这种规定实际上"孕育"着当今国际社会解决核问题时的三个框架：国际原子能机构框架、联合国框架和大国强权框架。

由于奥地利是中立国，且处于两大阵营的边界处，因此在国际原子能机构总部选址的竞争中有较大优势。国际原子能机构的总部最终设在维也纳。

三　美苏核均势与《不扩散核武器条约》的产生

国际原子能机构规约规定，该机构承担着促进和管制核技术的双重责任，其核心功能是作为核材料的接收者、分配者、经纪人和安全保障者。然而，在该机构成立的早期并没有发挥出这些功能，这主要是因为美国把通过双边协议直接向伙伴国提供核援助作为首选，并对交易实施美国自己的安全保障，这样就绕开了国际原子能机构。美国这样做是为了防止核材料落入苏联及其盟国之手。而苏联最初也反对国际原子能机构实施过于严苛的安全保障，因为同美国一样苏联也试图以和平利用核能为借口发展自身的核武器技术并以核技术为诱饵加强对友好国家的影响，同时也是为了取悦一些把保障监督看作新殖民主义的表现的发展中国家。另外，几乎与国际原子能机构同时诞生的欧洲原子能共同体（EURATOM）和欧洲原子能机构（ENEA），以及其他地区性组织如经互会（the Council for Mutual Economic Assistance）也在一定程度上对国际原子能机构形成了架空态势。

20世纪50年代，世界人民要求销毁核武器、反对世界战争的呼声很高，掀起了世界和平运动的第一次高潮。为了获取国际社会的同情和支持，从 1954 年到 1956 年苏联四次提出禁止核试验的建议。① 1958 年，苏联同美国和英国开始了关于全面禁止核试验条约的谈判，在谈判期间三国宣布在 1958 年到 1961 年这段时间内暂停核试验。但是苏联与英美关于全面禁止核试验条约的谈判没有达成一致，贯穿谈判的一个主要难题是如何进行核查与控制。② 由于苏联在古巴建立导弹基地，而于 1962 年爆发的古巴导弹危机迅速推动了有关核禁试的进一步谈判。③ 结果，它们于 1963 年 7 月 25 日和 8 月 5 日分别草签和正式签署了《禁止在大气层、外层空间与水下进行核武器试验条约》，又称《部分核禁试条约》(*Partial Test Ban Treaty*，PTBT)。签约国不进行条约禁止的核试验，并且不纵容其他国家进行核试验。该条约把停止核试验与全面禁止核武器完全分开，把禁止当时只有美苏，特别是美国有能力进行的地下核试验排除在外，因而就特别有利于美苏维护相对核垄断地位。条约于同年 10 月 10 日生效。截至 2008 年 2 月，已有 131 个国家加入该条约。④ 20 世纪 70 年代，由于美苏核均势形成，两国在限制他国发展核武器的同时也开始相互限制，在核禁试领域表现为：1974 年两国签署的《美苏限制地下核武器试验条约》又称《限当量条约》(*Threshold Test Ban Treaty*，TTBT) 和 1976 年签署的《和平核爆炸条约》(*Peaceful Nuclear Explosions Treaty*，PNET)。⑤ 上述三个条约，特别是《部分核禁试条约》与 1996 年 9 月开始在联合国开放签署的《全面核禁试条约》(*Comprehensive Test Ban Treaty*，CTBT) 有着十分密切的联系，后者是前者的继续。⑥ 苏联签署《部分核禁试条约》和《限当量条约》有各种原因，而重要原因之一是中苏关系恶化，苏联想通过前者阻止中国制造核武器，通过后者使

---

① 王仲春：《核武器·核国家·核战略》，时事出版社，2007，第 91 页。
② See Emily Bailey, Richard Guthrie, Darry Howlett and John Simpson, The Evolution of the Nuclear Non-Proliferation Regime, 6th Edition, The Mountbatten Centre for International Studies (MCIS), 2000, p. 4.
③ "Protecting Non-Nuclear States from the Nuclear Threat," GA1: Disarmament and International Security, p. 3, http: //www.gtmun.org/documents/2007/GA%201st/GA1_ BGG_ History.pdf.
④ "Treaty Banning Nuclear Weapon Tests in the Atmosphere, in Outer Space and Under-Water (Partial Test Ban Treaty—PTBT)," p. 1, http: //cns.miis.edu/pubs/inven/pdfs/atosuw.pdf.
⑤ Michael O. Wheeler, "International Security Negotiations: Lessons Learned from Negotiating with the Russian on Nuclear Arms," INSS Occasional Paper 62, February 2006, p. 33, http: //www.usafa.af.mil/df/inss/OCP/ocp62.pdf.
⑥ See Shireen Mazari, "From Non-Proliferation to Nuclear Stability: The Case of South Asia," http: //www.defencejournal.com/2000/mar/south-asia.htm.

中国无法改进核武器。①

20 世纪 60 年代初，由于拥核武器国家的增多，北约组织的核武装化趋向，以及更多的国家看好核能甚至准备发展核武器，美苏对现行核不扩散机制下的核扩散做了悲观的预期。为了加强核安全保障，阻止更多的国家拥有核武器，扩大原子能机构的核安全保障范围，使该机构充分发挥安全保障的功能势在必行。为了更好地履行其安全保障的职能，1961 年国际原子能机构建立了第一个范本文件编号为 INFCIRC/26 的保障监督体系。由于"古巴导弹事件"后美苏关系有所缓和，中苏关系已破裂，苏联担心联邦德国发展核武器等原因，1963 年苏联一改常态转而支持国际原子能机构的保障监督体系，并且还与美英共同签署了《部分核禁试条约》。非但如此，1964 年 1 月苏联与美国各自向总部在日内瓦的十八国裁军委员会（Eighteen - Nation Disarmament Committee，ENDC）提出了一个议程。苏联的议程与美国的有四个相同的主题，其中之一就是不扩散核武器条约。1965 年，苏联与美国在日内瓦都推出了关于不扩散核武器条约的草案，但是它们的草案内容大相径庭。苏联坚决反对美国在条约草案中试图让欧洲原子能共同体独立于国际原子能机构的保障监督之外。后来美苏都做了让步，双方同意所有无核武器国家都应该承担接受国际原子能机构保障监督的义务，但是欧洲原子能共同体有权与国际原子能机构共同缔结相关协议。不扩散核武器条约赋予国际原子能机构以核实条约的无核缔约国信守承诺，不把核材料转用于制造核武器的职责。

勃列日涅夫上台后，以"缓和"为幌子加紧扩充军备，使苏联进入了大规模生产和部署核武器时期。苏联大力加强军事力量的努力收获显著，到 60 年代末终于基本实现了与美国在战略核力量上的均势，美苏核恐怖均衡形成，"相互确保摧毁"成为现实。由于美苏核力量趋于均势，苏联为维护其相对核垄断地位而逐渐加大了与美国合作限制他国发展核武器的努力。这突出表现在苏联与美国协作促使 1967 年的联合国大会通过了《不扩散核武器条约》（苏美于 1968 年 7 月 1 日《不扩散核武器条约》开放签字的当日签署了该条约）。《不扩散核武器条约》的三大支柱是不扩散（不传播、不生产）、核裁军、和平利用核能，它与国际原子能机构类似，其重要功能在于加强国际核安全保障，在和平利用核能的同时限制核武器国家的数量。

---

① Zhu, Mingquan, "The Evolution of China's Nuclear Non - Proliferation Policy," The Nonproliferation Review, Winter 1997, p. 42.

因此，它的产生与国际原子能机构的发展存在着密切的联系，一定程度上它是在国际原子能机构在新形势下担负核安全保障的任务日显不力的情况下产生的。

20世纪60年代，国际原子能机构的保障监督通常是应已签了双边协议的当事双方要求而实施的，要求其完成双边协议中规定的安全保障内容。1970年以后，由于《不扩散核武器条约》（NPT）已正式生效，最为普遍的核安全保障形式是：《不扩散核武器条约》的无核缔约国一方与国际原子能机构缔结一项安全保障协议。这时，国际原子能机构的职能才真正发挥出来，其作为联合国一个特殊机构的特性才凸现出来。

1971年3月，在维也纳成立了"不扩散核武器条约出口委员会"，也称"桑戈委员会"（the Zangger Committee）。1974年8月，桑戈委员会就核出口时应当采用的标准及程序达成一致谅解。各成员国请求国际原子能机构对《不扩散核武器条约》所指的核材料及核设备的出口实施保障监督。1973年国际原子能机构与欧洲原子能机构达成协议，立足于《不扩散核武器条约》对两者的保障监督进行了分工。1974年5月印度的地下核爆炸以及第四次中东战争后许多国家高涨的核能兴趣，强化了美苏等国对核安全保障的担忧。于是，1974年11月，美、苏、法、英等一些主要核供应国在伦敦召开秘密会议，宣布成立核供应国集团（NSG），也称"伦敦俱乐部"（the London Club）。该集团（目前有45个成员）实行比"桑戈委员会"更严格的核出口控制，要求进口国必须接受国际原子能机构的全面保障监督。这些都加强了国际原子能机构保障监督的实际职能。

四 海湾战争后国际核安全保障机制和出口管制机制的发展

海湾战争后，对伊拉克的严格核查、叛逃者的揭秘以及参与伊拉克核计划的伊科学家的详情披露，清楚地表明伊拉克长期以来一直进行着秘密的核武研发活动。伊拉克作为《不扩散核武器条约》的成员国，其核活动受到国际原子能机构的保障监督，然而国际原子能机构在海湾战争前却没有觉察到伊拉克的秘密核研发活动。这一事实促使人们对国际原子能机构提出尖锐批评并对其30年保障监督职能的信誉造成最为严重的损害。①

---

① See David Fischer, *History of the International Atomic Energy Agency: The First Forty Years*, Vienna: The Agency, 1997, p.115.

其实，海湾战争前，国际原子能机构在对伊拉克核保障监督方面基本上是尽职的，其作为批评的对象是冤枉的。海湾战争后，国际原子能机构在伊拉克的核查之所以成效显著不是因为它更加尽职了，而是因为此时的核查与其例行的保障监督行为不同。国际原子能机构对伊例行的保障监督行为，依据的是伊拉克与国际原子能机构达成的全面保障监督协议，而海湾战争后的严厉核查依据的则是联合国安理会的决议，因此属于特殊行动。伊拉克进行核武研发的事实在海湾战争后才被发现，说明了国际核不扩散机制中保障监督体系本身存在着较大的缺陷，这促使国际社会重新审视已有的核保障监督体系。

国际核保障监督体系在海湾战争前就已经历了不断改进的发展阶段：1961 年 INFCIRC/26 型体系、[①] 1965 年的 INFCIRC/66/Rev.1 型体系、1968 年的 INFCIRC/66/Rev.2 型体系和 1971 年的 INFCIRC/153 型体系（Comprehensive Safeguards System，又称全面保障监督体系）。[②] 全面保障监督体系所覆盖的核活动范围如图 5-1 斜体加粗部分所示。[③]

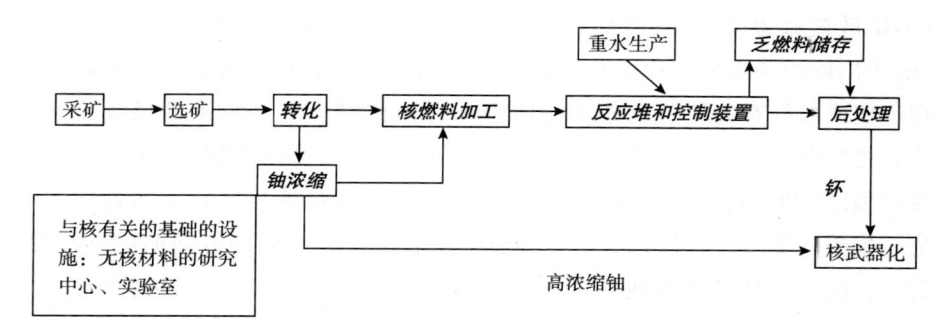

图 5-1　全面保障监督体系

《不扩散核武器条约》规定，加入该条约的无核武器成员国要与国际原子能机构达成协议，接受其基于 INFCIRC/153 型体系所进行的全面保障监督，否则他国，特别是有核技术出口能力的国家不得向该国出口核材料、核设备和核技术。这种保障监督体系被称作传统的保障监督体系，目的是

[①] INFCIRC（Information Circular）/26 是该体系保障监督协定范本文件的编号，下同。
[②] "Overview of Safeguards Agreements," *IAEA Bulletin*, 1/1988, p.26, http://www.iaea.org/Publications/Magazines/Bulletin/Bull301/30103452528.pdf.
[③] See Laura Rockwood, "IAEA Safeguards and Non-Proliferation: The Legal Framework," August 6, 2008, p.20, http://www.jaif.or.jp/ja/wnu_si_intro/document/08-08-06-rockwood_laura.pdf.

"保证已申报的核材料没有被转移或者在已申报的核设施处没有对未申报的核材料进行加工"。① 这就是说，传统的保障监督体系主要关注已申报的核材料和核活动。它基于这样一个假设：不依赖于已申报核设施的核燃料循环能力的发展是绝大多数国家力所不及的，因此，如果它们进行核扩散活动，这种活动就可能涉及从它们已申报的核设施处转移核材料，从而扩散行为将被发现。② 伊拉克秘密铀浓缩活动的曝光证明这种假设是错误的，建立在此种假设基础上的传统保障监督体系如此看来也需要与时俱进了。"以前，整个国际社会的错误是，没有认识到一个有意义的核查系统必须执行一些措施，旨在探测一国是否通过从事未申报的核活动欺骗该体系"。③

鉴于传统的保障监督体系没有能够发现并有效阻止伊拉克秘密发展核武器，1993 年，国际原子能机构提出并要求在 2 年内完成一项旨在完善并强化保障监督机制的研究计划，即 "93 + 2 计划"。④ 该计划特别聚焦于构建探测未申报的核活动所必需的技术能力和法律权威，其最重要的成果是《不扩散核武器条约》附加议定书（INFCIRC/540）的出台。⑤ 该议定书"赋予国际原子能机构以更有效地搜集、利用信息的权利与技术和更广泛的到达核或与核有关的场地进行现场核查的权利"⑥。它与以前的核安全保障体系相结合，主要产生了三个方面的作用。第一，确保国际原子能机构对签约国已申报的和未申报的核设施进行检查以及对其与核有关的进出口情况的检查。第二，确保签约国尽可能提供有关核燃料循环方面的完整情况。第三，给检查员以签证便利，增大了检查员的接触权，大大提高了环境样

---

① Piet de Klerk, "The Evolution of IAEA Safeguards," p. 3, http://www.jaif.or.jp/english/npsympo/deklerk.pdf.
② See John Carlson, "Challenges to the Nuclear Non-Proliferation Regime: Can the Regime Survive?" Paper Presented to the Carnegie Moscow Center, May 29, 2007, p. 6, http://www.asno.dfat.gov.au/publications/challenges_nuclear_non-proliferation-regime.pdf.
③ Jacque Baute, "Timeline Iraq: Challenges and Lessons Learned from Inspections," *IAEA Bulletin*, Vol. 46, No. 1, June 2004, p. 65.
④ See Jack Boureston and Charles D. Ferguson, "Strengthening Nuclear Safeguards: Special Committee to the Rescue?", *Arms Control Today*, December 2005, http://www.armscontrol.org/act/2005_12/DEC-Safeguards.
⑤ 截至 2017 年 5 月 19 日，共有 146 个国家签署了此附加议定书，其在 129 个国家生效。"Status of the Additional Protocol," https://www.iaea.org/topics/additional-protocol/status。
⑥ Tae Joon Lee and Maeng Ho Yang, "Half-century Evolution of U.S. Non-proliferation Policy," *The Korean Journal of Defense Analysis*, Vol. 15, No. 1, Spring 2003, p. 51.

品收集的价值。① 1997 年，国际原子能机构理事会批准了该议定书。一般认为，全面保障监督协议与附加议定书的结合应成为《不扩散核武器条约》保障监督的现时标准。② 全面保障监督协议和附加议定书相结合的保障监督所覆盖的核活动范围如图 5-2 斜体加粗部分（所有部分）所示。③

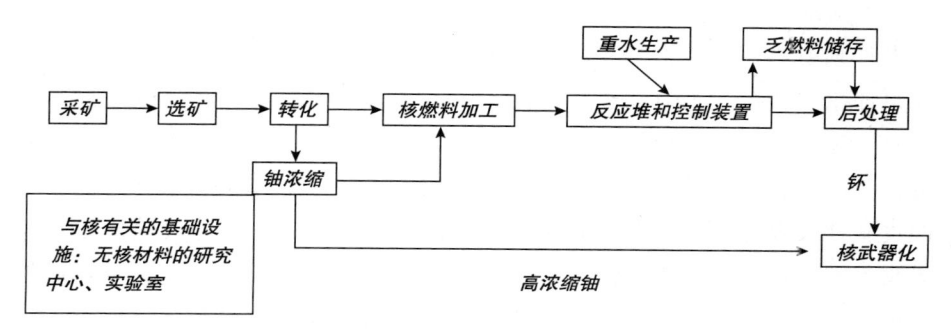

图 5-2 保障监督的核活动

伊拉克核武研发活动的揭秘，对国际核不扩散机制中的核出口管制机制，尤其是核供应国集团（Nuclear Supplier Group，NSG）也产生了重要影响。核供应国集团是由核供应国组成的非正式组织，旨在通过对核出口及与核有关的出口按照自己制定的"指导方针"（the NSG Guidelines）施以管制而促进核不扩散。"海湾战争使核供应国认识到所涉及的潜在危险以及采取紧急行动阻止这些危险的必要性。"④ 1990 年年底前，⑤ 核供应国集团曾经比桑戈委员会（the Zangger Committee）制定了更为严格的核出口限制条件和包含物项更广一些的"触发清单"（Trigger List）。"触发清单"是关于核材料、核设备、核技术等敏感物项清单，包括裂变材料、核反应堆和相关设备、后处理和浓缩设备。进口国进口"触发清单"中开列的物项时，

---

① 参见 "The 1997 IAEA Additional Protocol at a Glance," http：//www.armscontrol.org/factsheets/ IAEA Protocol.asp。
② See Masahiko Asada, "Strengthening the Nuclear Non-Proliferation Regime：Proposals and Problems," *The International Spectator*, Vol. 44, No. 1, March 2009, pp. 71-72.
③ See Laura Rockwood, "IAEA Safeguards and Non-Proliferation：The Legal Framework," August 6, 2008, p. 39.
④ Tadeusz Strulak, "The Nuclear Suppliers Group," *The Nonproliferation Review*, Fall 1993, p. 4.
⑤ 桑戈委员会不断系统地升级其"触发清单"。1990 年末，国际原子能机构把这一经过多次升级的"触发清单"以文件 INFCIRC/209/Rev.1 刊印。此时的桑戈委员会"触发清单"已经比核供应国集团的"触发清单"详细得多了。See Tadeusz Strulak, "The Nuclear Suppliers Group," p. 3.

要做如下保证:(1) 接受国际原子能机构的保障监督。(2) 保证不进行核爆炸实验。(3) 把"触发清单"中的物项向第三方再出口时,第三方要做出第一和第二个保证。① 由此可知,之所以称作"触发清单",是因为出口此清单中开列的物项时要"触发"国际原子能机构的保障监督。②

海湾战争后被发现的伊拉克核武研发活动清楚地表明:对实施核武器研发计划所必需的基本物项的有限控制,不足以阻止一个国家进行核武研究;如果一个国家拥有相当先进的工业基础设施、经过良好训练的技术和工程专家,那么它就能够自行生产出核武研发计划所需的关键要素而无需进行惹人耳目的敏感物项进口。伊拉克用电磁同位素分离法提取高浓缩铀的设施建设就是通过这种方式进行的。它进口了一些看似与此项设施建设无直接关系的物项,对之进行加工处理后用于此项建设。③ 为了对付这种新威胁,绝大多数防止大规模杀伤性武器扩散的机制(WMD non-proliferation regimes)审议了它们的体系,特别是修改了它们的出口管制清单,使其包括虽并不特别用于制造大规模杀伤性武器,但对此类武器的生产有帮助的物项。这种物项后来被称作"双用途物项"(Dual-Use Items)。④ 核供应国集团是唯一考虑把出口管制对象扩大到双用途物项的核不扩散机制,它于1992年所确定的双用途物项是指"具有合法的和平用途但也能够被用于发展核武器的非核物项"。⑤ 受被揭秘的伊拉克核活动的触动,1992年,核供应国集团决定制定关于与核有关的双用途设备、材料及技术的转移的"指导方针",并作为国际原子能机构 INFCIRC/254 文件的第二部分刊印。⑥ 机械工具和激光设备即为两类双用途物项。海湾战争前,伊拉克在其秘密的核武研发计划中不正当地使用了合法进口的双用途物品。

应当指出的是,社会领域不存在纯粹由单个原因导致的结果,冷战结

---

① See Tadeusz Strulak, "The Nuclear Suppliers Group," p. 2.
② Fritz W. Schmidt, "The Zangger Committee: Its History and Future Role," *The Nonproliferation Review*, Fall 1994, p. 39.
③ See Quentin Michel, "The Evolution of Nuclear Export Control Regime: From Export Control List to Catch-all Clause," *Atoms for Peace: An International Journal*, Vol. 1, No. 1, 2005, p. 77.
④ See Quentin Michel, "The Evolution of Nuclear Export Control Regime: From Export Control List to Catch-all Clause," pp. 77-78.
⑤ Brandon King, "the Nuclear Suppliers Group (NSG) at a Glance," http://www.armscontrol.org/factsheets/NSG.
⑥ See Center for Nonproliferation Studies, "Nuclear Suppliers Group (NSG)," June 15, 2009, http://www.nti.org/e_research/official_docs/inventory/pdfs/nsg.pdf.

束后国际社会面临新的核扩散威胁、朝鲜的可疑核活动以及南非的主动弃核等也是国际核保障监督机制和出口管制机制得到强化的促进因素，但伊拉克秘密核武研发活动的曝光无疑是最重要的动因。

第二节 国际法对伊核问题全面破局的促进作用

一 国际法为伊核问题全面协议的制定提供了依据

围绕伊朗核活动，长期以来各方激烈博弈的核心问题实质上是伊朗的核权利问题。美国等西方国家费尽心机试图最大限度地限制伊朗的核权利，而伊朗则想方设法最大限度地维护自身的核权利。伊朗核权利的核心是其和平利用核能的权利，但同时伊朗又承担核不扩散的义务，不得制造或拥有核武器。作为《不扩散核武器条约》的成员国，[①] 伊朗的核权利及其所承担的核不扩散义务，在《不扩散核武器条约》里有规定。《不扩散核武器条约》第四条第一款规定：

> 本条约的任何规定不得解释为影响所有缔约国不受歧视地并按照本条约第一条及第二条的规定开展为和平目的而研究、生产和使用核能的不容剥夺的权利。

该条约第五条规定：

> 每个缔约国承诺采取适当措施以保证按照本条约执行，在适当国际观察下并通过适当国际程序，使无核武器的缔约国能在不受歧视的基础上获得对核爆炸的任何和平应用的潜在利益，对这些缔约国在使用爆炸装置方面的收费应尽可能低廉，并免收研究和发展方面的任何费用。无核武器的缔约国根据一项或几项特别国际协定，通过各无核武器国家具有充分代表权的适当国际机构获得这种利益。就此问题的谈判应在条约生效后尽快开始进行。具有这种愿望的无核武器的缔约国也可以根据双边协定获得这种利益。

[①] 伊朗以无核国家身份于1968年签署了《不扩散核武器去条约》并于1970年批准了该条约，1974年与国际原子能机构签署了保障监督协议。

这规定了伊朗和平利用核能的权利。该条约第二条规定：

> 每个无核武器的缔约国承诺不直接或间接从任何让与国接受核武器或其他核爆炸装置或对这种武器或爆炸装置的控制权的转让；不制造或以其他方式取得核武器或其他爆炸装置；也不寻求或接受在制造核武器或其他核爆炸装置方面的任何协助。

对《不扩散核武器条约》成员国的伊朗而言，这可以说是条约对伊朗施加的核不扩散义务。

《不扩散核武器条约》上述相关规定不但大大缩小了各方围绕伊朗核问题展开的旷日持久的激烈谈判的范围，大幅度减少了各方谈判的成本，更为伊核问题全面协议即"联合全面行动计划"的制定提供了指导性依据。以《不扩散核武器条约》为基本指导，在2015年于维也纳达成"联合全面行动计划"之前，两个预备协议已经达成：2013年11月24日于瑞士日内瓦签署的临时协议，2015年4月在瑞士洛桑签署的预备协议。"联合全面行动计划"基本上保证了伊朗依据《不扩散核武器条约》所享有的和平利用核能的权利，又防止其滥用此种权利暗中发展核武器。例如，根据"联合全面行动计划"，伊朗仍然被允许继续进行铀浓缩，只是伊朗只被允许浓缩丰度不超过3.67%的铀（在协议签署前，伊朗已浓缩了丰度约为20%的铀），这对于民用目的而言已经足够，但对制造核武器而言丰度太低，而且把此丰度的铀继续浓缩到武器级也更加困难。进行铀浓缩离不开离心机，因此全面协议特别对伊朗两处核设施的离心机数量和质量做了明确的限制性规定。根据协议，伊朗将把其在两地拥有的离心机数量从约两万台降至6104台，而且伊朗也同意放弃其最先进的离心机，只使用最老型号的离心机。同时，伊朗同意重新设计阿拉克附近的重水反应堆，以使其无法生产武器级钚。

为了保证一国在进行核能和平利用时不进行军事目的的活动，《不扩散核武器条约》第三条第一款规定：

> 每个无核武器的缔约国承诺接受按照国际原子能机构规约、该机构的保障制度与该机构谈判缔结的协定中所规定的各项保障措施，其目的专为核查本国根据本条约所承担的义务的履行情况，以防止将核能从和平用途转用于核武器或其他核爆炸装置。原料或特殊裂变物质，

无论是正在任何主要核设施内生产、处理或使用，或在任何这种设施之外，均应遵从本条所要求的保障措施的程序。本条所要求的各种保障措施应适用于在该国领土之内、在其管辖之下或其控制之下的任何地方进行的一切和平核活动中的一切原料或特殊裂变物质。

一定程度上，由于《不扩散核武器条约》中有此规定，在"联合全面行动计划"中，伊朗接受了由国际原子能机构实施的全面的核查和验证机制。协议建立了一个全面监督机制，给予来自国际原子能机构的核查人员进入伊朗核设施的特别权利。他们将持续监督伊朗公布的核设施，查证有没有裂变材料被偷偷运往秘密地点制造核武器。伊朗也同意履行国际原子能机构保障监督协议附加议定书，允许核查人员到达其认为可疑的伊朗任何地区的任何地点。

总之，"联合全面行动计划"中对伊朗核权利的保障及限制，对其核活动的保障监督等相关规定都有现成的法律（《不扩散核武器条约》及其附加议定书等）和实体（国际原子能机构等）保障。这种保障促进了伊核问题全面破局。

二 核不扩散机制本身存在不公平性，美国等国以"法"压伊底气不足

国际核不扩散机制特别是其基石《不扩散核武器条约》自身存在不公平性，大国尤其是美国，在施压伊朗放弃所有核活动时缺少依照国际法一争到底的底气，最后只能妥协。

《不扩散核武器条约》的制定过程是有核国家[①]（The nuclear-weapon states, NWS）与无核国家讨价还价的结果，其有三大支柱。第一个支柱是不扩散，即努力阻止无核国家获得核武器。为了达到这个目的，该条约禁止有核国家向无核国家转移核武器，或者以任何方式帮助或鼓励后者生产

[①] 有核国家（中国、法国、俄罗斯、英国、美国）是被《不扩散核武器条约》所正式认可的拥有核武器的国家。该条约规定 1967 年 1 月 1 日前制造并爆炸核武器或其他核爆炸装置的国家为核武器国家。尽管该条约把这些国家的核武库合法化了，但也规定了它们不能永久地制造并持有此种武器。该条约第六条规定每一个缔约国都要"真诚地进行谈判，讨论与早日停止核军备竞赛和核裁军有关的有效措施"。2000 年，五个核武器国家承诺实现彻底销毁它们的核武库的目标。Mehdi A. Jovini, "The Theoretical Reflections of Non-P-oliferations on Iran's Nuclear Program," February 2013, p.3.

核武器。它也禁止无核国家接受核武器或者接受在生产核武器方面的帮助，禁止它们生产或以其他方式获取核武器。第二个支柱是和平利用核能，即保证所有的条约缔约国不可剥夺的，为了和平目的开发、研究、生产和使用核能的权利。它向所有缔约国施加了为了和平目的而致力于发展核能的义务。包含在《不扩散核武器条约》上述两个支柱中的交易，即无核国家通过保证不发展核武器，换取有核国家保证帮助其实现和平利用核能的权利，通常被称为《不扩散核武器条约》的"大交易"。为了调节第一和第二个支柱的互动关系，《不扩散核武器条约》要求无核国家接受保障监督措施，以查证核能没有被从合法的和平目的转移到被禁止的军事目的。这些保障监督措施体现在无核国家与国际原子能机构签署并受其监督的单独协议中。第三个支柱是核裁军，即缔约国商谈于早期停止核军备竞赛和核裁军有关的措施，以及商谈一个全面彻底裁军的条约。最后，《不扩散核武器条约》包含一个退出机制，给予每一个缔约国在提前三个月告知的情况下退出条约的权利。

根据《不扩散核武器条约》，自1970年以来缔约国大会每5年召开一次，审议条约的运作并确保其有效性。最初定于25年后条约终止，但是在1995年的《不扩散核武器条约》审议和延长大会上，各缔约国无限期延长了该条约的法律运作。

《不扩散核武器条约》一直受到双用途问题的困扰。从有核国家的角度看，《不扩散核武器条约》允许一个无核国家根据其第四条的规定发展一个技术上先进的核项目，从而使该国几近掌握核武器生产能力，然后又合法地退出该条约。这种由民用向军用的转移并不困难，因为和平的核能发电所必需的大部分的设备和技术也可以用于制造核武器。

《不扩散核武器条约》第三条的规定（要求制定由国际原子能机构强制执行和监督的保障监督措施）部分地解决了双用途问题，因为它使对无核国家的核能项目进行密切国际监督成为可能。1991年海湾战争后，因发现伊拉克隐藏得很好且相对先进的核武器计划，而设想出来的国际原子能机构附加议定书，试图进一步缩小所谓的漏洞。1997年被国际原子能机构采纳的附加议定书是一个无核国家与国际原子能机构之间达成的协议，给予国际原子能机构比《不扩散核武器条约》所规定的更多的核查权利。尽管有这些补救性措施，双用途问题仍然是有核国家拒绝实际执行《不扩散核武器条约》的主要原因。

双用途问题解释了为什么伊朗关于其在《不扩散核武器条约》下拥有和平利用核技术的权利的声明，但却没有减轻伊朗未来可能把其核项目转为非和平目的的担忧。因为伊朗在《不扩散核武器条约》第四款的规定下能够公开发展和平核技术，并在后来走上核武器发展道路，伊朗需要采取额外的措施使所有各方确信其和平意图。小布什总统曾于2004年把此双用途问题称作《不扩散核武器条约》中的漏洞，被伊朗和朝鲜所利用以努力获取核武器。①

从《不扩散核武器条约》机制开始建立时，美国就对其铀浓缩技术保密并以之获取商业利益，而不是像《不扩散核武器条约》所要求的那样帮助无核国家廉价地获取这种技术。当荷兰和西德的科学家们开始研究气体分离机浓缩技术时，美国使此研究保密而不是促进科学知识的普及。1980年，国际核燃料循环评估大会（一系列关于核技术增长及其扩散影响的技术会议）结束时，核不扩散机制被修改了，以区分敏感的无核国家（那些不被允许获得关键民用核技术和设备的国家）以及其他无核国家（大多数是工业国家，它们被允许获得关键的民用核技术和设备）。② 目前，《不扩散核武器条约》的无核缔约国，除了像德国、日本这样的发达国家外，即使在国际原子能机构的监督下，也都不被允许获得铀浓缩和后处理技术。这些政治区分很难满足《不扩散核武器条约》第五条的"无歧视的基础"这一标准。对某些发展中国家来说，它们对《不扩散核武器条约》机制添加了又一层歧视。因此，可以说，"美国要求伊朗停止发展核燃料循环能力与《不扩散核武器条约》不符，并有破坏该条约的危险"。③

拥有先进核技术核设备的国家通过诸如核供应国集团这样的组织严格限制核知识的传播。从有核国家的角度来看，这种《不扩散核武器条约》之外的措施由于双用途问题的存在而合理且必须。对于无核国家而言，此机制几乎废除了《不扩散核武器条约》第四条。就伊朗核问题而言，双用途问题处于一个不信任的恶性循环的中心：西方拒绝伊朗在核技术支持方

---

① See "President Announces New Measures to Counter the Threat of WMD," http://georgewbush-whitehouse.archives.gov/news/releases/2004/02/20040211-4.html.
② Sepehr Shahshahani, "Polictics under the Cover of Law: Can International Law Help Resolve the Iran Nuclear Crisis?" *Boston University of International Law*, Vol. 25, 2007, p. 387.
③ Flynt Leverett & Hillary Mann Leverett, "America's Iran Policy and the Undermining of International Order," *The World Financial Review*, July-August 2013, p. 38.

面获得保障，因为担心技术会被用于核武器制造；伊朗反过来拒绝停止铀浓缩，因为它不能得到外国在技术支持方面的保证，而必须依赖自己的能力确保核能生产项目的可行性。

无核国家对《不扩散核武器条约》的另一个反对理由是其根本上的歧视性结构。它们宣称通过把世界分为有核国家和无核国家，并对此两类国家赋予不同的权利和义务。《不扩散核武器条约》被设计用以保持有核国家在核武器方面的垄断地位以及随之而来的权力和威望。这实际上是法律服从于权力的具体表现。《不扩散核武器条约》第三个支柱（核裁军）对这种反对提供了潜在的应对方式。《不扩散核武器条约》第五条要求缔约国致力于全面核裁军。但是这种回应又存在两个问题。第一个问题是，加在无核国家头上的义务是具体的并是可以核实的，特别是考虑到国际原子能机构的核查，自从"附加议定书"出现后，情况更是如此。而有核国家的义务却是模糊且鼓励性的。《不扩散核武器条约》并没有规定任何具体的核裁军措施和时间表。第二个问题是更加严重的问题：《不扩散核武器条约》第三个支柱几乎被遗忘了。尽管冷战期间有无数的军控协议，冷战后也有一些军控协议，但是无核国家几乎看不到有核国家遵守《不扩散核武器条约》第六条的义务。2002 年年底，美俄分别持有 10640 和 8600 枚核弹头。尽管冷战结束了，自 1970 年以来，有核国家的核弹头总库存甚至并未减少一半。而且，部署的核武器的减少掩盖了秘密核武器的增长。美国进行的核试验远超过 1000 次，比世界上其他国家进行核试验次数的总和还多。苏联和俄罗斯进行核试验 715 次，法国 210 次，中国和英国各 45 次。①

无核国家在《不扩散核武器条约》审议大会上表达了它们对有核国家在核裁军领域没有履行它们在谈判中做出的承诺而失望。1995 年，联合国安理会第 984 号决议敦促所有国家应坚持《不扩散核武器条约》第六条所规定的承诺，真诚地进行谈判以实现全面核裁军这一统一目标。对加入《不扩散核武器条约》的有核国家，条约第六条关于裁军的内容尤其与它们有关。尽管在此条款中规定的义务的确切性质和范围方面存在持续的分歧，但第六条是一个有约束力的法律义务，而不仅仅是一个目标而已。因此，当在《不扩散核武器条约》生效的近半个世纪后，考察今天的核弹头数量

---

① See Sepehr Shahshahani, "Politics under the Cover of Law: Can the International Law Help Resolve the Iran Nuclear Crisis?", *Boston University International Law Journal*, Vol. 25, 2007, p. 389.

时，就有核国家所承担的核裁军义务而言，此条约被证明是低效的。而且，与关于生物武器的条约不同，《不扩散核武器条约》并不包含禁止使用核武器的规则。①"国际法清楚地对核武器的使用有非常严格的限制。然而，国际法之下，没有明确的具体规则反对使用或拥有此种武器。尽管另外两种非常规武器被明确禁止了，因为它们的使用将会与国际人道法的要求相冲突，但是核武器的使用、生产、转移和拥有并没有被明确禁止。这也许可以被合理地称为法律缺口。"② 在核裁军方面，英法两国遵循北约的立场，即核武器对保障和平是必不可少的，因而会带来更多安全。但是欧洲多数国家认为核裁军是《不扩散核武器条约》机制不可分割的一部分，号召有核国家快速、彻底地消除核武器，否则它们对积极发展核计划的，比如像伊朗这样的国家的指责就不够理直气壮。

具体到中东地区，尽管早在 1962 年在中东建立无核武器区的建议就被提出来了，但直到 1974 年伊朗和埃及才正式向联合国大会递交了一份决议草案，要求建立这样一个无核武器区。1990 年，埃及建议扩大此无核武器区的范围并把其变成无大规模杀伤性武器区，以使其不但包括以色列的核项目，也包括中东其他国家所拥有的生物武器。自 20 世纪 80 年代以来，联合国大会每年都会通过一个支持此倡议的决议。但是，由 2010 年《不扩散核武器条约》审议大会所倡议并计划于 2012 年 12 月召开的中东地区无核化大会被无限期推迟了。尽管它从来没被设想成一个起草条约的大会，但它本来可以是谈判并最终建立地区条约的重要一步。最坏的情况是，放弃建立无大规模杀伤性武器区计划将会导致中东国家对《不扩散核武器条约》的不满，最终退出该条约。③

三 美国在《不扩散核武器条约》的履行上表现糟糕，缺乏反扩散的道义优势

美国在《不扩散核武器条约》的履行上表现糟糕，在核不扩散方面往

---

① International Law and Policy Institute, "Nuclear Weapons under International Law: An Overview," Geneva Academy of International Humanitarian Law and Human Rights, October 2014, p. 3.

② Gro Nystuen and Kjølv Egeland, "A 'Legal Gap'? Nuclear Weapons under International Law," March 2016, https://www.armscontrol.org/ACT/2016_03/Features/A-Legal-Gap-Nuclear-Weapons-Under-International-Law.

③ See International Law and Policy Institute, "Nuclear Weapons under International Law: An Overview," Geneva Academy of International Humanitarian Law and Human Rights, October 2014, p. 12.

往"只许州官放火不许百姓点灯",大搞核垄断、执行双重标准。美国不但不能很好地履行核裁军义务,而且还在核武器的使用政策上加剧核扩散,给世界造成不安。美国是世界上最先制造出核武器,并且是唯一针对其他国家使用过核武器的国家。美国在刚刚制造出核武器后就极力搞核垄断,在核裁军方面坚持"管制先于裁军"。1953 年 10 月,美国推出"大规模报复战略",抛弃先前彻底消除核武器的口号,不但表明美国对发展核武器的重视而且也降低了使用核武器的门槛。《不扩散核武器条约》产生的一个主要原因是美苏试图维持自身的相对核垄断地位,约束他国,而自身却大搞核军备竞赛。这使之在限制伊朗核活动上没有足够的道义优势。"伊朗坚信在核裁军方面缺乏进步不是国际社会所面临的唯一挑战,因为某些核武器国家通过与无核武器国家以及其他的核武器国家持续地进行核武器分享安排而正在进行核武器的横向和纵向扩散。"①

美国在核裁军方面态度消极。1999 年美国参议院拒绝批准《全面禁止核试验条约》(CTBT)。该条约旨在创造一个全面的国际机制以实现在全球范围内禁止核爆炸试验。在美国参议院拒绝此条约之前俄罗斯、英国、法国已经批准它。在美国拒绝批准《全面禁止核试验条约》之后,无核国家日益变得不愿意加入国际原子能机构附加议定书。美国拒绝批准此条约也影响到印度、中国、以色列对此条约的态度。为了规避《全面禁止核试验条约》,美国还花费巨资建设了模拟核试验机制,以在实验室里进行核爆炸取代地下核试验。

继拒绝批准《全面禁止核试验条约》之后,2002 年美国退出了《反弹道导弹条约》(ABM)。《反弹道导弹条约》被认为是核军控的基石。美国的退出违反了《不扩散核武器条约》第六条所规定的义务。它也与 1995 年《不扩散核武器条约》审议和延长大会中所陈述的原则和目标以及 2000 年审议大会最终文件相抵触。2002 年美俄签署的关于削减战略核武器的《莫斯科条约》(Treaty of Moscow)是又一个后退,因为同《美苏限制战略武器条约》(SALT)和《美苏削减战略武器条约》(START)相比,它包含的核裁军义务很少。

美国的另一个退步表现可以从 2001 年 12 月推出的《核态势评估报告》(NPR)中看出来。此《核态势评估报告》讨论了未来二三十年新的核武器

---

① Statement by Ambassador, Eshagh Al Habib, Deputy Permanent Representative of the Islamic Republic of Iran to the United Nations Before the 2012 Substantive Session of the United Nations Disarmament Commission New York, April 5, 2012.

运载系统的出现，暗示美国将持续拥有和发展新的核武器，这与《不扩散核武器条约》第六条所规定的义务相矛盾。《核态势评估报告》没有表现出对消极安全保证的支持。消极安全保证是有核国家的正式保证，即它们不会对无核国家使用核武器，除非受到与有核国家联合或结盟的无核国家的攻击。消极安全保证是无核国家对有核国家的主要要求，其对无核国家加入《不扩散核武器条约》及同意此条约的延长起到了重要作用。非但如此，《核态势评估报告》还暗示对朝鲜、伊朗、伊拉克、叙利亚和利比亚（当时都是《不扩散核武器条约》的缔约国，且是无核国家）以及中国、俄罗斯可能使用核武器。

总之，有核国家，特别是小布什政府时期的美国，明显违反了《不扩散核武器条约》第六条的义务，这让美国在反扩散方面不能理直气壮。美国在反扩散方面的双重或多重标准也是其在伊核问题上缺少道义优势的原因。

美国长期以来给予以色列各种支持。尽管以色列执行核模糊政策——既不承认也不否认其拥有核武器，但是权威的评估认为其拥有近200件核武器，并且据报道如有必要能够再生产100件核武器。以色列至今拒绝签署《不扩散核武器条约》，从而没有以任何方式受到国际监督。西方国家对以色列拥核视而不见。令人惊奇的是，美国政治家甚至承认以色列拥有核武器是不被允许的。① 以色列拒绝成为《不扩散核武器条约》的成员国，大概是为了使自己拥有发展核武器的选择权。以色列不但有约两百枚核弹头，更拥有把它们投送到中东任何地点的飞机、弹道导弹和潜射导弹。相比之下，即使伊朗拥有了核弹头，它也没有以色列所拥有的投送能力，因而将会努力发展它们。这就对美国提出了一个令人窘迫的问题：为什么伊朗这个誓言放弃发展核武器并对国际原子能机构公开其核设施的国家成为制裁、轰炸威胁、网络战争，以及针对其核科学家的暗杀活动的对象，而以色列这个实际上拥有核武器但却拒绝加入《不扩散核武器条约》的国家却没有面临类似的压力？

印度和巴基斯坦也已经拥有核武器，美国虽然事后连同他国对印、巴实施过制裁，掀起了一点风波，但却波澜不惊。非但如此，美国和印度还签署了核能合作协议。"美印核合作协议不仅使《不扩散核武器条约》之外

---

① Jeff Thomas, "The Nuclear Double‑Standard," http：//www.internationalman.com/articles/the‑nuclear‑double‑standard.

的成员国在美国的积极帮助下实现了核武器制造合法化,也使其在国际监督之外拥有可观的裂变材料合法化。这就使国际社会很难正当地要求伊朗这个《不扩散核武器条约》成员国中止、甚至放弃其早就同意置于国际原子能机构监督之下的铀浓缩和钚的后处理活动。"① 美国前常驻联合国代表约翰·伯尔顿在回答有关提问时说,印、巴是合法拥有核武器,因为它们不是"条约"的缔约国。这话是缺乏说服力的,因为它们拒不签约本身正是对"条约",乃至对国际社会共同意志的重大挑战。美国却没有尽其所能迫使它们加入。而对伊朗,美国却千方百计直接或间接地迫使它加入《不扩散核武器条约》附加议定书。美国对印巴发展核武器的态度温和主要是因为美国没有把这两国看作敌人。至于伊朗、朝鲜等国发展核技术问题,关键不是核武器能力而是拥有核武器的国家是否在美国的控制之下。

为了和平目的发展并利用核技术的权利是否包括进行铀浓缩的权利是有争议的。但是一些《不扩散核武器条约》成员国,包括阿根廷、巴西、德国、日本、荷兰都有国内的铀浓缩项目,而没有遭受制裁或威胁。只有伊朗被拒绝了此种权利。作为对美国领导的孤立伊朗并以经济制裁惩罚伊朗的做法的批评,伊朗获得了由 120 个国家组成的不结盟运动组织的支持。"德黑兰宣言"不但强调伊朗和平利用核能的权利而且也承认了拥有完整的核燃料循环(铀浓缩)的权利。美欧以伊朗的核计划为借口对伊朗实施的强制性外交有某些弱点。由于没有任何人证明伊朗确实发展核武器制造能力,美欧的目标和特殊要求(伊朗停止浓缩铀活动)不会被伊朗和国际社会的其他成员看作合法,相反会被看作过分且不公平。②

四 因核而对伊朗实施军事打击的法律依据不足

尽管有学者认为"无论是作为反措施(counter - measures)还是作为经济强制(economic coercion),单边经济制裁都不为国际法所禁止",③ 或者

---

① Sebastian Harnisch, "A Good Non - Proliferation Cop? The EU Faces the Iranian Nuclear Chanllenge," http://www.uni-heidelberg.de/md/politik/harnisch/person/publikationen//harnisch_ unknown_ a_ good_ non - proliferation_ cop_ the_ eu_ faces_ the_ iranian_ nuclear_ challenge.pdf.
② Monika Tocha, "The EU and Iran's Nuclear Programme: Testing the Limits of Coercive Diplomacy," Department of EU International Relations and Diplomacy Studies, EU Diplomacy Papers, 1/2009, http://aei.pitt.edu/10143/1/EDP_ 1_ 2009_ Tocha.pdf.
③ 简基松、王宏鑫:《美国对俄罗斯经济制裁之国际法分析及对中国的启示》,《法学评论》2014 年第 5 期,第 152 页。

说，都没有违反国际法。但实际上，以核为借口对伊朗实施经济制裁，特别是西方的单边经济制裁都是不合理的。但在这里笔者主要讨论以核为借口对伊朗实施军事打击的法律依据问题，或者说讨论其非法性问题。

（一）伊朗并没有违反《不扩散核武器条约》

伊朗并没有违反《不扩散核武器条约》，对其实施无论哪种武力打击都是非法的。尽管有学者指出："只要缔约国遵守其主要的不扩散承诺，其发展核能的权利就不会受损。如果缔约国不遵守不扩散义务，那么这项权利就会被没收，或者至少要受到削弱。没有其他的解释。"① 但是"美国并没有坚实的法律依据拒绝伊朗为了和平目的而进行铀浓缩的权利。伊朗在安全保障方面的不遵守行为只具有程序性的特点，因此并不构成对《不扩散核武器条约》的违反"。② 联合国安理会是国际法的最高仲裁者，其在伊核问题上的反复干预也已创造了一种外在感觉，即伊朗正在做的是违法的。"国际原子能机构已经向国际原子能机构理事会做了 39 次关于伊朗核计划的报告，最近的一次是在 2012 年 11 月。尽管报告反映了国际原子能机构尚未完全查清伊朗过去和目前的核活动这种值得关注的问题，但每一个报告都确认没有证据证明伊朗已把核材料转移到了军事用途。因此，作为一个《不扩散核武器条约》之下的国际法问题，多年来，联合国安理会或者其任何成员国都没有理由要求伊朗结束其铀浓缩计划。只要伊朗所进行的铀浓缩活动是在公开宣布的地点进行并且在国际原子能机构的保障监督下，它就遵守了核不扩散的核心国际规则。"③ "在没有证据证明伊朗有核武器计划的情况下通过的联合国决议，依据的是，就伊朗而言，可能的非法意图就等同于对国际和平与安全构成威胁。"④

---

① Andreas Persbo, "Some Legal Aspects of Iran's Nuclear Program," Presentation to the International Law Association Roundtable on "Nuclear Weapons, Nuclear Energy and Non-Proliferation under International Law: Current Challenges and Evolving Norms," The Oxford and Cambridge Club, London, United Kingdom, 30 May 2012, p. 3.
② Peter Jenkins, "Iran's Nuclear Program and International Law," https://lobelog.com/irans-nuclear-program-and-international-law/.
③ Aslı Bâli, "International Law and the Iran Impasse," December 16, 2012, http://www.merip.org/mero/mero121612.
④ Aslı Bâli, "International Law and the Iran Impasse," December 16, 2012, http://www.merip.org/mero/mero121612.

事实是，伊朗没有在其寻求核计划的任何历史时期违反了《不扩散核武器条约》的条款。伊朗也没有在 2003 年违反国际原子能机构保障监督协议的义务。这一年对伊朗核计划的国际审查开始了，因为伊朗的一个反政府组织揭露了伊朗秘密地开始在纳坦兹和阿拉克建造两座核设施。伊朗没有如美国所领导的西方国家宣称的那样，在 2015 年 7 月达成"联合全面行动计划"前几年持续违反保障监督协议的义务。而且，在这段时间内国际原子能机构在评估伊朗是否遵守保障监督义务时没有使用正确的法律标准。①

除了上文已经指出的理由外，伊朗还有多个不寻求核武器，从而不会违反《不扩散核武器条约》的理由。美国《国家情报评估》在 2007 年和 2011 年得出结论：伊朗没有积极的核武器计划；自 2003 年以来，没有发现伊朗努力制造核弹的决定性的证据；伊朗领导人尚未做出制造核武器的决定。根据最高宗教领袖霍梅尼的教令（fatwa），核武器以及其他类型的大规模杀伤性武器的使用都是被禁止的，是一项罪恶，其无用、代价高昂而富有危险性，对人类构成严重威胁。② 在两伊战争期间，萨达姆·侯赛因授权使用化学武器攻击伊朗人，造成大量伊朗士兵和平民伤亡。然而，即便在战争状态下，伊朗人也没有以同样的方法进行报复，因为霍梅尼是反对使用大规模杀伤性武器的。根据伊朗的评估，拥有核武器只能提供短期的地区优势，而这种优势将会变成长期的易损性，因为埃及、土耳其、沙特阿拉伯迟早也要紧随其后，这样一场地区核竞赛将不可避免。伊朗能够认识到，俄罗斯甚至中国同样反对自己拥有核武器，因此如果伊朗拥核，这将迫使俄罗斯和中国与美国联合对其实施毁灭性制裁，伊朗的经济将瘫痪。伊朗的终极战略是成为一个拥有先进技术的现代国家。伊朗大部分的杰出政治家都坚信核弹会破坏伊朗与发达国家的长期技术合作。他们不想看到伊朗遭受极端的国际孤立。伊朗认识到，自己拥核将会给以色列充分的理由联合美国发动针对自己的战争。以色列是指控伊朗追求核武器并已即将获得之的主要力量。但这只是没有根据的断言，此类断言自 20 世纪 90 年代

---

① See Dan Joyner, "Iran's Nuclear Program and International Law: From Confrontation to Accord," September 26, 2016, http://opiniojuris.org/2016/09/26/irans-nuclear-program-and-international-law-from-confrontation-to-accord/.

② Jeff Thomas, "The Nuclear Double-Standard," http://www.internationalman.com/articles/the-nuclear-double-standard.

早期以来经常被提及。1992年10月，外交部部长西蒙·佩雷斯说，最迟到1999年伊朗将拥有核武器。1995年，内塔尼亚胡在其书中写到，伊朗将在三到五年内拥核。2001年7月，以色列国防部部长很有把握地说，2005年之前伊朗将拥核。2009年2月，内塔尼亚胡告诉美国国会代表团伊朗距离拥核只有一两年时间。2012年9月，内塔尼亚胡在其在联合国发表的演讲中声称伊朗将在"来年春季，至多来年夏季"获得核武器。① 根据以色列的说法，伊朗应该在1999年拥核，但是十几年过去了，它既没有核弹，也没有把其核项目转为军用。

（二）禁止使用武力原则及其例外

上文已经说明伊朗的核计划并没有违反《不扩散核武器条约》，因此对其实施政权更迭、外科手术式打击都是违法的。即使伊朗违反了《不扩散核武器条约》，也不能使武力打击合法化。《不扩散核武器条约》并没有针对违反条约而制定的战争条款。假定伊朗真的因其拒绝把核设施完全交由国际原子能机构进行符合要求的核查而违反了《不扩散核武器条约》，但是与国际原子能机构就核查后勤方面展开的争论并不能为任何国家，包括美国，发动对伊朗的武力攻击提供国际法中的充分证据。② 即使伊朗已经把其核活动转为军用，但在没有得到联合国安理会授权的情况下，任何国家对伊朗动武都将是违法的。在此，有必要说明一下国际法中的禁止使用武力原则及其例外。

《联合国宪章》第二条第四款规定："各会员国在其国际关系上不得使用威胁或武力，或以与联合国宗旨不符之任何其他方法，侵害任何会员国或国家之领土完整或政治独立。"这一禁止使用武力原则被广泛接受为国际习惯法的一部分，当然在其含义方面，国家间仍存在着一些分歧。几个联合国大会决议详细说明了这一原则。例如1965年联合国通过的《关于各国内政不容干涉及其独立与主权之保护宣言》特别强调："任何国家，不论为

---

① Seyed Hossein Mousavian, "20 Reasons Iran Is not after Nuclear Bomb," IPPNW – International Physicians for the Prevention of Nuclear War, Berlin, October 23, 2012, http://www.ippnw.de/commonFiles/pdfs/Atomwaffen/Mousavian_s_Lecuter_at_IPPNW_Berlin–October_22–2012.pdf.

② Liaquat Ali Khan, "Attacking Iran is Illegal," http://www.huffingtonpost.com/liaquat–ali–khan/iran–war–international–law_b_1324303.html.

何理由，均不得直接或间接干涉其他国家的内政、外交；不得使用政治、军事、经济等措施威胁他国，以使其屈服；不得组织协助、制造、资助、煽动或纵容他国内部颠覆政府的活动；不得干涉另一国的内乱。"联合国1970年10月通过的《关于各国依联合国宪章建立友好关系及合作的国际法原则宣言》重申："各国严格遵守不干涉任何他国事务之义务，是确保各国彼此和睦相处的主要条件之一"；"任何国家或国家集团均无权以任何理由直接或间接干涉任何其他国家内政或外交事务。因此，武装干涉国家人格或其政治、经济和文化要素之一切其他形式的干预或试图威胁，均违反国际法。"国际法院在发展关于使用武力的国际法方面一直扮演着中心角色，对第二条第四款的解读非常严格，拒绝扩大其例外的范围。

禁止使用武力原则有三个被承认的例外，每一个例外都可以是使用武力的法律依据。这三个例外是安理会授权、获得同意或受到邀请、自卫。① 人道主义干涉没有充分地被确立为独立的第四个例外。值得指出的是，即使使用武力的条件得到满足，政府仍然不得不在如何使用这种武力方面合法地行事，国际人道法、人权法和国内刑法都可能是相关的。

作为第一个例外的安理会授权通常被认为是在本国领土之外使用武力的最坚实的法律基础。一旦安理会根据《联合国宪章》第39条断定存在着对和平的威胁、对和平的破坏或侵略行为，那么它就可以根据《联合国宪章》第七章（包括第39至第51条）的其他条款提出建议或做出决定。第42条授权安理会准许成员国使用武力"以维持或恢复国际和平及安全"，如果其认为"第41条所规定之办法（非武力制裁）为不足或已经证明为不足时"。

受邀或获得同意也可以成为在境外使用武力的合法依据，这一般被称为"受邀干预"（intervention by invitation）或请求（同意）原则。"面临着内部颠覆或外部干涉的受害国政府可以同意另一个国家在其领土上使用武力，或者它可以邀请盟友在其领土上使用武力帮助自己。"② 然而，在谁能

---

① Jens Elo Rytter, "International Legal Framework Regarding the Use of Force," May 12, 2011, http://jura.ku.dk/eicrim/english/news/osama-bin-laden/Bin-Laden-Seminar-JER.pdf. 当然，《联合国宪章》所明确认可的例外只有两个：该组织集体安全体系框架内的武力强制措施，以及应对武力攻击的自卫权。Christian J. Tams, "The Use of Force against Terrorists," The European Journal of International Law, Vol. 20, No. 2, 2009, p. 360。

② Arabella Lang, "Legal Basis for UK Military Action in Syria," Briefing Paper, House of Commons Library (United Kingdom), No. 7404, 26 November 2015, p. 11.

够给予同意或发出邀请方面经常出现分歧:是有效政府还是合法政府,而且什么算是合法政府或有效政府?有时安理会对谁是有权发出邀请的政府发表意见。受邀而在一国使用武力,在一些特殊情况下有违反自决原则和不干涉内政原则的嫌疑。

第三个例外是单独或集体自卫。《联合国宪章》第51条保留了国际习惯法中各国以单独或集体形式进行自卫时使用武力的权利:"联合国任何会员国受武力攻击时,在安全理事会采取必要办法以维持国际和平及安全前,本宪章不得认为禁止行使单独或集体自卫之自然权利。会员国因行使此项自卫权而采取的办法,应立即向安全理事会报告。"要想在自卫中合法地诉诸武力,各国必须满足某些要求。首先,必须有武力攻击存在。其次,武力攻击必须实际上正在发生或即将来临。再次,自卫中所采取的行动必须是必要、相称和可归因的。① 关于集体自卫有两点需要特别指出:第一,受害国必须请求援助,援助国不能根据自己对情况的判断而行使集体自卫权;第二,一个援助国不得以集体自卫为自己在受害国之外的武力使用辩护。②

有人认为人道主义干涉也是禁止使用武力原则的一个例外,但是这一观点并没有得到广泛认可。联合国安理会可以为了人道主义的目的而授权进行军事干涉,只要其确定情势对国际和平与安全是一个威胁。但是在没有安理会授权的情况下,一国或多国干涉他国以应对极端人类危难的法律基础依然是有争议的。这就是说,"人道干预还未成为国际现行法的一部分,因为迄今为止,还没有任何法律文件规定'人道'可以成为使用武力的依据或构成禁止使用武力原则的例外"。③

纳入《2005年世界首脑会议最终成果》(其无法律约束力)中的"保护的责任",允许在相关国家无力保护其国民的情况下,针对种族屠杀、战争罪行、种族清洗以及反人类罪等采取集体行动。然而,世界首脑会议成果写明,这必须通过联合国安理会进行,且安理会必须逐案处理,决定是否授权,④ 因此,就此而言,它还不是关于武力使用的国际法的新发展,仍

---

① Sophie Charlotte Pank, "What is the Scope of Legal Self – defense in International Law?" 2014, http://law.au.dk/fileadmin/Jura/dokumenter/forskning/rettid/Afh_ 2014/afh19 – 2014.pdf.
② Eustace Chikere Azubuike, "Probing the Scope of Self Defense in International Law," *Annual Survey of International & Comparative Law*, Vol. XVII, 2011, p. 180.
③ 朱文奇:《中国与北非中东变局中的国际法》,《中国法学》2012年第4期,第179页。
④ Alan J. Kuperman, "A Model Humanitarian Intervention? Reassessing NATO's Libya Campaign," *International Security*, Vol. 38, No. 1, 2013, p. 106.

然属于传统的集体安全范围。

（三）美国难觅对伊朗动武的充分法律依据

美国要以联合国安理会授权作为对伊朗动武的依据是不可能的，因为安理会成员国对如何对待伊核问题一直存在着分歧，联合国安理会通过的对伊朗的经济制裁决议也都是它们经过激烈的讨价还价的结果。在缺少伊朗制造核武器的确凿证据的情况下，中国和俄罗斯更是反对对伊朗实施安理会之外的对伊单边制裁。对于对伊朗实施的国际经济制裁，中国和俄罗斯都是勉强支持的，那么如果对伊朗动武，中俄两国更很难同意。除了中俄这两个联合国安理会常任理事国，亚洲、非洲以及拉美的许多穆斯林和非伊斯兰国家，即使在不确定伊朗的意图的情况下也都反对对伊朗进行武力攻击。① 如果绕开联合国安理会，对伊朗的任何武力攻击都将类似于对伊拉克的非法侵略。如果那样的话，武力攻击将没有国际法下的任何合法性。

由于伊朗并没有发生持续的内部武装冲突，更没有外部的武力干涉，因而不可能邀请哪个国家进入本国境内采取军事行动。又由于伊朗同美国是敌对国家，即使伊朗面临着内部严重的颠覆活动和外部强大的武力干涉，也都不会想到寻求美国的军事帮助。如果美国受到伊朗反政府组织的邀请而对伊朗采取军事行动，由于这种邀请并不是由政府发出的，因而是不合法的，从而在这种邀请下而对伊朗实施的军事打击也将是非法的。

最后，就只有以自卫为借口了。但并没有伊朗对美国或其盟国发动武力攻击的证据。伊朗曾经帮助过哈马斯和真主党游击队发动对以色列的攻击，但是根据国际法院的一份裁决，向一国的敌人提供武器和训练本身并不构成对那个国家的武力攻击。这里有两个问题。第一，伊朗与哈马斯和真主党的联系不可能亲密得足以满足"有效控制"的法律标准。因此，伊朗不能被认为在法律上应该为由上述两个组织发动的武力攻击负责。第二个问题是，以色列或美国对伊朗核设施的军事打击很难被看作对源自哈马斯或真主党的发生在不同地理位置上的攻击的必要且相称的反应。国际法认可针对即将来临的攻击威胁的预先性自卫（anticipatory self‐defense）。尽管预先性自卫不被当今所有国家接受，但近期的联合国报告已经承认当代

---

① Liaquat Ali Khan, "Attacking Iran is Illegal," http：//www.huffingtonpost.com/liaquat‐ali‐khan/iran‐war‐international‐law_b_1324303.html.

国际法允许这种行动。① 然而，并没有来自伊朗的迫近的攻击威胁触发预先性自卫。考虑到其核雄心和煽动性的反以色列言论，伊朗很可能形成了一种威胁。但是没有哪个国家声称来自伊朗的攻击即将到来，甚至以色列和美国也没有这样说过。因此，以预先性自卫为借口对伊朗实施军事打击是行不通的。支持打击伊朗的人争辩说，阻止伊朗获取核武器能力是必要的，因为这种能力在未来的某个时间点可能被使用。这类似小布什政府在其2002年度国家安全战略中所宣称的先发制人自卫权。然而，这种把迫近的威胁概念改编为当今对手的能力和目标的所谓布什主义的要求，实际上并没有获得来自他国的支持。结果是，美国及其盟国决定不以先发制人的自卫作为其发动伊拉克战争的主要法律依据。以色列在过去两次采取先发制人的行动。第一次是1981年摧毁伊拉克的奥希拉克反应堆，这一行为遭到了包括美国在内的其他国家的严厉批评。第二次是2007年以色列对叙利亚秘密核设施实施的空袭。尽管以色列的这次行动令人吃惊地几乎没有受到国际社会的批评，但这是一场秘密行动，以色列从来没有承认对此负责。因此，它不能被认为是证明先发制人自卫合法性的先例。

总之，鉴于无论如何中俄不会在安理会支持美国对伊朗动武，而且美国以受邀干涉作为对伊朗动武的条件不足，那么只有以自卫作为对伊朗动武的理由了。自卫的种类有几种，但就对伊朗动武而言，满足任何一种自卫的条件都不足。因此，关于武力使用的国际法是阻止美国对伊朗动武的因素之一，对伊核全面协议的达成也起到一定的推动作用。

第三节　本章小结

国际核不扩散机制的发展是一个漫长的过程，至今仍未结束。在这一发展过程中，体现了核大国之间的矛盾、有核国家与无核国家之间的矛盾等。《不扩散核武器条约》是国际核不扩散机制的基石，尽管有这样或那样的缺点，但在促进核不扩散方面仍起到了一定的积极作用。伊核问题全面协议的达成离不开包括《不扩散核武器条约》在内的一系列相关国际

---

① Andrew Garwood‐Gowers, "An Attack on Iran: the Legal Basis, or Lack Thereof," April 19, 2012, http://theconversation.com/an‐attack‐on‐iran‐the‐legal‐basis‐or‐lack‐there-of‐6397.

法的作用。

具体而言，体现在如下几个方面。第一，国际法为伊核问题全面协议的制定提供了依据，减轻了谈判各方的交易成本，提高了谈判效率。伊朗核问题很大程度上是伊朗的核权利问题，美国等西方国家尽最大可能地限制伊朗的核权利，伊朗则极力最大限度地维护，甚至拓展自己的核权利，伊核问题全面协议的主要内容也是围绕伊朗的核权利展开的。《不扩散核武器条约》等相关法律机制对于各国的核权利有所规定，从而为伊核全面协议的制定提供了依据。第二，核不扩散机制本身存在不公平性，大国尤其是美国在施压伊朗放弃所有核活动时缺少依照国际法一争到底的底气，只能在伊朗的核权利上做出一定让步。核不扩散机制中一个重要问题是"双用途问题"，它难以消除国家间在核不扩散方面的不信任。《不扩散核武器条约》具有歧视性结构，总体而言更能维护超级核大国的利益。第三，美国在《不扩散核武器条约》的履行上表现糟糕，缺乏压制伊朗核活动的道义优势。在核不扩散方面，美国往往大搞核垄断、执行双重或多重标准等。美国不但不能很好地履行其核裁军义务，而且还在核武器的使用政策上加剧核扩散，给世界造成不安。美国是世界上最先制造出核武器，并且是唯一针对他国使用过核武器的国家。第四，因核而对伊朗实施军事打击的法律依据不足。国际法禁止各国在国际关系中使用武力，但也有三个被各国承认的例外：联合国安理会授权、受邀干涉以及自卫。美国如果对伊朗动武，是找不到满足任何一个禁止使用武力原则的例外的条件。关于武力使用的国际法成为促使美国放弃武力解决伊核问题的积极因素，从而也间接促进了伊核全面协议的达成。

第六章 "亚太再平衡"、"中东离岸平衡"与伊核问题全面破局

继 2013 年 11 月 24 日临时协议达成，实现初步破局，至 2015 年 7 月 14 日全面协议签署，伊核问题终于实现全面破局。这是多方共同努力的结果，其中美国和伊朗在伊朗核权利上的相互让步是关键。美国为什么会让步？对此，代表性的观点主要有三种：中东大变局背景下，遭受严厉制裁的伊朗成为该地区为数不多的"稳定和安全绿洲"，促使奥巴马政府意识到"推翻伊朗伊斯兰政权是不现实的……美国对伊朗的政策必须改变"；"美国在中东力不从心，开始政策调整，进行战略性收缩"；① 严厉制裁虽然给伊朗经济带来巨大困难，但未能遏止伊朗在核领域的快速进步，而动武不但不能解决问题而且还影响美国战略重点向亚太地区转移。② 这些观点开拓了笔者的思路，但对这些观点尚缺少充分论证。对第一种观点的详细论证，笔者已发文做了尝试。③ 在综合第二、三两种观点的基础上，本文把伊核问题破局置于奥巴马政府的中东战略中进行考察，同时又把奥巴马政府的中东战略置于其全球战略中考察，从而试图揭示伊核问题破局与奥巴马政府的"亚太再平衡"战略之间的密切联系，与此同时，对上述第二种、三种观点从理论和实践层面进行详细分析与论证。

第一节 "亚太再平衡"战略出台的原因及实施策略

冷战后，美国成为唯一超级大国，世界进入"一超多强"的格局。自此，美国对外战略的首要目标是尽可能长地维持其唯一超级大国地位。为

---

① 李绍先：《伊核全面协议的影响评估》，《西亚非洲》2015 年第 5 期，第 8 页。
② 李国富：《伊朗核协议达成及其影响》，《当代世界》2015 年第 8 期，第 9 页。
③ 详见岳汉景《西方的经济制裁与伊朗核问题的破局》，《江南社会学院学报》2017 年第 1 期。

了实现这个目标,美国一直努力防范并遏制可能的战略竞争对手。就对美国地位的可能挑战者而言,中国和俄罗斯是其关注的重点,欧盟特别是其中的法德两国,也是其防范的对象。

一 "亚太再平衡"战略出台的原因

就应对中国而言,克林顿政府时期,美国就以人权和贸易等问题为借口,不断向中国发难。1996年4月美国还同日本发表《日美安全保障联合宣言》,认为维持并加强日美同盟关系在实现亚太地区稳定方面必不可少。此后,两国根据该宣言对《日美防卫合作指针》进行了修改,并于1997年9月出台了新的《日美防卫合作指针》。小布什政府执政之初即打算加大对中国的遏制力度,对亚太地区更加重视,南海撞机事件正是其强化遏华战略的表现。但是不久发生的"9·11"事件在一定程度上打乱了小布什政府的战略布局。小布什政府开始公开声称以反恐为首要对外目标,并据此先后发动了阿富汗战争和伊拉克战争。实际上,美国维持其独霸地位的目标依然是首要的,反恐只是其实现此目标的工具:以打击"基地"组织为名,发动阿富汗战争使美国的军事力量得以名正言顺地进入中亚腹地,从而对中俄两国都形成一定牵制,也可较为有效地破坏上合组织的凝聚力,甚至还可以"控制里海的石油和天然气";"倒萨"实质上是为了更有效地控制该地区的油气资源,从而有效掣肘对中东能源依赖较大的其他大国,甚至稳固其石油美元的地位。

但是,阿富汗战争和伊拉克战争的进展远非美国所预期的那样顺利,它们持续多年,耗费了美国大量资源,因此客观上减轻了美国对中国的战略压力,一定程度上造就了中国的战略机遇期。奥巴马政府时期,中国的整体实力已有很大提高,地区和国际影响力也明显增强。在经济方面,中国2008年超过德国成为世界最大出口国,2010年超过日本成为经济总量第二大国,2013年终结了美国维持百年的全球制造业第一大国地位。[1] 在发展模式方面,"北京共识"对"华盛顿共识"形成挑战。中国已经成为竞争性的贸易中枢,其对原料市场和其商品销售市场的需求使之与世界各地的发展中国家建立了较为密切的经济联系。中国是亚洲的经济中心,并取代美

---

[1] The World Bank, "Purchasing Power Parities and Real Expenditures of World Economies: Summary of Results and Findings of the 2011 International Comparison Program," http://siteresources.worldbank.org/IC - PEXT/Resources/ICP_ 2011. html, 2014 - 05 - 21.

国和欧盟成为拉美地区主要贸易伙伴,其在非洲的经济扩展也很迅速。与经济发展同步的是中国军事力量的现代化。为了保障海外利益,其正在建立一支蓝水海军,其导弹系统较为先进并拥有亚洲第一的空军力量。①

在美国的防务分析家看来,在亚太地区对美国利益的最大威胁是中国的军事现代化和威胁美国在日本部署前沿部队的能力。尽管美国驻日军事力量维持着强大能力和各式各样的火力,但中国的反介入能力建设能够大大限制美军的活动能力。美国对中国军事现代化的主要忧虑是其先进的常规弹道导弹和巡航导弹的发展。为了进一步提升其武器系统的杀伤力,中国还大大提高了实时情报监视和侦察(ISR)能力。这些反介入系统对美国在亚太的前沿部队构成可怕威胁。②

中国的日益发展强化了美国所持的中国是其最大的战略竞争对手的认识,奥巴马政府认为来自中国的威胁越来越大,以致产生了焦虑感。但奥巴马政府如何应对中国的崛起呢?依赖地区国家去遏制中国对美国来说是比较理想的,但是单靠这种方法可能不起作用。因为不但中国可能比其邻国强大得多,而且中国的邻国(主要是与中国关系较差的国家)之间相距遥远,形成有效的制衡中国的联盟更加困难。因此,美国必须亲自出马,对该地区投入更大的力量与更多的资源,以有效地制约、平衡中国。一国外交很大程度上取决于其在国际力量结构中的地位。尽管美国依然是世界唯一超级大国,拥有最大经济规模和比其所有竞争对手加起来都多的国防预算,但其相对实力在下降,已经渐渐失去了其20世纪90年代所具有的国际动员能力。特别是奥巴马所接手的美国是小布什政府留下的烂摊子:"基地"组织远未被消灭;本·拉登在逃;伊拉克依然很不稳定;美国的软实力受损严重。2008年,经济议题取代了伊拉克战争成为美国总统竞选的核心议题,总统竞选一定意义上变成了在经济问题上进行的全民公投。因此,奥巴马政府也必须应对巨大的国内和国际金融危机,人们在很大程度上又把危机归罪于美国。在伊拉克和阿富汗的战争以及2008年的金融危机是压在美国经济和军事能力上的可怕重担。另外,伊朗愈益成为美国的地区挑战者,朝鲜试爆了核武器,俄罗斯再度变得好斗。在此背景下,奥巴马政

---

① Ashley Smith, "Obama's New Imperialist Strategy," *International Socialist Review*, No. 83, May 2012, http://isreview.org/issue/83/obamas-new-imperialist-strategy.
② Chris Mclachlan, "The Political Perils of Offshore Balancing," October 21, 2014, http://thediplomat.com/2014/10/the-political-perils-of-offshore-balancing/.

府不得不重新定义其重大外交政策的优先顺序，在不放弃美国的霸权角色的同时，也考虑其日益减弱的相对优势。奥巴马政府一方面对传统敌对国家，如伊朗、古巴、委内瑞拉等实行接触政策，减轻双边关系上的对抗性，另一方面拟从中东等地收缩力量，把主要资源放在亚太以应对中国。2010 年奥巴马政府宣布了"重返亚洲"（pivot to Asia）战略，作为美国亚太战略的一部分，标志着奥巴马把亚太地区确定为地缘战略优先地区。该战略后来被叫作"亚太再平衡"战略，其具体表现在政治、经济、军事等诸方面。

二 "亚太再平衡"战略的实施策略

奥巴马政府首先着力巩固与其传统盟友日本、澳大利亚、菲律宾、新加坡、韩国等国的关系，希望利用美国与这些国家的政治和军事联系阻止它们疏远自己而拉近与中国的关系。奥巴马一改过去"战略模糊"策略，成为首位明确表示钓鱼岛争端适用于《美日安保条约》第 5 条的美国总统，并公开支持日本解禁集体自卫权。奥巴马政府还改变了美国对几个亚洲国家的政策，以引诱它们进入美国的战略轨道。例如，在对缅甸实施了多年的孤立政策后，美国开始改弦更张，逐步恢复了与该国的外交关系，并鼓励该国把其政治和经济"忠诚"由中国转向美国。更为重要的是，美国还日益加深与印度的关系。由于南海地区极为重要（它有大量的石油和天然气储量；它是商业捕鱼的理想之地；它是国际航运的战略走廊），而中国与菲律宾、越南等国在该地区又存在着岛礁归属问题上的纠纷，因此，美国趁机把自己装扮成调停者以及本地区弱国的盟友角色，并要求中国进行多边谈判。

美国清楚自己无法仅凭政治联盟破坏中国的亚洲经济一体化努力，还必须使用经济手段。但是与美国的先前对手苏联不同，中国已经完全融入国际经济体系中。因此，在美国看来，遏制中国的比较可取的方法是构建把中国和俄罗斯排除在外的两个地区性贸易协定——跨大西洋贸易与投资伙伴协定（the Transatlantic Trade and Investment Partnership, TTIP）和跨太平洋伙伴关系协定（the Trans-Pacific Partnership, TPP）。被热议的前者可以被称作"经济北约"，同样饱受争议的后者则体现了美国"亚太再平衡"的经济维度。

为了支持上述政治与经济措施，奥巴马政府还展开了军事部署以遏制甚至威慑中国。美国在日本、韩国、关岛、新加坡等地已经拥有军事基地。

美国以打击阿布沙耶夫组织为名，在菲律宾部署了数千名来自联合特种作战特遣部队（Joint Special Operation Task Force）的训练人员。美国与菲律宾签署了《菲美加强防御合作协议》，获得重新在菲驻军的权利。美国还在澳大利亚的达尔文港驻扎了两千五百名海军陆战队员。另外，美国还在中国南海地区沿着中国用以进行国际贸易和石油进口的船运航线增加美国海军的存在。最能体现美国"亚太再平衡"战略军事维度的是，2013年美国国防部长哈格尔在"香格里拉对话"会上发表的主题演讲。他说："除了上次说的60%海军力量将在2020年前部署至亚太地区，空军力量的60%也要部署在这里。"空军还会把相同比例的网络空间能力部署在亚太。① 有学者甚至宣称，奥巴马的"亚太再平衡"战略将可能被证明是自尼克松对华开放以来，美国在战略上的最重要改变。②

第二节　"亚太再平衡"战略催生"中东离岸平衡"

在一国实力一定的情况下，把力量集中于一个地区就意味着其在其他地区的力量需要相应收缩。美国"亚太再平衡"战略旨在把美国的力量集中于亚太地区，那么其投入到其他地区的力量便需要进行收缩。奥巴马政府上台时，由于其接手的是小布什政府留下的遗产，伊拉克和阿富汗两国的战争在奥巴马政府上台之初还没有结束，两国还处于较为混乱的状态，而且美国因所谓核问题与伊朗处于较为严重的对峙状态。另外还有稍后"阿拉伯之春"所造成的地区震荡。因此美国很大一部分力量集中在中东地区。显然，美国要顺利推行"亚太再平衡"战略，就必须要从中东地区收缩力量。那么美国如何才能做到在从中东收缩力量的同时，又能使自己在该地区的利益不受损呢？对此，奥巴马政府又推出了"中东离岸平衡"战略。

一　离岸平衡的要旨

在详细讨论奥巴马政府的"中东离岸平衡"战略之前，我们应先了解

---

① 《2020年前60%海空力量部署到亚太》，《南方日报》2013年6月2日，A02版。
② Martin Indyk, "The End of the U. S. - Dominated Order in the Middle East," March 13, 2016, http://www.theatlantic.com/international/archive/2016/03/obama-middle-east-policy/473529/.

"离岸平衡"。著名现实主义学者斯蒂芬·沃尔特（Stephen M. Walt）曾以美国为例，指出了离岸平衡的几个核心原则：只在西半球保持大国地位（"地区霸权"）；帮助维持欧洲、亚洲、波斯湾的均势；尽可能多地依赖地区盟国，并在任何可能情况下把责任推卸给它们；只有在均势岌岌可危时，才部署空军力量和地面部队（这是关键）；不寻求政权更迭、国家建构（nation-building）或其他形式的社会工程；美国并不脱离（disengage），即离岸平衡既不是孤立主义也不是激进的裁军。①

上述离岸平衡的核心原则是为美国全球大战略指路，我们从中可以看出，离岸平衡是一个基于责任转移（burden shifting）而非责任分担的大战略。它将把维护地区权力平衡的任务转移给其他国家，阻止潜在的全球性或地区性霸权的崛起。换句话说，其他国家将不得不对自身的安全及其所处的地区的安全负责。② 离岸平衡对于平衡手来说是对特定地区基本上做到放手却不撒手、对个别国家信任但未必放任。离岸平衡的首要目标是维持地区均势，因此地区和平并不一定是其目标，相反，制造地区混乱很可能是实施离岸平衡政策所需要的。"离岸平衡是一个现实主义大战略，其目标是有限的。促进和平，尽管很合意，但却不在其中。"③

二 奥巴马政府之前，美国"中东离岸平衡"战略的实施

"中东离岸平衡"战略是美国在冷战时期一直推行的战略。在这一时期，美国作为该地区的一个离岸平衡手，没有大规模的陆上军事部署，没有试图改变中东社会。美国一开始让英国带头阻止任何一国主导该地区。1968年，英国宣布从中东撤出后，美国推行"双柱"政策，扶植伊朗和沙特阿拉伯，前者是军事支柱，后者是经济支柱。"双柱"政策与美以特殊关系一起，不但有效遏制了伊拉克和利比亚等亲苏势力策划推翻海湾君主政体的行动，更遏制了苏联在中东地区的扩张，保证了美国对波斯湾石油的

---

① Stephen M. Walt, "Rethinking U. S. Grand Strategy: The Case for "Offshore Balancing," August 2009, p. 6, http://portals.jhuapl.edu/media/RethinkingSeminars/081709/walt_brief.pdf.
② Alan Alexandroff, "Between Hegemony and Balance of Power – The US in Asia," September 23, 2012, http://blog.risingbricsam.com/? p=1503.
③ John J. Mearsheimer and Stephen M. Walt, "The Case for Offshore Balancing: A Superior U. S. Grand Strategy," *Foreign Affairs*, July/August 2016, https://www.foreignaffairs.com/articles/united-states/2016-06-13/case-offshore-balancing.

控制。1979年，伊朗伊斯兰革命胜利后，卡特政府开始建立快速反应部队，这是一支离岸军事力量，旨在阻止伊朗或苏联主导该地区。不过，美国在失去伊朗这个"既不要东方，也不要西方，只要伊斯兰"的国家的同时，总统卡特促成了埃及与以色列和解，见证了埃以领导人萨达特和贝京签署《戴维营协议》，从而削弱了苏联对中东地区的影响力，并使中东地区趋于新的力量平衡。尽管如此，美国这个离岸平衡手并不认为中东地区达到了其理想的平衡，它仍要借机整治伊朗。具体表现是，在两伊战争时，里根政府帮助伊拉克。在1990年海湾战争前，美国的军队一直基本保持离岸状态。

海湾战争后，美国本应该重回"中东离岸平衡"之路，让两伊相互制衡，但克林顿政府却采取了"东遏两伊、西促和谈"的政策。然而"双重遏制"（dual containment）的实施需要在沙特阿拉伯部署地面和空中力量，这便使美国逐渐偏离了"中东离岸平衡"战略，并造就了反美恐怖主义。不过，此时美国对中东直接的力量投入还是很有节制的，其与中东阿拉伯威权政府合作以维持中东秩序。合作的理由是，无论如何，民主化这些国家是不可能的，其理念也就是"阿拉伯例外论"。但到了小布什政府时期，美国抛弃了"阿拉伯例外论"，借"9·11"事件发动了阿富汗战争，并提出了雄心勃勃的"大中东民主计划"，出兵推翻了伊拉克萨达姆政权，试图在该地区率先建立一个"民主灯塔"。但不想此"民主灯塔"至今非但没有发光，反倒使本地区愈加昏暗。伊拉克战争使美国进一步背离了"中东离岸平衡"战略，深陷中东泥潭。"今日中东地区的混乱根本原因是2003年对伊拉克的入侵，它恶化了本已不稳定的地区形势。正是政权更迭、输出民主以及华盛顿自己的狂妄至极的帝国野心使美国陷入了中东地缘政治困局中，至今不得脱身。"①

三 奥巴马政府实施"中东离岸平衡"战略的可行性

奥巴马政府虽然力推"亚太再平衡"战略，但依然无法忽略中东。隐约或将成为现实的伊朗拥核、伊拉克的动荡、北非变局、叙利亚内战和地中海东部巨大的能源储量仍是美国政策制定者的重要关切。尽管由于页岩气革命而日益变得能源自给，美国依然试图控制该地区及其战略资源，因

---

① Christopher Layne, "Offshore Balancing Is the Right Strategy, If Obama Has the Courage for It," January 4, 2016, http：//www.theamericanconservative.com/articles/stuck-in-the-middle-east/.

为通过控制该地区，美国就控制了依赖本地区石油发展经济的世界所有强国，而且"石油美元"的维护也离不开对本地区的掌控。但奥巴马政府时期的美国在实施"亚太再平衡"战略时，已无法像小布什政府时期那样深深地卷入中东。因为"美国在中东富于进攻性的国际主义政策，如今既不符合美国公众的意愿，也不符合美国政府的意愿"。①

毕竟所谓利益是需要和实现需要的手段统一。对奥巴马政府而言，在美国控制下的、和平发展的中东当然是美国所乐见的，但在其无法实现这一目标时，中东处于混乱状态，特别是当这种混乱能够很大程度上被美国所操控时，也未必不符合美国的利益。首先，一方面，中东地区的混乱会驱使海湾富油国的资产流入美国，至少会使已在美国的资产流出的可能性大大减少，从而有利于美国的经济；另一方面其他资本富余的国家也会对在中东地区进行投资望而却步，转而在美国投资的可能性会增大。其次，中东乱局会使法国所力推的"地中海联盟"计划泡汤。"地中海联盟"由萨科齐在2007年5月的总统大选上提出，设想中的成员国为地中海沿岸国家，来自欧洲的成员国仅为法国、西班牙、意大利等南欧国家。对此计划，德国明确反对、英国等国表示怀疑，卡扎菲领导下的利比亚更是不感兴趣，它是唯一一个没有加入任何由欧盟构建的制度化合作框架中的地中海南岸国家。② 或许由于这个原因，法国带头对利比亚实施了武力政权更迭。再次，混乱的中东会使大量非法移民和难民涌入欧洲，给欧洲造成更大的社会、政治和经济等方面的压力，加剧欧洲的分裂。另外，中东乱局也会给中国"一带一路"战略的顺利推进造成不小的负面影响。"中东任何暴力冲突都会严重破坏此战略并使巨大投资付诸东流。"③

值得一提的是，中东乱局很大程度上有教派冲突的背景，这种教派冲突大大淡化了巴以冲突，从而减轻了美国的盟国以色列的战略压力。明显的事实是，哈马斯出于站队的需要已经与叙利亚政府分道扬镳。"阿拉伯内

---

① Shaiel Ben-Ephrai, "Is ISIS Good for U. S. Strategy?" August 26, 2014, http://intpolicydigest.org/2014/08/26/is-isis-good-for-u-s-strategy/.
② 参见唐虹、顾怡《试析欧盟地中海政策的局限性》，《欧洲研究》2011年第5期，第58～72页。
③ Roie Yellinek, "China's New Position on the Middle East," *BESA Center Perspectives Paper*, No. 363, September 11, 2016, http://besacenter.org/perspectives-papers/363-yellnik-chinas-new-position-middle-east/.

部的冲突将很符合以色列扩张主义者的心意，他们无心公正地处理难民回归和被占领土问题。中东越是危险、混乱，以色列领导人就越能够指望美国不会努力推动与巴勒斯坦人达成一项公正的解决方案。而且，如果以色列的邻国一片混乱，美国人民可能会对以色列的暴行更为宽容。混乱也会削弱真主党和哈马斯的能量。"① "以色列被大混战所环绕，但其两个最重要的战略伙伴——埃及和约旦——维持着与以色列的关系。以色列的敌人们也已遭受重挫并忙于相互打击，而无力对以色列形成重大威胁。具有讽刺意味的是，今天的以色列比其当代历史上的任何时候都更加安全。至于巴勒斯坦人，他们从来没有如此分裂过。以色列对巴勒斯坦的军事和政治控制如今是一个简单事实，尽管这种控制是有争议的。"②

正如上文所说，离岸平衡政策并不把和平与稳定作为目标，其所依据的是美国国家利益。在中东混乱是既成事实，而且恢复秩序与稳定又是现实条件下奥巴马政府力所不逮的时候，操控并利用不稳定便成为首选。有美国学者认为："或许到了应该承认这一点的时候了，即除非奥斯曼帝国回归，稳定不会在短期内降临中东……如果稳定是无法实现的，或许我们应该停止想办法去实现它。而且，稳定可能也没什么好处。"③ 该学者进一步讲到，最危险的到底是圣战者还是其主要同盟者？如果我们相信沙特阿拉伯人和卡塔尔人是我们的盟友，相信政治伊斯兰主义者是温和派，他们能将伊斯兰和民主融合在一起，那么稳定模式就有意义。但是当我们认识到根本没有温和的文明的圣战时，那么我们就面对这样一个事实——真正的威胁并非来自失败国家或恐怖组织而是来自伊斯兰的团结统一。因此，是时候超越试图在国际法下统合伊斯兰世界这种失败模式了，相反应该开始去努力分裂它。④ 而且，对奥巴马政府而言，"今天，一系列前所未有的危

---

① Sheldon Richman, "Is Instability the Goal of U. S. Policy in the Middle East?" October 22, 2015, http：//reason.com/archives/2015/10/22/us-squad-goals-chaos-in-the-middle-east.
② Jacob L. Shapiro, "The Middle East since 9/11," September 12, 2016, https：//geopoliticalfutures.com/the-middle-east-since-911/.
③ Daniel Greenfield, "What if Chaos were our Middle East Policy?" August 31, 2016, http：//www.frontpagemag.com/fpm/263996/what-if-chaos-were-our-middle-east-policy-daniel-greenfield.
④ Daniel Greenfield, "What if Chaos were our Middle East Policy?" August 31, 2016, http：//www.frontpagemag.com/fpm/263996/what-if-chaos-were-our-middle-east-policy-daniel-greenfield.

机正在中东地区爆发,每一个危机本身都不会对美国构成重大的挑战",①都可以为美国所用,本国可以借助危机向中东相关国家如卡塔尔、沙特阿拉伯出售更多的武器。

基于上述考虑,奥巴马政府制定并实施了其在中东的两大政策目标——收缩力量、操控乱局。这两大政策目标符合离岸平衡战略的要求,也符合美国的利益需求,因为从中东收缩力量可以集中力量应对战略对手的挑战,如果美国能够操控中东地区的混乱局面,换句话说,如果美国能够保持处于混乱中的中东地区离岸平衡手角色,那么美国就能够维护其在该地区的利益。在政策实践上,奥巴马政府是如何做的呢?

四 奥巴马政府实施"中东离岸平衡"战略的具体表现

在伊拉克,奥巴马上台后履行撤军协议,于2011年年底完成从伊拉克的撤军。在武力干预利比亚、推翻卡扎菲政权方面,美国虽然也参与其中,但并没有打头阵,从而避免了美国深度卷入利比亚。"美国军事干预利比亚具有离岸平衡的特征:它拒绝派遣地面部队,并把军事重担转移给了欧洲人。"② 诚然,从参与对利比亚的武力政权更迭来看,奥巴马政府是有违离岸平衡原则的,但奥巴马后来亲口承认卡扎菲被推翻后,利比亚发生的事是其"总统任内所犯的最大的错误"。奥巴马又更具体地说:"在干预利比亚时,可能没有计划好在干预结束后需要做的我认为正确的事是什么。"③更重要的是,奥巴马没有使美国在利比亚背负像在伊拉克和阿富汗两国那样繁重的国家重建责任。

在叙利亚问题上,奥巴马政府更是表现得小心翼翼,极力避免美国的深度军事介入。虽然奥巴马政府训练叙利亚反对派战士,甚至向他们提供武器,并对土耳其、卡塔尔和沙特阿拉伯对反对叙政府的伊斯兰圣战者的支持视而不见,但其不愿意对叙利亚实施武力政权更迭,"在让美国更深地

---

① James F. Jeffrey and Dennis Ross, "Making Sense of Chaos in the Middle East," April 6, 2015, http://www.washingtoninstitute.org/policy-analysis/view/making-sense-of-chaos-in-the-middle-east-multiple-wars-multiple-alliances.
② Christopher Layne, "The (Almost) Triumph of Offshore Balancing," January 27, 2012, http://nationalinterest.org/commentary/almost-triumph-offshore-balancing-6405.
③ Woodward, "The U. S. Middle East 'Balancing Act'—Did Russia Help Obama?" April 15, 2016, http://faith-happens.com/the-u-s-middle-east-balancing-act-did-russia-help-obama/.

第六章 "亚太再平衡"、"中东离岸平衡"与伊核问题全面破局

卷入叙利亚内战方面犹豫不决"。① 2011 年叙利亚内乱之初，奥巴马就声称巴沙尔必须下台，但是叙反对派并非如他想象的那样成气候，尽管有来自美国等西方国家以及多数阿拉伯国家乃至土耳其的政治、经济、外交甚至军事支持，其在同叙政府的暴力争端中并未取得明显优势。后来，奥巴马宣称叙政府使用化学武器是红线。但是，当 2013 年国际社会在叙利亚发现了化学武器被使用的证据，并且美国等西方国家认定是叙利亚政府所为时，奥巴马政府并没有按照西方国家的说法对已越过红线的叙利亚政府实施军事打击，而是迫不及待地接受了俄罗斯的"化武换和平"建议并与之达成销毁叙化学武器的协议。这被看作"奥巴马同'华盛顿的剧本'最根本的背离"。②

2014 年"伊斯兰国"攻城略地，迅速占领伊拉克和叙利亚的大片领土。"伊斯兰国"对伊拉克的占领是美国所不能忽视的，因为该国毕竟是美国所期望建立的中东地区"民主灯塔"，其发展状况事关美国的软实力。于是，美国组织了一个反恐联盟对"伊斯兰国"实施军事打击。但由于"伊斯兰国"并不对美国的国家利益构成直接的重大威胁，因而美国的打击是三心二意的，并且不愿意派遣地面部队，军事行动一般仅限于空中打击、部署特种部队等。在伊拉克，美国主要依靠伊拉克政府军和库尔德武装力量打击"伊斯兰国"，并从战略角度出发对库尔德武装给予特别支持。更有学者如是说："主流媒体不会告诉你美国正在支持伊拉克冲突的双方。华盛顿公开支持伊拉克什叶派政府，而同时却暗中训练、武装并资助逊尼派'伊斯兰国'。"③ 在叙利亚，奥巴马政府大体上执行的是倒阿萨德政权优先于打击"伊斯兰国"的政策，试图通过坐视"伊斯兰国"在叙利亚的力量拓展，而使叙利亚政府逐渐失去合法性，同时利用"伊斯兰国"牵制伊朗的力量。其在叙军事行动更多地是为了支持叙反对派武装。在反对"伊斯兰国"方面美国采取的是有限直接卷入战略，把美国的空中打击与当地的地面部队

---

① Sigurd Neubauer, "The U. S. Presidential Election and Its Implications on Middle East Policy," Norwegian Institute of International Affairs, *Policy Brief*, 10/2016, p. 2.
② Martin Indyk, "The End of the U. S. - Dominated Order in the Middle East," March 13, 2016, http：//www.theatlantic.com/international/archive/2016/03/obama - middle - east - policy/473529/.
③ Julie Lévesque, "US - Sponsored Terrorism in Iraq and 'Constructive Chaos' in the Middle East," *Global Research*, June19, 2014, http：//www.globalresearch.ca/us - sponsored - terrorism - in - iraq - and - constructive - chaos - in - the - middle - east/5387653.

（主要是库尔德和什叶派的战斗队员以及叙利亚反对派）结合起来。在俄罗斯军队入叙并战果累累的情况下，奥巴马政府感到其对叙政策被俄罗斯搅了局，但尽管如此其仍极力避免与俄罗斯在叙利亚发生直接军事对抗而影响自己的战略重心转移。

"中东的地震把奥巴马置于多个无法解决的战略困境面前。但是，尽管处于再度卷入地区冲突，特别是叙利亚冲突的边缘，他最终还是坚持了重返亚太战略。"① "奥巴马政府对2009年伊朗大选所引发的暴力事件的反应，对在利比亚发起的'联合保卫者行动'（Operation Unified Protector）所采取的'幕后领导'方法，对埃及危机的心神不安的反应，在叙利亚内战上的混乱政策，所有这一切都表明了一个明确的处理国际事件的离岸平衡政策。"②

第三节　"中东离岸平衡"战略的实施推动伊核问题破局

伊朗是中东强国，地广人多、油气资源丰富，不但位处中东、里海两大世界石油战略要地，而且还以霍尔木兹海峡主要主权国地位控制着从波斯湾到阿拉伯海的战略通道，对世界能源战略格局有着举足轻重的影响力，其还处在亚洲内陆丝绸之路的关键节点上。伊朗是当今唯一的神权政治国家，执行独特的对外政策，绝大部分居民属于什叶派穆斯林，国内民族构成复杂，地区影响力广泛而深远。因此，奥巴马政府欲顺利实施"中东离岸平衡"，更具体来说，欲在避免过深卷入中东乱局的同时，又能很好地操控此乱局，就不能不考虑与伊朗的关系，从而就不能忽略伊朗核问题。

一　伊核问题破局是美国离岸中东所需

在武力干预利比亚，推翻卡扎菲政权，完成从伊拉克的撤军后，美国

---

① Roberto Iannuzzi, "Nuclear Deal and US Rebalancing: Not a Strategy for Peace," July 28, 2015, https://www.geopoliticalmonitor.com/nuclear-deal-and-us-rebalancing-not-a-strategy-for-peace/.

② Bryan Mcgrath and Ryan Evans, "American Strategy and Offshore Balancing by Default," August 27, 2013, http://warontherocks.com/2013/08/the-balance-is-not-in-our-favor-american-strategy-and-offshore-balancing-by-default/.

带头对伊朗施加了极为严厉的全面制裁，同时强化对伊朗的军事威胁。伊朗核问题成为使奥巴马政府深度卷入中东而不得脱身的最重要问题，是奥巴马政府推行"中东离岸平衡"战略的最主要障碍。对伊朗的经济制裁已经使美国遭受了巨大损失。从 1995 年到 2012 年，对伊朗出口收入方面的可能损失在 1347 亿美元至 1753 亿美元之间。除此之外，还有因对伊制裁所导致的高油价对美国经济造成的破坏性影响。而且，由于制裁使伊朗的国内生产总值萎缩，如果没有制裁，伊朗的进口会更多。出口损失进一步增加了美国的经济损失。另外，平均而言，出口收入的损失相当于每年失去 51043～66436 个工作机会。欧盟各国在 2010～2012 年，因对伊朗制裁而遭受的在贸易收入方面的损失甚至是美国的两倍多。① 奥巴马政府如果要维持对伊朗的全面制裁机制，除了要说服盟国获得其支持与合作外，还要努力争取中国、俄罗斯等国家的配合。因此，维持对伊朗的全面制裁还将耗费美国巨大的外交资源，并给自己的竞争对手提供了进行博弈的筹码。

更重要的是，在全面经济制裁下，如果奥巴马政府在伊核问题上不做出适当让步，伊朗也不会有让步的可能。因为"进行铀浓缩的权利已经成为伊朗全民关注的大事，并且被看作该国主权独立的必要条件。鉴于渗透到伊核问题中的民族主义的存在，很难想象会适时出现一个涉及伊朗退却并放弃铀浓缩权利的危机解决方式"。② 维护伊朗的核权利，已经是伊朗政权提高国内合法性的重要手段。而且，德黑兰在谈判桌上的地位并不弱。尽管其经济在强大的制裁压力下遭受重创，但并没有处于崩溃的边缘。同时，伊朗已经成为一个完全掌握铀浓缩过程的核门槛国家，拥有遍布全国的多个核设施和一个大型的供核研发使用的基础设施。在明知伊朗不会彻底放弃铀浓缩活动的情况下，美国如果依然坚持这一要求，那么就无法达成任何协议，而且还无疑会使双方的对抗进一步升级：美国及其盟国继续甚至加大对伊朗的制裁力度，与此同时伊朗的核计划也一如既往地稳步推进。这样从双方对抗螺旋上升的逻辑来看，战争的可能性增大。可是除非美国入侵并占领伊朗，然后强行推动政权更迭，否则单单对伊朗核设施实施外科手术式攻击的威胁，无论其有多么可信，都不足以迫使伊朗政权彻

---

① Jonathan Leslie, Reza Marashi and Trita Parsi, *Losing Billions: The Cost of Iran Sanctions to the U. S. Economy*, The National Iranian American Council, July 2014, p. 3.
② Mark Fitzpatrick, "Containing the Iranian Nuclear Crisis: The Useful Precedent of a Fuel Swap," *Perceptions*, Summer 2011, Vol. 16, No. 2, p. 30.

底放弃核计划。而武力政权更迭风险太大、成本太高，因为在伊拉克等国的实践表明，这种战争一旦发起就不会按照美国的意愿发展，况且伊朗又是地区强国。显然，如果不与伊朗达成核协议，要么就继续维持或强化制裁，要么就可能导致对伊朗的战争。这样奥巴马政府就会更深入地卷入中东，"中东离岸平衡"便无从谈起，从而就更无法顺利推行"亚太再平衡"战略。

二 伊核问题破局是美国在中东进行"平衡"所需

奥巴马政府在实施"中东离岸平衡"战略时，"离岸"于中东是基础，其次才能谈"平衡"。伊核协议的达成不但为美国"离岸"中东创造了良好的条件，而且也为"平衡"打下了一定基础。

如上文所述，对于离岸平衡手而言，无所谓谁是敌人、谁是朋友，只要能达到平衡的目的即可，即使是敌人，也可以与之进行选择性合作。要在离岸状态下进行"平衡"，美国就需要抓住中东地区的重要棋子，找到相互冲突的地区力量，甚至要制造新矛盾、激化旧矛盾。大变局背景下，中东地区主要矛盾有巴以矛盾（从更广泛的意义上看是阿以矛盾）、教派矛盾①（主要表现为伊朗为首的什叶派新月地带与沙特阿拉伯主导的海湾逊尼派阿拉伯国家之间的矛盾）、民族矛盾（库尔德地区争取独立的运动与所在国之间的矛盾）、以"伊斯兰国"为主的恐怖主义组织与地区各国特别是其主要滋生国伊拉克和叙利亚之间的矛盾。

中东大变局背景下，阿以矛盾明显淡化。就阿拉伯作为矛盾的一方而言，其反以能力和意愿大大减弱：卡扎菲政权被推翻后，反以力量受到较大削弱；萨达姆被推翻后，以色列来自伊拉克的威胁几乎消失了，因为该国长期不稳定，"伊斯兰国"在该国的坐大更是让其自顾不暇；叙利亚阿萨德政权遭受着内战的折磨和抗击"伊斯兰国"的艰辛；埃及虽然变过天，但各类新政府并未抛弃"戴维营协议"精神；沙特阿拉伯等海湾阿拉伯国家一方面忙于稳定国内，另一方面疲于应对多种外部力量的挑战；哈马斯和黎巴嫩真主党游击队在教派冲突激化的背景下被迫各站各的队，已无力对以色列发难。阿以矛盾的淡化为奥巴马政府的"中东离岸平衡"创造了良好条件。

---

① 当然这种教派矛盾只是沙特阿拉伯和伊朗地缘政治矛盾的最主要表现形式，但因其与相关国家的国内政治联系密切因而也具有很大的独立性。由于这里的教派矛盾和地缘政治矛盾两类矛盾的矛盾双方基本重合，因而笔者不再把沙特阿拉伯和伊朗的地缘政治矛盾单独列出。

大变局背景下，中东教派矛盾激化。萨达姆政权被推翻后，沙特阿拉伯对伊朗的担心日增，因为伊拉克新政府为什叶派所掌控，其与伊朗交好，受伊朗影响较大，致使什叶派新月地带形成。受北非巨变的影响，也门、巴林、沙特阿拉伯等国的什叶派穆斯林的宗派认同意识增加，同时反抗意识也增强。这些都令沙特阿拉伯十分忧虑，其亲自出兵对巴林、也门的什叶派反政府活动进行镇压，并对本国的什叶派活动分子实施有重点的打击。沙特阿拉伯的这一系列做法招致伊朗的不满。在伊核全面协议达成前，如果说在巴林、也门两国，沙特阿拉伯有些被动，伊朗占有一定优势的话，那么在伊拉克，特别是叙利亚则沙特阿拉伯具有一定优势，伊朗则略显被动。但总体而言，由于受到联合国以及西方国家实施的全面制裁，伊朗相对于受到西方支持的沙特阿拉伯处于劣势。"伊斯兰国"在伊拉克，特别是在叙利亚的坐大，以及叙反对派的暴力行动为沙特阿拉伯提供了削弱伊朗影响力的机会。尽管恐怖主义对沙特阿拉伯等国也构成一定威胁，但它们认为推翻叙利亚阿萨德政权从而间接打击伊朗比反恐更优先。这样恐怖主义与地区国家，特别是其滋生国（伊拉克、叙利亚）之间的矛盾，便笼罩在教派矛盾之下，并进一步强化了教派矛盾。

在教派矛盾和恐怖主义猖獗的背景下，民族矛盾（主要是库尔德族与其所在国之间的矛盾）也有所上升，因为伊拉克和叙利亚两地的库尔德族人不但乘机进一步强化了独立性，而且还扩大了自己的地盘，其武装力量也因在战斗中受到锻炼而明显增强了实力。这引起长期受库尔德独立运动影响的土耳其的担忧，尽管其应对中东巨变的政策摇摆不定，但却一直密切关注库尔德人力量的发展。可见，民族矛盾的加剧与恐怖主义活动的猖獗有关，而恐怖主义猖獗又与该地区的教派冲突加剧有关，因此教派矛盾是新时期中东地区的最主要矛盾，尽管长期来看最主要矛盾仍是阿以矛盾。

新形势下，中东教派矛盾的加剧淡化了阿以矛盾，这对美国是有利的。但同时教派矛盾为恐怖主义的滋生和实力壮大创造了积极条件，从而又加剧了民族矛盾。"伊斯兰国"等恐怖主义组织的滋生和壮大对美国不利，因为其意识形态与美国的自由主义意识形态根本对立，而且"伊斯兰国"等恐怖组织不但严重威胁叙利亚政权，更威胁伊拉克新政权，而伊拉克新政权正是美国一直在中东努力建造的民主灯塔。民族矛盾的加剧对美国有利，因为这样美国就能把库尔德族这个用以进行"平衡"的棋子抓得更紧，从而可以更轻易地操控伊拉克、土耳其、叙利亚、伊朗，甚至利于其与俄罗斯等域外国家的博弈。这就是说，对美国而言，中东教派矛盾的加剧总体有利，不利的一面主要是其为恐怖主义的发展壮大提供了更多的机会。那么奥巴马政府如何才能做到在"离岸"状态下既维持教派矛盾又重创恐怖组织呢？

"伊斯兰国"等恐怖组织的发展壮大与沙特阿拉伯等逊尼派国家的支持有一定关系，因为它们将其作为教派斗争的有力工具。在不愿意也不能过深卷入本地区冲突的情况下，奥巴马政府的首选策略是给予在打击"伊斯兰国"等恐怖组织方面比自己更积极的伊朗以一定的支持，但只能是消极支持，即在伊朗在核活动上做出让步的情况下，与伊朗达成核协议，减弱对伊朗的制裁压力。因为有几个内部和外部的障碍阻止着美国同伊朗进行更为广泛的接触。就国内而言，除了总是把伊朗看作敌人感兴趣以向美国的阿拉伯盟友销售更多武器的安全部门和国防工业部门外，以色列院外集团也会进行阻挠。在地区层面，伊朗和美国的利益仍然大多并不相容，因为伊朗上升的影响力与华盛顿的霸权地位相冲突。

伊朗核协议能够达成的一个重要条件是，协议不与美伊关系中的其他问题，比如民主人权问题、支持恐怖主义问题、中东和平问题等挂钩，因此伊核协议的达成只表明美伊关系有所缓和，双方之间的其他主要问题远未解决。伊核协议的达成因此也没有从根本上改变美国与以色列、沙特阿拉伯等中东盟友的关系。但它向沙特阿拉伯等国表明，它们要为自己的安全承担更多的责任，美国只是在觉得必要时给予它们一定的帮助，比如支持沙特阿拉伯在巴林、也门的行动，打压阿萨德政权等。由于"沙特阿拉伯和其他逊尼派国家认为它们日益受到伊朗影响力的包围，与首先关切伊朗的核计划，其次关切其扩张主义的以色列不同，阿拉伯国家把伊朗的核计划看作其危险的扩张主义倾向的一个征兆"，① 因此伊核协议签署后，沙特阿拉伯等国会感到自身必须承担更多的安全责任，必须更直接地与伊朗抗争。这样，中东的教派斗争便会维持一定的烈度，从而有利于美国的"平衡"。

总之，达成伊核协议不但有利于美国从中东抽身，也有利于美国更好地平衡中东各主要力量，落实"中东离岸平衡"战略。

---

① James F. Jeffrey and Dennis Ross, "Making Sense of Chaos in the Middle East," April 6, 2015, http://www.washingtoninstitute.org/policy-analysis/view/making-sense-of-chaos-in-the-middle-east-multiple-wars-multiple-alliances.

第四节　本章小结

伊核问题破局是在美国奥巴马政府全球战略调整的背景下进行的。随着中国实力的增长，加之亚太地区巨大的经济规模和发展潜力，奥巴马政府认为掌控亚太地区的经济、政治发展的主导权是维护美国唯一超级大国地位的关键所在。而要实现这一目标就需要遏制中国的发展和影响力的扩大，于是奥巴马政府推出了"亚太再平衡"战略，把美国的力量和资源，特别是军事力量和资源加速向亚太地区转移。奥巴马政府顺利实施"亚太再平衡"战略的必要条件之一是从中东收缩力量，于是推出了"中东离岸平衡"战略。而要想使"中东离岸平衡"战略顺利实施，奥巴马政府又不得不在伊核问题上实现破局，于是在其他大国参与的情况下与伊朗达成伊核问题全面协议。

伊核问题协议的达成使伊核问题实现了破局，但并不意味着伊核问题一劳永逸地解决了。协议达成后不久，两国即出现了在协议解读上的差异。因伊朗导弹试射和美国国会通过《伊朗制裁法案》而产生的纷争已对伊核协议的执行产生阴影。新当选总统特朗普已公开表达对伊核协议的不满，认为美国让步过多，加之2017年6月伊朗还将举行总统大选，其正式上台后可能会采取对伊朗更加强硬的政策。但由于美国的国际动员能力有限，其彻底推翻伊核协议的可能性较低，只是很可能会变相破坏它，比如对伊核协议做出更不利于伊朗的解读，并按自己的解读行事。这样就会引起伊朗的反弹，比如提高协议所规定的浓缩铀的浓度等，从而导致双方矛盾再度升级。但考虑到特朗普上台，美国后不会减轻对中国的围堵，因此其与伊朗的冲突仍将限于政治、经济领域。

第七章 克里米亚"脱乌入俄"、俄欧能源博弈与伊核问题全面破局

克里米亚"脱乌入俄"是乌克兰危机中的重大事件，对苏联解体后欧洲地缘政治和国际力量格局产生重要影响。它也引发了诸多国际法问题，如民族自决原则与国家领土完整原则、公民投票的合法性与有效性等。① 在该事件中，俄罗斯扮演了重要角色，其行为不但受到国际政治维度的审视，更受到国际法维度的考察。就第二个维度而言，关于俄罗斯在该事件中的武力使用问题是一个焦点。对于此问题，国内外特别是国外相关的文章虽然很多，但多为一般性的评论文章，因而在深度和全面性方面稍显不足。而且，虽然许多学者探讨了俄罗斯使用武力的非法性，但对其在政治上的合理性却鲜有探析。本章第一节对克里米亚"脱乌入俄"事件进行概述，然后在第二节重点分析俄使用武力的非法性和政治上的合理性。

伊核问题曾是一个长期难以解决的国际热点问题。小布什政府对伊朗实施有限接触政策，只同意在阿富汗和伊拉克问题上与伊朗进行无条件接触，但在伊核问题上提出与伊朗直接接触的条件是后者停止铀浓缩活动，这致使伊核问题谈判形成僵局。奥巴马政府执政后，提出了对伊朗的无条件接触政策，从而开启了"6＋1"伊核会谈模式，打破了伊核谈判僵局，推动了伊核问题谈判的展开，并使伊核问题破局成为可能。始终敞开的接触大门、西方的严厉经济制裁、美国在伊朗核权利上的让步、伊朗的核对冲战略、伊朗新任总统鲁哈尼改善伊朗与西方关系的外交姿态，以及各大国的共同努力，终于使2013年11月伊核问题临时协议得以达成，从而实现了伊核问题初步破局。虽然如此，伊核问题最终协议（全面协议）并非呼之欲出，不确定性依然明显存在。但在美国"亚太再平衡战略"加紧推进，

---

① 曾令良：《与克里米亚"脱乌入俄事件"有关的国际法问题》，《国际法研究》2015年第1期。

"中东离岸平衡战略"随之实施的大背景下，达成最终协议的必然性依然存在。在必然性存在的情况下，乌克兰危机则成了促进伊核问题全面协议达成的偶然性因素之一。本章第三、四、五节将详细探讨乌克兰危机促进伊核问题全面破局的内在逻辑。

第一节 克里米亚"脱乌入俄"背景

2013年11月21日，乌克兰政府决定，暂停有关与欧盟签署联系国协定的准备工作，同时表示将加强与俄罗斯等其他独联体国家的经贸关系。乌克兰社会和政治危机自此爆发。11月29日，上万名乌克兰民众在基辅市中心独立广场等地集会，抗议政府暂停与欧盟签署联系国协定，并要求总统亚努科维奇下台。乌克兰内务部特种部队29日夜间至30日凌晨强行驱散独立广场的集会者，造成40余人受伤。随后数日集会抗议不断，规模也有所扩大。2014年1月28日，亚努科维奇总统无奈之下签署关于总理辞职和解散政府的总统令。1月31日，当局与反对派举行"圆桌会议"，寻求摆脱政治危机的途径，但未取得实质成果。2月18日，基辅数千名示威者要求恢复2004年宪法。随后，示威者与防暴警察和军人发生激烈冲突，造成数百人伤亡。2月21日，在美欧压力下，乌克兰总统亚努科维奇与反对派代表在基辅签署了解决乌克兰危机的协议。协议签署后不久，乌议会迅速通过了恢复2004年宪法的法案，乌克兰政体回归议会总统制。2月22日，亚努科维奇总统因安全原因被迫离开首都并很快被议会弹劾。同日，反对派掌控议会并全面接管政权。议会还通过了包括解除亚努科维奇总统职务、释放前总理季莫申科等在内的一系列决议，并宣布将于5月25日提前举行总统选举。次日，乌议会通过决议，新议长图尔奇诺夫将暂时履行总统职责。2月24日，乌克兰代理内务部长阿瓦科夫宣称，亚努科维奇已被警方通缉。2月27日，基辅新临时政府宣布其打算取消亚努科维奇的决定并签约加入"深入而全面的自由贸易协定"。同日，数十名亲俄武装人员占据克里米亚自治共和国议会和政府大楼，俄外交部称将"坚决捍卫克里米亚同胞的权利"。2月28日，亚努科维奇现身俄罗斯，并在俄举行的记者招待会上强调，他仍是乌克兰合法总统。同日，乌总检察院正式启动针对亚努科维奇的引渡程序。3月1日，克里米亚总理阿克肖诺夫发表声明，请求俄总统普京提供帮助，以保障克里米亚的和平。同日，俄罗斯议会批准普京总统提出的在乌克兰克里米亚地区使用俄罗斯军队的要求。①

联合国安理会就乌克兰局势连续召开紧急会议。秘书长潘基文发表声明，要求尊重乌克兰的领土主权。欧盟外交事务及安全政策高级代表阿什顿表示，俄罗斯的决定"令人遗憾"。普京总统与奥巴马总统就乌克兰局势进行90分钟的电话交谈，双方各执一词。3月2日，西方媒体所称的"小绿人"对克里米亚实施了军事管控。欧洲委员会此后不久承诺以贷款和赠款形式提供150亿美元（与莫斯科当初答应提供给亚努科维奇以作为对其不签署"联系国协定"的报偿的贷款数额一样）以在金融上支持面临破产的基辅新政府。② 3月3日，克里米亚—乌克兰空军基地宣布效忠亲俄罗斯的克里米亚政府，正式脱离乌克兰的领导。3月6日，乌克兰克里米亚自治共和国议会进行表决，一致同意克里米亚成为俄罗斯联邦的一部分，并将于3月16日在克里米亚提前进行公投。3月11日，克里米亚议会通过一项决议，批准关于克里米亚自治共和国和塞瓦斯托波尔市独立的宣言。3月15日，乌克兰议会表决通过决议，提前终止克里米亚本届议会的权力。同日，联合国安理会就美国起草的有关乌克兰问题的决议草案举行投票表决，由于俄罗斯投票否决，决议草案未获通过。③ 2014年3月16日，乌克兰的克里米亚自治共和国就其地位问题举行了公民投票，投票者中有96.6%支持克里米亚独立并与俄罗斯重新合并。克里米亚自治共和国议会遂于3月17日决定克里米亚独立成为主权国家"克里米亚共和国"，同时决定加入俄罗斯联邦。3月18日，俄罗斯联邦与克里米亚签署了克里米亚入俄条约。在俄罗斯国家杜马与联邦委员会先后批准了克里米亚以及塞瓦斯托波尔市加入俄罗斯联邦的条约之后，俄罗斯联邦总统普京于3月21日签署了克里米亚和塞瓦斯托波尔市加入俄罗斯联邦的法案，从法律上接受了克里米亚加入俄罗斯联邦。④ 4月22日，俄罗斯出台新宪法，在"国家主体"中增加了克里米亚。这就初步完成了克里米亚"脱乌入俄"的历程。

---

① 曲振东：《乌克兰局势主要大事回顾》，新华网北京2014年2月20日电；王龙琴：《新闻链接：乌克兰危机大事记》，新华网北京2014年3月16日电。
② Henrik Boesen Lindbo Larsen, *Great Power Politics and the Ukrainian Crisis: NATO, EU and Russia after 2014*, p. 10.
③ 参见《乌克兰危机大事记》，《世界知识》2014年第6期，第21页。
④ 孙世彦：《克里米亚公投入俄的国际法分析》，《法学评论》2014年第5期，第139页。

第二节　俄罗斯使用武力的非法性与政治合理性

一　俄罗斯使用武力的非法性

（一）俄罗斯使用武力的法律证成

在判定俄罗斯在克里米亚是否使用了武力之前，有必要讨论一下国际法中有关武力的含义。《联合国宪章》第二条第四款规定"各会员国在其国际关系上不得使用威胁或武力，或以与联合国宗旨不符之任何其他方法，侵害任何会员国或国家之领土完整或政治独立"。这里的"武力"是指国际关系中的武力，也就是说这种武力行为一般发生在国家之间。因此，武力禁止一般只能理解为禁止一个国家针对另一个国家动用武力。[1] 一国政府针对其平民使用武力的行为受国内法的支配，但可能也会受到有关人权和少数民族权利方面的条约以及现存的安理会决议的约束。对于"武力"还有一些解读上的争议。例如对于武力是否应包括政治和经济上的胁迫这一问题，有两种不同的看法。狭义的解释主张其仅限于武装力量，不包括政治和经济胁迫，认为这种解释反映了旧金山会议的初衷。相反的观点则认为，武力的含义不应该排除施加政治和经济的压力，因为宪章并没有区分武装的和其他形式的武力，禁止使用武力原则必须结合当今的国际形势和需要加以考虑，使"武力"不仅仅是军事武力，而且是一切形式的强制或暴力、一切形式的压力，包括针对任何政治独立或领土完整而采取的政治、经济、社会、文化和心理方面的措施。但是，在国家实践上，大多数国家并没有将他国采取的政治、经济威压视为武力。[2] 当然，有几个联合国大会决议谴责经济压制破坏国家主权。关于"武力"的另一个问题是，它是否包括一国用以反对另一国的间接武力，例如一国允许其领土被在另一国进行战斗的军队使用，或者一国给予进行交战的某一方军事或其他方面的援助这样的情形。一般认为间接武力也包含于"武力"之

---

[1] 李伯军：《简明国际法实用教程》，武汉大学出版社，2010，第310页。
[2] Sebastian Heselhaus, "International Law and the Use of Force," http://www.eolss.net/sample-chapters/c14/e1-36-01-02.pdf.

中。① 使用武力包含一国针对另一国的任何武器的使用。《联合国宪章》并没有对达到某一层次的武力的先决条件给予任何暗示，因此，对武力界线的稍微违反都是被禁止的。② 武装力量不仅包括隶属于一国的国防或战争部门控制之下的军事和其他部队，也可包括准军事部队、边界安全部队、警察部队或其他非正规军事部队。③ 武力威胁也为《联合国宪章》第二条第四款所禁止。当一国政府以对方不接受自己的某些要求为条件而发出明确的或暗示性的诉诸武力的承诺时，武力威胁就出现了。如果这个诉诸武力的承诺是在不存在使用武力的正当理由的情况下而发出的，那么这种威胁本身就是非法的。也就是说，在某个既定情况下，如果武力的使用无论出于什么原因都是非法的，那么以此种武力相威胁也同样是非法的。④

2014 年 3 月 1 日，在安理会召开的讨论克里米亚危机的一次会议开始时，联合国副秘书长告知安理会，"据报道前几日，克里米亚重要的场所如机场、交通设施和包括地区议会在内的公共建筑继续被不明身份的武装人员封锁"。⑤ 由于此时尚不清楚不明身份的人是谁，因此上述行为是否属于国际关系中所禁止的使用武力还很难说。但是 3 月 4 日属于俄黑海舰队的部队对塞瓦斯托波尔港和黑海海岸实施了海上封锁；俄军还不断地包围、夺取或封锁乌克兰军事基地，并有力接管了边防哨所。俄海军于 3 月 6 日将已退役的俄"奥恰科夫"号（Ochakov）轻巡洋舰凿沉于克里米亚半岛西部的米尔内港，阻止乌克兰舰船进入乌水域。随后，俄罗斯海军又凿沉了一艘消防艇和另一艘军舰。13 日俄海军在克里米亚半岛米内尔港新湖居民点附近凿沉了第四艘退役军舰，以阻遏乌克兰军舰进入乌港口。⑥ 这些足以表明，即使俄罗斯军队没有开火，它也以军事胁迫为手段破坏了乌克兰的主

---

① See Eustace Chikere Azubuike, "Probing the Scope of Self Defense in International Law," *Annual Survey of International & Comparative Law*, Vol. XVII, 2011, p. 141.
② Sebastian Heselhaus, "International Law and the Use of Force," http://www.eolss.net/sample-chapters/c14/e1-36-01-02.pdf.
③ 黄瑶：《论禁止使用武力原则》，北京大学出版社，2003，第 178 页。
④ Eustace Chikere Azubuike, "Probing the Scope of Self Defense in International Law," p. 144.
⑤ "New York, 1 March 2014 - Deputy Secretary - General's Briefing to the Security Council Meeting on Ukraine," http://www.un.org/sg/dsg/statements/index.asp?nid=497.
⑥ 何珍：《俄海军凿沉第四艘退役军舰 封堵乌舰进入港口》，2014 年 3 月 14 日，环球网，http://world.huanqiu.com/exclusive/2014-03/4904336.html; Siobhan Clifford, "What is the Meaning of Russia's Belligerence?" http://www.ajurialawyers.com.au/uploads/56412/ufiles/Use_of_force_in_Ukraine_-_What_is_the_meaning_of_Russias_belligerence.docx.pdf.

权和领土完整。

联合国副秘书长所称的"不明身份的武装人员",即西方媒体所称的"小绿人"是些什么人呢?普京称他们是由当地人组织起来的"自卫团体"。但是国际媒体报道说他们操俄罗斯口音,他们所使用的武器与俄军使用的武器一样,他们驾驶的卡车挂着俄罗斯牌照。[①] 普京后来承认那些装备精良、接管了克里米亚的"不明身份的武装人员"是俄罗斯人。他似乎对把他们描述为"小绿人"感到不悦,并要求人们避免使用此称呼。俄正式兼并克里米亚的一个月后,普京说那支行为"礼貌,但却果断、专业"的部队对保障克里米亚入俄公投的有序进行是必要的。[②] 普京承认他"当然"曾在克里米亚部署了军队。[③]

以上文关于"武力"以及武力使用问题的相关探讨为基础,结合一系列公开的事实,可以从法律上说,自 2014 年 2 月底起,俄罗斯实施了直接军事干涉,侵犯了乌克兰的独立和领土完整。[④] 这种干预是通过使用已经驻扎在克里米亚的俄军和向克里米亚部署额外的俄军和装甲车辆[⑤]而展开的。由于在国际关系中使用武力或以武力相威胁是《联合国宪章》第二条第四款所明确禁止的,而就俄对乌克兰使用武力而言,其还受到有关国际双边和多边条约的限制,因此俄罗斯感到有必要立即为其军队在克里米亚实施的军事行动提供理由,于是诉诸政府的同意、保护海外国民等借口。俄罗斯这样做恰恰是其在国际关系中使用武力的最为可靠的证据。但俄罗斯为其使用武力所寻找的理由是否站得住脚?或者说俄罗斯是否合法地使用了武力?这是下文要讨论的问题。

---

① Vitaly Shevchenko, "'Little Green Men' or 'Russian Invaders'?", 11 March 2014, BBC Monitoring, http://www.bbc.com/news/world-europe-26532154.
② Lynn Berry, "Putin Admits Russian Soldiers were in Crimea, Slams West for Role in Ukraine Crisis," 4 April 2014, http://www.huffingtonpost.com/2014/04/17/putin-ukraine_n_5165913.html.
③ Katie Stallard, "Putin Comes Clean on Crimea's Little Green Men," 10 March 2015, http://news.sky.com/story/1442038/putin-comes-clean-on-crimeas-little-green-men.
④ 领土完整是一国对其本国领土所具有的主权的完整性和排他性。任何外国未经一国的同意不得侵入占取该国的领土,也不得在该国的领土内行使任何管辖权。一国未经同意在他国领土驻扎军队以及在他国领土开设邮局、经营无线电台等都是对他国领土完整的破坏。参见王铁崖主编《中华法学大辞典:国际法学卷》,中国检察出版社,1996,第 400 页。
⑤ 部署额外军队的合法性取决于其是否依据《俄乌黑海舰队驻军协议》的条款。

(二) 俄使用武力的非法性

在克里米亚"脱乌入俄"过程中,俄使用了武力。虽然俄对其使用武力的行为进行了掩饰和辩解,但其非法性依然是明显的。这首先表现在俄使用武力违反了相关条约,且不属于合法的自卫行为。

1. 俄使用武力违反了相关条约,不属于单独自卫

通过使用武力兼并克里米亚,俄罗斯违反了联合国基本准则、欧洲委员会(俄罗斯也是成员国)章程,以及至少两个在欧洲建立了和平的条约和两个与乌克兰签署的双边条约、乌克兰和克里米亚宪法。《联合国宪章》第二条第四项明确规定了不得侵犯他国领土完整原则和禁止使用武力原则。赫尔辛基会议(1975年8月1日)确定尊重欧洲边界并导致欧洲安全与合作组织(OSCE)的成立,俄罗斯也是该组织的成员国。该组织是一个地区性协定,包含了联合国宪章的有关原则,如他国边境、领土完整不可侵犯,和平解决争端,不干涉内政,尊重人权和少数民族权益,主权平等和人民自决权,真诚履行国际法所规定的义务。1996年2月28日,俄罗斯加入了欧洲理事会,其规章由《伦敦条约》(the Treaty of London)所确定。俄罗斯兼并克里米亚违反了欧洲理事会规约(ETS No. 1),以及其加入欧洲理事会时的承诺。① 1991年12月8日签署、开启了后苏联时代的《独联体构成法》(The Constituent Act of the Community of Independent States)或者称《明斯克条约》(Minsk Treaty)对新独立的国家保证尊重其边界。而且,同其他的欧洲国家不同,乌克兰曾一直维持表面上的独立并曾在联合国拥有一个席位,尽管其不得不在与苏联保持一致的情况下进行投票。1994年12月5日,由俄罗斯、美国、英国、乌克兰共同签署的《布达佩斯备忘录》导致乌克兰的非核化(乌在无核化前有约一千八百枚核弹头),以换取对乌边界的特殊保证。1997年5月28日签署并于2010年续签的《俄乌黑海舰队驻军协议》规定了苏联舰船的分配并确认这一地区属于乌克兰。本地区海军设施被租给俄罗斯,每年租金9700万美元。条约规定了俄军驻扎的条件:25000人、132辆装甲车辆、24个重炮群。② 但是条约还规定俄军的重大行动需要与乌克兰当局商议,双方约定的军力水平不得单方面提升。1997年俄乌还签署

---

① See Jean-Dominique Giuliani, "Russia, Ukraine and International Law," Foundation Robert Schuman, *European Issues*, No. 344, 17th February, 2015, p. 2.

② Jean-Dominique Giuliani, "Russia, Ukraine and International Law," p. 3.

了《俄罗斯和乌克兰友好合作伙伴关系条约》，确认克里米亚是乌克兰领土。依据"条约必须信守"原则，俄罗斯应尊重克里米亚属于乌克兰的这一事实。

普京认为：由于乌克兰没有合法政府，因此俄罗斯在与新的、临时的、非法的政府的关系上不受国际条约的限制。根据俄罗斯的这一观点，可以得出这一结论：军事政变或政府巨变为情况的根本改变提供了基础，从而触发对现行条约义务的再审视。但是，如果潜在的条约执行与一国的政治变革没有关系，那么政府政治结构的根本变化就不能作为暂停或终止条约执行的有效基础。①《维也纳条约法公约》第62条第二款（a）规定，情况的根本改变也许不能被援引用以改变一个国家所应承担的涉及国家边界的条约义务。② 也就是说，乌克兰突发的政治变革不能作为中止双边或多边条约执行的基础。

诚然，《联合国宪章》禁止使用武力的原则也是有例外的。给人类带来巨大灾难的第二次世界大战结束后，国际社会联合起来禁止在国际关系中使用武力。《联合国宪章》成为管控武力使用诸多规则的正式法律汇编。根据该宪章，战争不再是主权国家的特权。各国只能在两种情况下使用武力：作为集体安全措施（根据《联合国宪章》第42条："安全理事会如认为第四十一条所规定之办法为不足或已经证明为不足时，采取必要之空海陆军行动，以维持或恢复国际和平及安全。此项行动包括联合国会员国之空海陆军示威、封锁及其他军事举动。"）；作为自卫行为（根据宪章第51条："联合国任何会员国受武力攻击时，在安全理事会采取必要办法，以维持国际和平及安全以前，本宪章不得认为禁止行使单独或集体自卫之自然权利。"）。不属于这两个有限例外之一的任何使用武力的行为一般都被看作违反国际法。

乌克兰是一个主权国家。俄罗斯作为联合国成员国受到《联合国宪章》禁止使用武力原则的限制。但俄罗斯在乌使用武力是否适用于例外情形呢？

---

① See Boris N. Mamlyuk, "Mapping Developments in Ukraine from the Perspective of International Law," 12 March 2014, http://cjicl.org.uk/2014/03/12/mapping-developments-ukraine-perspective-international-law/.

② Oliver Corten & Pierre Klein eds., *The Vienna Conventions on the Law of Treaties: A Commentary*, Oxford University Press, 2011, pp.1421 – 1424, quoted in Robin Geiß, "Russia's Annexation of Crimea: The Mills of International Law Grind Slowly but They Do Grind," *International Law Studies*, Vol.91, 2015, p.442.

很显然，俄罗斯使用武力没有得到联合国的授权，因而不属于依据宪章第四十二条可被允许的作为集体安全措施的使用武力。《联合国宪章》第51条是禁止使用武力的一个公认的例外，其允许一国使用武力应对武力攻击。显然在此条款里武力攻击是一个重要概念。武力攻击的定义没有出现于联合国宪章中，它也不是条约法的一部分。由于对何种行为构成武力攻击没有共识，因此卷入自卫过程的国家至少在安理会采取恢复和平的必要措施之前不得不自行确定一种武力攻击是否发生了。[①] 但这里还有一个难题：如何确定"发生"与否。某个事件的发生指其已经发生或目前正在发生。不管怎样，期望一个觉察到敌方进行大规模攻击准备的国家去保持束手就擒的状态是不现实的。但是，同样明显的是一国可能捏造迫近的攻击以掩饰自身对他国的侵略目的，或者它可能会真的误把邻国的军事行动（例如靠近其边境的演习）当作迫近的攻击。鉴于此，大多数观点认为客观上可证实的、显然是迫近的武力攻击在《联合国宪章》第51条的含义范围内。因此，（武力攻击的）"发生"包括显而易见的迫近（行为），但并不包括未来某一时刻仅仅是可能的攻击威胁。[②] 实际上，对于何为"武力攻击发生了"的考察引致对如下两个概念的区分："预期性自卫"（anticipatory self defense，武力攻击仅仅是可预见的）和"拦截性自卫"（interceptive self defense，武力攻击是迫近的且是不可避免的）。一般认为，前者不合法，后者合法。

据此，我们首先要考虑的是有没有发生针对俄罗斯的武力攻击这一事实问题。显然，乌克兰军队没有对俄罗斯本土发动任何武力攻击，没有在俄罗斯领土上部署任何军队。但俄罗斯却声称其在克里米亚的军事人员和公民受到威胁并以此援引自卫概念为其动武提供合法性。在请求俄议会授权在乌克兰使用武力时，普京总统提到"俄罗斯公民……以及遵照国际协议部署在乌克兰领土上的俄联邦武装力量分队成员的生命所受的威胁"。[③]的确，联合国大会关于侵略的定义的第3314号决议表明武力攻击的概念并

[①] Stanimir A. Alexandrov, *Self-Defence against the Use of Force in International Law*, The Hague: Kluwer Law International, 1996, p.98.

[②] See Karl Zemanek, "Armed Attack," October 2013, Oxford Public International Law, http://opil.ouplaw.com/view/10.1093/law:epil/9780199231690/law-9780199231690-e241#.

[③] See UN Doc S/PV.7124 （1 March 2014）, http://www.securitycouncilreport.org/atf/cf/%7B65BFCF9B-6D27-4E9C-8CD3-CF6E4FF96FF9%7D/s_pv_7124.pdf.

不仅仅与被攻击国本土有关。其第三条第四款显示一国可以成为发生在其本土之外的武力攻击对象。这种疆域之外的武力攻击，如"一国武装力量对另一国海陆空军或海上和空中舰队的攻击"都属于侵略行为。① 触发自卫权的武力攻击与使用武力有所不同，"自卫权是由武力攻击而非使用武力所引起的这一事实清楚说明，达到武力攻击门槛的使用武力应当具有最严重的性质，如造成人员伤亡或重大财产损失。只有具有最严重性质的使用武力才构成武力攻击，反之则不能视为武力攻击。"② 因此，俄罗斯必须表明乌克兰反对俄军事人员的行为达到了如此严重的程度以致构成了"武力攻击"。尽管乌克兰临时政府总统图尔奇诺夫在声明中警告俄罗斯在克里米亚的部队待在他们被允许活动的地区别动，并命令乌执法机关逮捕罪犯、疏通对克里米亚议会大楼的围堵，③ 但是在普京被授权在乌克兰动用武装力量之前并没有任何关于驻扎在克里米亚的俄罗斯舰队成为暴力行为的对象的报道。针对俄罗斯在克里米亚的军事人员的武力攻击并没有发生，从而不能被援用以为俄罗斯使用武力辩护。当然，"大多数学者对此意见一致：非国家行为体对一国本土以及该国的使馆、军队或在海外的其他国民发起的武力攻击能够触发《联合国宪章》第 51 条所规定的自卫权，即使针对非国家行为体的有选择的反应性攻击发生在外国境内。"④ 可是，并没有来自乌克兰的非国家行为体发动针对俄罗斯本土、驻外使馆、海外国民等的武力攻击。

俄罗斯似乎更加关心其居住在克里米亚国民的安全。以保护海外国民为借口而对他国使用武力是否属于自卫是有争议的。一些国家，包括美国、英国、以色列认为，即使在一个国家自己的领土、军队或政府并没有受到攻击的时候，使用武力进行自卫的权利也包括保护海外处于危险之中的公民的权利。⑤ 在实践中，的确有个别案例把保护海外国民的军事干预列为一种自卫形式。"大多数的学者辩称营救国民的权利是对自卫权的行使，而不

---

① "Definition of Aggression, United Nations General Assembly Resolution 3314（XXIX），" https：//www1. umn. edu/humanrts/instree/GAres331.
② 余民才：《"武力攻击"的法律定性》，《法学评论》2004 年第 1 期，第 22 页。
③ "Any Movement of Russia's Black Sea Fleet Personnel in Crimea will be Interpreted as Military Aggression against Ukraine," Febuary 27, 2014, http：//tass. ru/en/world/721161.
④ Jordan J. Paust, "Self - Defense Targetings of Non - State Actors and Permissibility of U. S. Use of Drones in Pakistan," *Journal of Transnational Law & Policy*, Vol. 19, No. 2, 2010, pp. 239 - 240.
⑤ Ben Saul, "The Battle for Legal Legitimacy in Crimea," March 3, 2014, http：//www. abc. net. au/news/2014 - 03 - 03/saul - the - battle - for - legal - legitimacy - in - crimea/5294828.

是一种人道主义干预",因为人口是国家的基本组成部分,对一国国民的攻击完全有可能看作对该国的攻击。① 有些人甚至声称:自 1960 年以来,救援行动已经成为现代国家实践的特色;② 起初仅限于西方国家的干预行为后来已经普遍化了;在多数案例中,这些干预行动并没有受到基于原则的挑战而只受到以事实或相称性为理由的挑战。③ 但是,有学者认为,一国的安全在其公民于境外遭受攻击时并没有受到威胁,因此这种权利的存在将有可能"模糊自卫权的任何规定"并将导致类似的国家行为,④ 从而造成与国际和平与安全这一目标相悖的恶果。有人认为即使在 1989 年以后,也不存在援引这些理由的做法被普遍接受的决定性先例,并且强调保护海外公民几乎从没有被用以作为一个独立的理由。⑤ "在自卫权被国家提出以保护其海外国民的大多数案例中,安理会或联合国大会对此类行为均持不赞成态度。"⑥

汉弗莱·沃尔多克(Humphrey Waldock)爵士对武力保护海外国民的看法被不少国家和学者引用。他认为,"在三种条件下国家有权使用武力保护其海外国民:必须有对国民构成伤害的迫近威胁;就领土主权者而言,没有成功保护他们或者没有能力保护他们;保护措施必须严格限制在保护他们免受伤害这一目标上"。⑦ 我们假设上述争议不存在,而且接受沃尔多克的观点,但就克里米亚这个案例而言,俄行使此种假定性权利的三个条件也远远没有得到满足。2014 年 3 月 6 日,欧洲安全与合作组织少数民族问题高级专员阿斯特丽德·托尔斯(Astrid Thors)在访问了基辅和克里米亚后说,她"没有发现违反或威胁说俄语民众权利的证

---

① Kristen E. Eichensehr, "Defending Nationals Abroad: Assessing the Lawfulness of Forcible Hostage Rescues," *Virginia Journal of International Law*, Vol. 48, Iss. 2, 2008, pp. 461 – 462.
② Sen. Miriam Defensor - Santiago, "Sabah Issue in International Law," *Philippine Daily Inquirer*, March 23rd, 2013.
③ See Christine Gray, "The Use of Force and the International Legal Order," in Malcolm D. Evans, ed., *International Law*, Oxford [etc.]: Oxford University Press, 2010, p. 627.
④ See James Crawford, *Brownlie's Principles of Public International Law* (8th Edn.), Oxford University Press, 2012, p. 754.
⑤ Olivier Corten, *The Law against War: The Prohibition on the Use of Force in Contemporary International Law*, Oxford: Hart Publishing Ltd., 2010, pp. 91 – 92.
⑥ Eustace Chikere Azubuike, "Probing the Scope of Self Defense in International Law," *Annual Survey of Int'l &Comp. Law*, Vol. XVII, 2011, p. 160.
⑦ Tom Ruys, "The 'Protection of Nationals' Doctrine Revisited," Working Paper No. 17, October 2008, p. 4, https://www.law.kuleuven.be/iir/nl/onderzoek/wp/WP129e.pdf.

据"。① 2014 年 4 月 15 日联合国人权事务高级专员办事处发表的《乌克兰人权状况报告》(Report on the Human Rights Situation in Ukraine)重申了同样立场,认为"在克里米亚的说俄语民众没有受到威胁"。② 的确,2014 年 2 月 23 日乌克兰议会中新的统治联盟试图废除《国家语言政策原则法》(Law on the Principles of State Language Policy),③ 并随即引发乌克兰东南部地区和克里米亚半岛一些传统讲俄语区域的人民的抗议浪潮。但是,3 月 3 日,乌克兰过渡政府总理亚采纽科宣布,关于废除《国家语言政策基本原则法》的提议并未在议会获得通过。即使提议获得通过,也很难说出现了对俄国民构成伤害的迫近威胁。乌克兰议长图尔奇诺夫表示,议会将在 3 月 4 日成立工作组,准备起草能体现所有群体利益的新的语言法。④ 由于没有构成伤害的迫近威胁存在,因此也就谈不上领土主权者有没有成功保护他们或者有没有能力保护他们的问题了。再看第三个条件,"保护措施必须严格限制在保护他们免受伤害这一目标上"。诸如俄军包围乌克兰在克里米亚的军事设施这些行为,很难说是为了保护俄国民,因为没有人声称他们受到乌克兰武装力量的威胁,而且把俄国民撤回俄罗斯仅仅是俄军行动的一小部分。

总之,乌克兰未曾发生针对俄国民的攻击行为,就算乌克兰克里米亚地区出现了针对俄国民的人道主义问题或者什么其他问题,俄以此为借口进行武力干涉的合法性也是存在巨大争议的。即便俄罗斯进行武力干预是行使合法的自卫权,其自卫行为也超出了必要性原则,更是破坏了对称性原则。而所谓预期性自卫又是不被国际社会所承认的。

---

① "Developing Situation in Crimea Alarming, Says OSCE High Commissioner on National Minorities," 6 March 2014, http://www.osce.org/node/116180.

② Kateryna Dronova, "UN Report on the Human Rights Situation in Ukraine: Why is It Important?" April 26, 2014, http://voxukraine.org/2014/04/26/58/; Andrew Korybko, "The UN as a Propaganda Nest for the NATO Information Vulture," Global Research, April 15, 2014, http://www.globalresearch.ca/the-un-as-a-propaganda-nest-for-the-nato-information-vulture/5377892.

③ 该法于 2012 年 8 月 10 日生效。依据此法律的规定,如果某种语言在一地区至少有 10% 的居民认为其是母语,那么可获得地区官方语言地位。这样就以法律的形式确立了俄语在乌克兰近半数的行政区域内的地区官方语言地位。丁军、李世辉:《当代乌克兰共产党的主要政策主张》,《中共贵州省委党校学报》2014 年第 1 期,第 56 页;孙娟:《乌克兰未通过废除〈国家语言政策基本原则法〉提议》,2014 年 3 月 4 日,http://gb.cri.cn/42071/2014/03/04/6071s4447257.htm.

④ 孙娟:《乌克兰未通过废除〈国家语言政策基本原则法〉提议》,2014 年 3 月 4 日,http://gb.cri.cn/42071/2014/03/04/6071s44447257.htm.

2. 俄使用武力不属于集体自卫

上文针对俄罗斯关于保护海外国民而使用武力的说辞的讨论主要涉及单独自卫，而俄关于受邀而使用武力的说法则涉及集体自卫等问题。"一个国家可以以集体自卫的方式采取行动帮助一个受害国，不管此两国之间是否有条约义务，但条件是存在对被保护国的武力攻击，并且受害国已经请求其提供帮助。"① 俄罗斯所说的受邀请而使用武力，其宣称的邀请者是被赶下台的亚努科维奇和克里米亚地方政府。2014 年 3 月 4 日，俄罗斯常驻联合国代表丘尔金（Churkin）向联合国安理会展示了据说由亚努科维奇签名，注有日期 2014 年 3 月 1 日的信的影印件。此信请求俄罗斯军队干预乌克兰以恢复法律和秩序。② 这里需要首先澄清的是亚努科维奇是否真的邀请俄武力干涉了。要知道"邀请信本身从未公开，也没有接受过公众的检查。亚努科维奇先生本人从未承认写过此信或者请求过俄罗斯入侵克里米亚。"③ 即便亚努科维奇真的提出了请求，但俄所提出的受到邀请这种理由能否足以使俄为其使用武力去援用集体自卫权呢？这里仍然涉及有关事实和法律依据问题。同单独自卫一样，行使集体自卫权的必要前提之一是有武力攻击发生，而且在这里，"武力攻击的受害国必须公开宣布其受到了攻击"④ 而不是由救援国宣布。但如上文所述，并没有发生针对乌克兰或其克里米亚地区的来自他国的武力攻击。当然，武装团伙、武装团体以及非正规部队或者雇佣兵的行动也相当于武力攻击，只要他们行动效果的规模相当于一场实际的武力攻击并且他们的行动可归咎于一个国家。⑤ 有些人的观点更进一步，甚至把与国家没有直接关系的非国家行为体的某些行为也看作可以触发一国行使自卫权的武力攻击。他们的调查结论是："没有什么表明武力攻击只能由国家发起或者自卫权只能被用于应对国家间的攻击。国际法院的多数意见相当程度上是对国际法进行特殊的概念构建的结果。在此，

---

① Eustace Chikere Azubuike, "Probing the Scope of Self Defense in International Law," p. 174.
② "Ukraine's Yanukovych Asked for Troops, Russia Tells UN," BBC News Europe, 4 March 2014, http://www.bbc.com/news/world-europe-26427848.
③ John Balouziyeh, "Russia's Annexation of Crimea: An Analysis under the Principles of Jus ad Bellum," 14 April 2014, http://www.lexisnexis.com/legalnewsroom/international-law/b/international-law-blog/archive/2014/04/14/russia-s-annexation-of-crimea-an-analysis-under-the-principles-of-jus-ad-bellum.aspx.
④ Eustace Chikere Azubuike, "Probing the Scope of Self Defense in International Law," p. 180.
⑤ See Military and Paramilitary Activities in and against Nicaragua (Nicaragua v. United States of America), Merits, Judgment. I. C. J. Reports 1986, p. 103.

国际法被认为是国家与其所创造的某些实体之间的法律。这一概念仍然被许多人共享，但却日益受到其他人的批评。"①""'9·11'事件以来的绝大多数相关事件清楚地表明国际社会日益认可在遭受非国家行为体武力攻击情况下的自卫权。其原因十分明显：不仅仅西方国家的政府还包括非西方国家的政府已经认识到，不仅作为侵略者的外国而且具有高度破坏力的跨国非国家行为体也能够对这些政府所要保护的人口构成可怕的威胁。"② 但乌克兰既未受到由他国指使的武装团伙或非正规部队等的攻击也未受到相关行动独立于任何国家的武装团体等的攻击。由于没有来自外部的武力攻击行为的存在，因此也就没有什么"受害国"，更谈不上受害国公开宣布其受到了攻击了，从而俄罗斯无法以行使集体自卫权为由为其在乌使用武力辩护。

3. 俄使用武力不属于受邀干涉内部武装冲突

但俄罗斯在克里米亚使用武力还可能属于"受邀武力干涉内部武装冲突"这种情形。内部武装冲突这个术语指一场主要发生于一个国家境内的暴力争端。这种类型的争端以"持续的、大规模暴力形式爆发"，它不是"零星的、非组织性、非政治性"的暴力冲突。"在一个遭包围政府的邀请或同意下而去暴力干预一国内部武装冲突被认为是《联合国宪章》第二条第四款所规定的禁止使用武力原则的一个例外。"③ 这就是说，一国内部冲突的一方邀请（同意）他国对本国进行军事干预，这种情况下的武力使用可能是符合国际法的。④

---

① See Karl Zemanek, "Armed Attack," October 2013, Oxford Public International Law, http://opil.ouplaw.com/view/10.1093/law: epil/9780199231690/law‐9780199231690‐e241#.

② Claus Kreß, "The Fine Line between Collective Self‐Defense and Intervention by Invitation: Reflections on the Use of Force against 'IS' in Syria," February 17, 2015, https://www.justsecurity.org/20118/claus‐kreb‐force‐isil‐syria/.

③ Eliav Lieblich, *Intervention in Civil Wars: Intervention and Consent*, Columbia University, 2012, p. 1, https://academiccommons.columbia.edu/download/fedora_content/download/ac: 176583/CONTENT/Lieblich_columbia_0054D_10889.pdf.

④ 也有人认为，受到哪怕一国政府之邀而干预其内部武装冲突在国际法上并没有明确禁止或许可此类行为的规定。外国应邀请参与内战就与国际法上的不干涉原则和民族自决原则发生了矛盾。"国际实践显示了这种方法的危险性。一方面，频繁的国内混乱以及为争夺控制权而进行的纷争不能清楚地显示谁将成为合法的国家统治者。另一方面，一个政府要求外国军事援助的迫切性使得这个政府的合法性受到怀疑。"详见赖志刚《"应政府邀请"进行干涉的法律地位》，《法学杂志》2002年第1期。"来自政府和学界的对国际法中同意（邀请）使用武力的有限讨论已经引起争论和不确定性……在某种现代语境下，认为同意会使一个原本非法的武力使用合法化的断言往好里说是理由不足，往坏里说是错误的。"Ashley S. Deeks, "Consent to the Use of Force and International Law Supremacy," *Harvard International Law Journal*, Vol. 54, No. 1, Winter 2013, pp. 15‐16.

如果一个目标国拥有反对外国干涉的权利并且该国通过同意外国军队在其领土上存在而放弃这些权利，那么没有人会声称反对干涉的权利受到了侵犯。这种通过同意消减非法性的做法与关于国家责任免除的原则是一致的，此类相关原则规定"一个国家以有效方式表示同意他国实行某个与其所负义务不符的特定行为，在这种情况下，在与该国的关系上，这一行为就不再认为是违法的，但是有关行为应以同意的条件为限"。① 那么，俄罗斯可否把自己使用武力的行为归入此例外呢？

首先应该明确的是，在俄受邀前乌克兰是否存在内部武装冲突这个问题。如上文所述，这种冲突一般以持续的、大规模暴力形式爆发。据此并结合本文第一和第二部分的相关讨论，很难说乌克兰在俄罗斯对其使用武力前发生了内部武装冲突。也就是说，俄罗斯"受邀干预"似乎缺乏一个必要的事实条件。即使我们假定这个事实条件存在，俄"受邀干预"也还是有问题的。

在国际法领域，围绕同意与干涉会产生两组主要问题，即实质性同意（substantive consent）问题和程序性同意（procedural consent）问题。前者关涉内部冲突各方同意的资格。对此问题的分析要求考虑判定哪一方有权邀请或同意外部干涉这类复杂的法律问题。与实质性同意问题不同，程序性同意问题与所表达出来的同意的内部合法性无关，基本上不考虑有关各方的实质性特点。例如，此类问题中的一个基本问题是，同意是否真正地表达出来，而不是某种形式的外部强制的产物。② 两相情愿的干预只有在这种同意以国际条约的形式被表达出来时才受1969年《维也纳条约法公约》支配。应用《维也纳条约法公约》的基本条件是，条约必须是在国家之间签署的，而不能是在国家与反对派组织或非国家行为体之间签署。即使"同意"是在国家之间表达的，即武力干预由国家发起以支持一个同意干预的政府，这时仍有一些应用《维也纳条约法公约》前所必须满足的额外条件。一般而言，建立"同意"的协议必须具有条约的其他性质，比如必须是书面的形式、受国际法的支配。然而，许多两相情愿式的武力干预并非是正式协议的产物，甚至不是暗示性的书面议定书的产物。更有甚者，许多此

---

① 邵津：《国际法》（第三版），北京大学出版社，2008，第424页。
② See Eliav Lieblich, "Intervention and Consent: Consensual Forcible Interventions in Internal Armed Conflicts as International Agreements," *Boston University International Law Journal*, Vol. 29, No. 2, 2011, pp. 340 – 341.

类干预是建立在不完全的书面协议、换文、互换信函甚至口头传达基础上的。一旦进行干预的协议被看成条约，《维也纳条约法公约》中的两个基本条款便具有了特殊的意义。第一个是有约必守，它对干预国施加了义务以把其干预限制在同意的范围内。第二个条款是基于强制同意的协议由于是非法的武力威胁或使用武力的结果，因而是无效的。上述两个基本条款也同样适用于并不构成严格意义上的条约的干涉协议。①

首先应该可以大致肯定的是俄罗斯受到的进行武力干预的邀请（同意）不是俄非法的武力威胁或使用武力的结果，因而没有所谓程序性同意问题。但当考虑同意者（邀请俄进行武力干预者）的资格时，所谓的实质性同意问题便出现了。

对于"受邀干涉"（intervention by invitation），国际法院在其1986年关于尼加拉瓜的判决中指出："在一国政府的请求下已经属于正当行为的干涉，如果在反对派的请求下也被允许，那么真的很难看到国际法中的不干涉原则还会剩下什么。这将允许任何国家在任何时候干预另一国的内部事务。"② "由于国家拥有反对外国干涉的权利，因此由反叛集团发出的同意并不能减轻干涉的违法性，因为这种干涉反对的是国家的代表——政府。"③ 同时，如上文所述，如果同意不在国家之间，而是在国家与反对派组织或非国家行为体之间签署，则不受《维也纳条约法公约》支配。据此，可以认为：一般情况下，来自政府的邀请为干涉提供了一个法律基础，来自反政府组织（包括一国的地方政府）的邀请则不能为干涉提供法律基础。"来自克里米亚自治共和国地方政府的请求不构成干涉的法律基础，因为作为一个自治共和国，克里米亚从乌克兰宪法和法律中获得其法律基础，乌克兰法律特别规定克里米亚在乌克兰行政和领土范围内。"④ 由于克里米亚地方当局是没有资格邀请俄罗斯军事干涉的，因此俄以此为据进行的军事干涉是违法的。

---

① See Eliav Lieblich, "Intervention and Consent: Consensual Forcible Interventions in Internal Armed Conflicts as International Agreements," pp. 357 – 362.
② Military and Paramilitary Activities in and against Nicaragua (Nicaragua v. United States of America), Merits, Judgment. I. C. J. Reports 1986, p. 126.
③ Gregory H. Fox, "Intervention by Invitation," *Wayne State University Law School Legal Studies Research Paper Series*, No. 2014 – 04, p. 1.
④ The International Bar Association, "IBA Calls for Independent Investigation into Russia's Military Intervention in Crimea Amid Violation of the UN Charter," March 5, 2014, http://www.ibanet.org/Article/Detail.aspx? ArticleUid = 32489a5b – a540 – 40aa – 90c9 – c511520e27be.

不过，当探讨亚努科维奇在流亡到俄罗斯期间所做的武力干预邀请时，情况就复杂多了。尽管没有衡量政府合法性的客观标准，但政府在法律上的地位经常被看作等同于领土实效性（territorial effectiveness）。[1] 然而，也有学者认为政府也把通过参与性政治机制或者国家的内部程序而当政的程度作为自身合法性的来源。[2] 因此，很显然，如果一个政府被另一个政府通过法律手段有效地取代，那么这个新政府由于既遵守了领土实效性检验标准又遵守了政治参与性检验标准，因而可以在国际法中代表国家。如果一个政府毫无争议地代表一个国家，那么它就被看作拥有在面临内部叛乱时邀请外部援助以维持其权威的权利。然而，当一个政府的代表能力被怀疑时，问题就会出现。对此一些学者提出有效控制概念（effective control），认为在某一时刻，如果一个政权对领土和人口的控制力显著地减少了，那么它发出邀请的资格将消失。[3] 国际法继续十分看重有效控制，把它作为一个政府代表国家采取行动的权威的指示器。[4] 或者说有效控制构成了判断一个机构作为国家政府地位的国际权威标准。[5] 首先，"有效控制"说符合蒙得维的亚标准（the Montevideo criteria）。根据此标准，国际人格存在于一个领土方面连贯，在一个独立政府的长期有效控制下的政治共同体中。[6] 其次，给予有效政府在国际舞台上行动的合法性源于其履行国际义务的能力。[7] 而且，"在动乱和剧变时期，由于存在着对合法性的竞争性要求，有效控制似乎是能够被客观断定和验证的唯一因素"。[8] 这样看来，亚努科维奇这位已

---

[1] See Robert Jennings and Arthur Watts, eds. *Oppenheim's International Law* (9th ed.), 1992, pp. 150 – 154.

[2] Thomas M. Franck, "The Emerging Right to Democratic Governance," *The American Journal of International Law*, Vol. 86, No. 1. Jan., 1992, p. 47.

[3] Gregory H. Fox, "Intervention by Invitation," p. 4.

[4] David Wippman, "Military Intervention, Regional Organizations, and Host – state Consent," *Duke Journal of Comparative & International Law*, Vol. 7, No. 1, 1996, p. 219.

[5] Brad R. Roth, "Secessions, Coups and the International Rule of Law: Assessing the Decline of the Effective Control Doctrine," *Melbourne Journal of International Law*, Volume 11, Issue 2, Nov. 2010, p. 30.

[6] Brad R. Roth, "Secessions, Coups and the International Rule of Law: Assessing the Decline of the Effective Control Doctrine," p. 7.

[7] "Legal Aspects of Problems of Representation in the United Nations," Memorandum Prepared for the Secretary – General, February 1950, U. N. Doc. S/1466.

[8] Daniel Wisehart, "The Crisis in Ukraine and the Prohibition of the Use of Force: A Legal Basis for Russia's Intervention?", March 4, 2014, http://www.ejiltalk.org/the – crisis – in – ukraine – and – the – prohibition – of – the – use – of – force – a – legal – basis – for – russias – intervention/.

失去政权，从而也失去了对领土和人口控制的乌克兰流亡总统，是没有资格邀请俄罗斯进行武力干预的。亚努科维奇这个例子体现了当一个"合法"（legal）政府因失去了其人民的信任而似乎不再"合法"（legitimate）时，产生于国际法的一个常见的困境。国际法的答案最终是一个实践性的答案：国际社会通常承认的是任何成功地牢牢地建立了自己的权威的国内政治实体。①

需要注意的是，有效政府并非是其有权根据国际法邀请外国干涉的充分条件。这还要看该政府是否合法。"不法行为不能成为违法者利益或权利的来源"是一个被普遍承认的一般法律原则。政府变更的合法性（legality）取决于该国的国内法。由此可见，在有两个政府（一个是有效的，一个是合法的）的情况下，无论是有效政府还是合法政府都无充分的资格邀请外国进行干涉。

但也有学者认为，流亡政府能够在某些有限情况下合法地邀请外国军队到其国家领土上使用武力，尽管其已被剥夺了对其国家的有效控制权。②海湾战争时，国际社会并没有认为流亡的科威特政府已被剥夺了邀请外国援助反对伊拉克侵略者的特权。国际司法实践表明，当代表性问题出现时，国际承认通常扮演着决定性的角色。例如，被驱逐但是得到国际承认的海地民选总统阿里斯蒂德1994年成功邀请国际干预以推翻国内军人政权。

但是，亚努科维奇的情况与上述两种情况均有所不同。在基辅就职的过渡政府并非由外部力量强加，也非种族主义者或少数派政府，它也没有严重地或持续地违反人权和少数民族权利的记录。在国际承认方面，很显然亚努科维奇声称自己依然是乌克兰合法总统本质上是基于俄罗斯的承认之上的，而俄罗斯正是军事干涉乌克兰的国家。国际上的其他国家以及联合国把基辅的过渡政府看作代表乌克兰的合法政府。在此类情况中，仅仅干涉国的认可远不足以使干涉合法化或合理化。1989年12月20日，美国对巴拿马发动了直接军事入侵，推翻了诺列加政权。随后在当年5月份大选

---

① Ben Saul, "The Battle for Legal Legitimacy in Crimea," March 3, 2014, http://www.abc.net.au/news/2014-03-03/saul-the-battle-for-legal-legitimacy-in-crimea/5294828.

② Stefan Talmon, *Recognition of Governments in International Law: With Particular Reference to Governments in Exile*, Oxford University Press, 1998, pp. 147-149.

中宣布获胜的反对派领导人恩达拉出任巴拿马新总统。① 此前，恩达拉流亡到在巴拿马的美国军事基地，只有美国承认他是巴拿马合法总统。美国声称其军事干涉巴拿马是应这位流亡且尚未就职的总统的邀请而进行的，② 但是"没有哪个国家认为恩达拉的同意在法律上是有效的"。③ 联合国大会也于 1989 年 12 月 29 日通过决议，反对美国军事干涉巴拿马，认为该行为是对国际法的公然违反。除了这些考虑之外，失去了有效性的流亡政府在某些情况下有权邀请外国军队这种观点依然是值得商榷的。在上述科威特和海地两个例子中，外国干涉行为的发生实际上并不是基于同意本身，而是基于联合国安理会授权动用武力的决议（分别是 1990 年的 687 号决议④和 1994 年的 940 号决议⑤）。在 940 号决议中，安理会在授权"成员国……使用所有必要手段促使军事领导人离开海地"以及"推动合法的当选总统迅速返回海地"时，"注意到"了来自"合法选举出的海地总统"以及海地常驻联合国代表的信，也意识到海地情况的"特殊性需要特殊应对"。至于科威特，同意无异于依据《联合国宪章》第 51 条进行集体自卫的请求，不过，这种请求需要联合国授权才能被实施。因此，上述关于科威特和海地的例子似乎并不能否定这样一个事实：有效性依然是构建一个政府的国际代表性的必要因素。与有效性一起，国际承认也扮演着一个重要角色。这就是说，尽管存在着诸如科威特、海地两个案例那样的流亡领导人邀请国际社会进行军事干涉的先例，但是他们的邀请并不构成军事干涉的主要依据。这两个案例的特殊性不但使得它们无法否定有效性在构建一个政府的

---

① 周琪：《美国人权外交及有关争论》，《美国研究》1998 年第 1 期，第 37 页。

② 有学者认为，"他是否明确地请求美国的帮助以推翻诺列加是不确定的"。See Cedric Ryngaert, "Pro‑democratic Intervention in International Law," *Working Paper*, No. 53, Institute for International Law K. U. Leuven, April 2004, p. 10. 也有学者认为，"他实际上从来没有邀请美国进行干涉"。See Gregory H Fox, "Regime Change," January 2013 (last updated), Oxford Public International Law, http://opil.ouplaw.com/view/10.1093/law:epil/9780199231690/law‑9780199231690‑e1707.

③ David Wippman, "Military Intervention, Regional Organizations, and Host‑state Consent," p. 219.

④ "Resolution 678 (1990)," Adopted by the Security Council at its 2963rd Meeting, on 29 November 1990, http://www.securitycouncilreport.org/atf/cf/%7B65BFCF9B‑6D27‑4E9C‑8CD3‑CF6E4FF96FF9%7D/Chap%20Ⅶ%20SRES%20678.pdf.

⑤ "Resolution 940 (1994)," Adopted by the Security Council at its 3413th Meeting, on 31 July 1994, http://daccess‑dds‑ny.un.org/doc/UNDOC/GEN/N94/312/22/PDF/N9431222.pdf?OpenElement.

国际代表性中的重要作用，而且还更加突显了国际承认的作用。亚努科维奇既失去了对乌克兰的有效控制，又没有得到广泛的国际承认，就此而言，其请求俄罗斯进行武力干预不具有合法性。

当然，2014年2月22日乌克兰议会所进行的解除亚努科维奇职务的投票并没有遵守乌克兰宪法所规定的弹劾程序，差十票没有达到所需的3/4多数。据此，俄罗斯认为亚努科维奇总统拥有持续的合法性，照普京的话说，新的过渡政府没有合法性，是"违宪政变和军事夺权"的结果。① 确实，把同意权赋予政府的可行性间或与合法性问题相联系。但是正如上文分析的，在国际法中地位尚颇具争议的民主原则通常并不是政府地位的决定因素。不民主的政府常常仍旧被看作它们国家的代表。而且，需要指出的是，要想使同意合法地发出，它必须由一个被授权代表国家的专门机构完成。就乌克兰而言，其宪法第85条23款规定有权决定外国军队进入乌克兰的唯一机构是议会。就此而言，亚努科维奇明显无资格做此事，哪怕其依然是乌克兰合法总统。最后，就算的确存在着进行军事干涉的邀请，而且就算这种邀请是合法的，但是在进行军事干涉的邀请中对干涉是有所限制的，借此俄罗斯被要求确保和平、法律与秩序。这种限制显然已被俄罗斯超越了，因为没有谁会授权俄罗斯兼并克里米亚。

二 俄罗斯使用武力的政治合理性

在克里米亚"脱乌入俄"过程中，俄罗斯使用武力保证了克里米亚的和平回归，虽然从法律角度看是非法的，但从政治角度看却是合理的，甚至是应该的。这首先可以从克里米亚"脱乌入俄"的背景上看出来。

（一）亲俄政府倒台是西方对俄战略空间肆意蚕食所致

克里米亚"脱乌入俄"的"根源是将乌克兰从俄罗斯轨道上移开，然后使之与西方成为一体，这一更为宏大战略的核心内容是北约东扩"。② 同时，欧盟的东扩和西方对乌克兰所谓民主运动的支持也是重要因素。因此它很

---

① "Russian President Characterizes Events in Ukraine as Anti-Constitutional Coup," Match 4, 2014, https://russkiymir.ru/en/news/134567/.
② John J. Mearsheimer, "Why the Ukraine Crisis is the West's Fault," *Foreign Affairs*, September/October 2014, https://www.foreignaffairs.com/articles/russia-fsu/2014-08-18/why-ukraine-crisis-west-s-fault.

大程度上是北约和欧盟无视现实政治的要义而鲁莽东扩所应付出的代价。

苏联解体后,俄罗斯认为北约也会相应地解散,或者即使不解散也应该不会东扩,其能够遏制住统一的德国即可。① 但事实表明,这只是俄罗斯的一厢情愿。克林顿总统首次入主白宫后不久即开始推动北约东扩。首轮东扩发生在1999年,捷克、匈牙利、波兰加入北约。同年,美国和北约还不顾俄罗斯的反对发动科索沃战争,反对俄罗斯的盟友塞尔维亚,这进一步激起了俄罗斯对北约的不满情绪。2004年发生了第二轮规模更大的东扩,保加利亚、爱沙尼亚、拉脱维亚、立陶宛、罗马尼亚、斯洛伐克、斯洛文尼亚成为北约成员国。对此,俄罗斯从一开始就激烈反对,但苦于力有不逮,只能面对现实。但西方并没有到此为止,2008年北约发表声明表示支持格鲁吉亚和乌克兰加入北约的意愿,并大胆宣布"这些国家(格乌两国)将会成为北约成员国"。② 在遭遇一连串的地缘政治失利后,俄罗斯通过2008年的俄格战争终于还西方以颜色。但西方旨在挤压俄罗斯战略空间的活动并没有因此而止步,2009年北约扩张的步伐继续向前迈进,把阿尔巴尼亚和克罗地亚纳入其中。在对待格乌入盟问题上,北约也从来没有公开宣布放弃把格乌两国纳入其怀抱的目标。正如有学者所言:"美国在该地区的抱负从一开始就是干涉主义的,目标是运用广泛的外交、政治、经济以及其他方面的手段,迫使乌克兰摆脱俄罗斯的影响,进入北约轨道。"③ 美俄争夺乌克兰由来已久。自从冷战结束以来,美国就采取了通过扩张而侵犯俄罗斯的战略,其主要表现是在巴尔干半岛、中亚和东欧建立新军事基地,并使这些地区对欧盟投资者开放。作为一个地缘政治中枢,乌克兰在这一战略中扮演着重要角色,因为控制乌克兰将对全球秩序产生广泛影响。

北约东扩为欧盟东进开辟了政治与安全通道,当北约东扩在格乌遇阻时,欧盟的东进计划却加快了步伐,毕竟对乌克兰的争夺在西方与俄的地

---

① 1989 年当苏联接近解体时,北约与戈尔巴乔夫达成协议。据传作为对其允许和平统一德国的交换,戈尔巴乔夫已经获得承诺,北约不会向东扩张半步。See Simon Waslander, "Why is Ukraine so Important for Russia?", August 17, 2014, http://foresightinvestor.com/articles/18361-why-is-ukraine-so-important-for-russia.

② Paul Gallis, "The NATO Summit at Bucharest, 2008," *CRS Report for Congress* (RS22847), updated May 5, 2008, p. 6.

③ Nafeez Ahmed, "US 'Democracy Promotion' in Ukraine is about Dominating 'Greater Middle East'," January 23, 2015, http://www.middleeasteye.net/columns/us-democracy-promotion-ukraine-about-dominating-greater-middle-east-852232650.

缘政治竞争中具有决定性意义。2009年欧盟正式启动"东部伙伴关系"（Eastern Partnership）计划以取代既有的"欧洲睦邻政策"（European Neighborhood Policy）中的对东部邻国的政策。① 对此俄罗斯报以敌视态度，并在感受到迫切压力的情况下也加快了自己主导的欧亚地区一体化进程。2010年1月1日，俄罗斯、白俄罗斯、哈萨克斯坦三国决定在欧亚经济共同体框架内成立关税同盟，同年7月三国实现对外关税的统一。② 毫无疑问，俄希望看到乌克兰等其他原苏联加盟共和国也加入其中。但是当乌克兰在2012年3月成功草签欧盟"联系国协定"（Association Agreement，AA）并预定于2013年11月召开的维尔纽斯伙伴关系峰会上与欧盟正式签署该协定时，俄罗斯的一体化计划面临严峻挑战。与此同时，摩尔多瓦、格鲁吉亚和亚美尼亚在与欧盟进行了多年谈判后也将加入"联系国协定"。在欧盟"东部伙伴关系"计划的设想中，伙伴国与欧盟签署联系国协定构成其中的重要一环，而"联系国协定"的核心是"深入而全面的自由贸易协定"（Deep and Comprehensive Free Trade Agreement，DCFTA）。一旦签署该协定，伙伴国将能有效进入欧盟的内部市场，从而实现"东方伙伴关系"计划的预期目标。③ 很大程度上，欧盟规定（乌克兰）与欧盟联合还是与俄罗斯联合只能"二者择其一"，不能"两面下注"。这可能强化了俄罗斯对"联系国协定"本已存在的敌视态度。在维尔纽斯峰会召开前夕，俄罗斯向其毗邻的苏联加盟共和国施加包括贸易制裁、威胁切断能源供应在内的各种压力，要求其不要选择参加欧盟的倡议。对于亚美尼亚，俄罗斯还以撤出在该国的军事存在相威胁。结果，只有摩尔多瓦和格鲁吉亚继续保持在"深入而全面的自由贸易协定"进程中，而亚美尼亚则选择了"欧亚关税同盟"。2013年11月21日，乌克兰总统亚努科维奇决定不签署联系国协定，俄罗斯因此奖赏乌克兰其所急需的一系列经济好处，包括150亿美元的贷款、取消贸易制裁、降低天然气价格等。④ 亚努科维奇暂停签署联系国协定的决定起初被认为是俄罗斯的胜利，但是这一决定却很快激起了基辅以及乌克兰其

---

① See Henrik Boesen Lindbo Larsen, *Great Power Politics and the Ukrainian Crisis: NATO, EU and Russia after 2014*, Copenhagen: Danish Institute for International Studies (DIIS), 2014, p. 8.
② 杨恕、王术森：《俄白哈关税同盟的发展及其影响》，《国际问题研究》2014年第4期，第94页。
③ 周明：《乌克兰—欧盟联系国协定与乌克兰危机》，《欧洲研究》2014年第6期，第64页。
④ See Henrik Boesen Lindbo Larsen, *Great Power Politics and the Ukrainian Crisis: NATO, EU and Russia after 2014*, Copenhagen: Danish Institute for International Studies (DIIS), 2014, p. 9.

他主要城市的亲欧盟抗议活动。因为,尽管亚努科维奇并没有正式承诺加入俄罗斯主导的关税联盟,但是该国的许多民众把他拒绝与欧盟实现更紧密的经济联系的行为解读为一种对最终融入俄罗斯经济圈的含蓄承诺。①

乌克兰多个城市的亲欧盟抗议活动在这种情况下爆发与西方国家长期以来在乌克兰实施的传播西方价值观和促进西方民主的政策有很大关系。该政策的重点是大力资助亲西方的有政治野心的个人和组织。美国助理国务卿维多利亚·纽兰（Victoria Nuland）曾公开声称:"自从1991年乌克兰独立以来,在乌克兰人民提升民主技能、构建民主体系时,在他们促进公民参与和良治时,美国都给予其支持,因为所有这些都是乌克兰实现其欧洲愿望（European aspirations）的前提。我们已经花费了50多亿美元,帮助乌克兰实现上述及其他目标,这将确保一个安全、繁荣、民主的乌克兰。"② 欧盟东扩时提出了所谓"民主条件"（democratic conditionality）即"把邻国对欧盟关系的进展同它们的民主表现挂钩"。③ 由于政策惯性的作用,克里米亚"脱乌入俄"后,西方国家继续加大在乌"促进民主"的力度。例如,2015年7月媒体披露,除了帮助训练和装备乌克兰军队以及给基辅的4亿美元贷款,加拿大哈珀（Harper）政府还向多个旨在在乌构建西方式官僚体制的项目提供了四千九百万美元的支持。这是"试图以所谓'草根意识形态'（grassroots ideology）而非坦克、大炮和军队,同克里姆林宫的影响相抗衡"。④

西方对乌克兰的这种价值观渗透和在乌国内寻求亲西方代理人的做法,实际上是对乌内政的严重干涉,而在乌发生反对亚努科维奇总统的所谓亲欧盟示威（EuroMaidan）时,西方国家政要更是亲自出马,给示威者加油打气,赤裸裸地干涉乌内政。由于事件发展迅速,加之西方主流媒体所努力扮演的国际舆论主导者角色,美欧对乌克兰内政的粗暴干涉似乎被掩盖了。来自波兰、波罗的海国家的国家元首和外交部部长频繁地参加在独立广场

---

① Sergey Saluschev, "Annexation of Crimea: Causes, Analysis & Global Implications," *Global Societies Journal*, Volume 2, 2014, p. 40.
② Victoria Nuland, "Remarks at the U. S. – Ukraine Foundation Conference," December 13, 2013, http://www.state.gov/p/eur/rls/rm/2013/dec/218804.htm.
③ Kristi Raik, "Between Conditionality and Engagement: Revisiting the EU'S Democracy in the Eastern Neighbourhood," *FIIA Briefing Paper*, No. 80, April 2011, p. 3.
④ Murray Brewster, "Canada alone to Sink $50 Million into Ukraine 'Democracy Promotion'," July 16, 2015, http://russia-insider.com/en/military/military-schools-and-ballot-box-training-canada-funds-ukraine/ri8773.

第七章　克里米亚"脱乌入俄"、俄欧能源博弈与伊核问题全面破局

上组织的集会并发表演说。欧盟外交事务高级代表凯瑟琳·阿什顿（Catherine Ashton）反复会见乌克兰反对派领导人，承诺支持他们的政治努力，甚至还亲自造访了多个抗议活动地点。① 2013年12月，美国助理国务卿纽兰在美国驻乌克兰大使杰弗里·皮雅特（Geoffrey Pyatt）的陪同下甚至公然向乌独立广场上的反对派分发饼干和面包。② 同月，美国参议员约翰·麦卡恩（John McCain）及克里斯·墨菲（Chris Murphy）也亲临现场并向示威群众发表演讲，声称："我们来到这里支持你们的正义事业，支持乌克兰自由、独立地决定自己命运的主权权利。而你们追求的命运在欧洲。"③ 麦卡恩等西方政要的这种进入一个主权国家并公开支持反政府抗议者的严重违反国际法的行为不能不令人惊讶。2014年2月初泄露出来的纽兰与皮雅特的电话交谈让奥巴马政府及纽兰个人颇为难堪。电话交谈显示，美国政府已开始计划主导乌克兰后亚努科维奇时代的政治安排，甚至正决定在亚努科维奇倒台后，反对派领导人中谁应该领导这个国家。④ 西方国家对抗议者的无所顾忌的支持无疑加速了乌原有政治秩序的崩溃。乌新政府很快通过采取更为亲西方的经济及政治政策而与其前任划清了界限。

综上可知，乌克兰亲俄的亚努科维奇政权被推翻与西方国家长期的对俄地缘政治围堵有很大关系，他们通过利诱、赤裸裸地干涉乌内政等手段以达到自己的目的。诚然，在克里米亚"脱乌入俄"过程中，俄罗斯的确使用了武力，违反了国际法。但是如果西方国家不干涉乌克兰的内政，不培植、鼓励、支持乌反对派（这些都是违反国际法的），乌政局是不会突变的，从而俄罗斯也不会使用武力促成乌克兰的分裂。从西方国家违反国际法在先及西方与俄长期的地缘政治斗争来看，俄使用武力以捍卫自身核心利益是可以理解的。

---

① "Ukraine Crisis: Yanukovych Ready to Resume EU Talks," December 10, 2013, http://www.bbc.com/news/world-europe-25311018.
② "US'Nuland Treating Ukrainian Protesters to Cookies on Maidan," December 11, 2013, http://voiceofrussia.com/news/2013_12_11/US-s-Nuland-treating-Ukrainian-protesters-to-cookies-on-Maidan-1129/.
③ "John McCain Tells Ukraine Protesters: 'We are here to Support your Just Cause'," December 15, 2013, http://www.theguardian.com/world/2013/dec/15/john-mccain-ukraine-protests-support-just-cause.
④ Patrick O'Connor, "US Regime-Change Operation in Ukraine Exposed in Leaked Diplomatic Phone Call," *Global Research*, February 07, 2014, http://www.globalresearch.ca/us-regime-change-operation-in-ukraine-exposed-in-leaked-diplomatic-phone-call/5367807.

那么为什么说乌克兰的政治取向关涉俄的核心利益呢？

(二) 乌克兰倒向西方严重危及俄核心利益，俄必须反制

亚努科维奇政权的倒台对普京来说是重大的地缘政治失败，对于西方国家而言却是胜利，因为这将有很大可能使普京一直担心的事成为现实，即第一步乌克兰完全转向西方，第二步乌加入欧盟，第三步乌加入北约。乌克兰是俄与北约之间的最后一道缓冲，因此对俄安全至关重要。乌克兰地域辽阔、人口众多，是欧盟和俄罗斯商品的重要市场。其毗连黑海、亚速海、白俄罗斯、波兰、斯洛伐克、匈牙利、罗马尼亚和摩尔多瓦，并在东部与俄罗斯共享1576公里的边界，对俄与西方国家而言，是颇具战略价值的国家。如果乌克兰加入了北约，北约就会进入俄罗斯后院，把俄更紧地包围起来。这种情况不但将严重破坏俄对东欧的战略军事影响力，而且还将对俄构成生存威胁，因为乌将会允许北约向其境内派遣军事人员以及建立战略基地。俄罗斯经济及政治中心是莫斯科及其周边的工业中心。由于在本地区集结了俄大部分的人口和大多数大型工业，保护这一地区是俄首要的地缘政治目标。当新的民族主义的乌克兰新政府明确表达对成为北约成员国的兴趣后，警钟响彻了俄罗斯。如果北约控制了在地理上非常重要的乌克兰，它们将拥有对俄工业中心发起重大攻击的直接站点。[①]

能源出口是俄罗斯经济的命脉。乌克兰在俄罗斯向欧洲输气方面地位十分重要，俄许多重要的战略性油气管道直接通过乌克兰。失去对乌克兰的政治影响也同时意味着俄将失去对这些重要管道的控制，从而也意味着俄通过能源出口影响西欧的能力将大为减弱。乌克兰与俄罗斯在军工生产方面也联系密切，"俄罗斯目前大部分的核导弹都是在乌克兰生产的，并且直到最近还是由乌克兰保养维修的。俄空军所使用的大部分直升机发动机和空对空导弹也生产于乌克兰"。[②] 尽管乌克兰成为欧盟及北约成员国会是一个漫长的过程，但乌克兰转向西方的战略影响是：俄罗斯向西扩展其势力范围的努力将受到遏制，而西方对俄罗斯的战略围堵几近完成。亲俄的乌克兰总统亚努科维奇被赶下台后，俄罗斯意识到如果其不采取特殊行动，

---

① Denali Marsh, "Why is Russia so Interested in Ukraine?", January 11, 2015, http://theglobalstate.com/popular/why-is-russia-so-interested-in-ukraine/.

② Igor Marko, "Why is Ukraine so Important for Russia?" https://www.quora.com/Why-is-Ukraine-so-important-for-Russia.

第七章 克里米亚"脱乌入俄"、俄欧能源博弈与伊核问题全面破局

乌克兰成为北约成员国将只是一个时间问题。

如果任由乌克兰完全转向西方并最终加入欧盟及北约，西方国家也不会给俄罗斯什么好处，乌克兰也不但不会对俄友好，而且还很可能变得更加有恃无恐，完全成为西方在该地区挑战俄利益的最具实力的代理人。其将率先采取的对俄不友好举措将会是，一方面与欧盟签署联系国协议，另一方面撕毁亚努科维奇政权与俄签署的相关协议，特别是 2010 年俄乌两国达成的哈尔科夫协议（Kharkiv Accords），① 把俄黑海舰队逐出塞瓦斯托波尔。要知道，几乎所有的乌新政府成员，其中最突出的是新总理阿尔谢尼·亚采纽克（Arseniy Yatsenyuk），曾公开宣布如果不能废除的话，也要重新谈判由普京和亚努科维奇两位总统于 2010 年 4 月实施的哈尔科夫协议。② 这是俄所不能容忍的，因为控制克里米亚半岛对俄具有重大战略意义。

控制了克里米亚就使俄能够继续有权使用位于塞瓦斯托波尔的海军基地，它是俄黑海舰队的驻地。塞瓦斯托波尔的不冻天然港以及大规模的基础设施使得它成为黑海地区最好的海军基地。以塞瓦斯托波尔为基地，俄黑海舰队为俄提供了在黑海内部及周边展示强大力量的能力，同时也可作为俄罗斯力量有说服力的象征。2008 年俄罗斯就曾使用黑海舰队运送兵力，实施对格鲁吉亚的封锁。③ 塞瓦斯托波尔也使俄海军能够进入地中海，以及更为遥远的南大西洋和印度洋，并可充当俄 2013 年 4 月着手组建的地中海特遣部队的总部。地中海特遣部队总部已经被用于向叙利亚运送武器，转移叙化学武器，以及在索马里附近展开反海盗行动等。④ 克里米亚还为俄提供了重要的战略防御能力。尽管俄或许缺少现代化的舰船，但其黑海舰队

---

① 2010 年 4 月，俄乌两国在哈尔科夫签订协议，规定俄罗斯黑海舰队租借塞瓦斯托波尔基地的期限自 2017 年起再延长 25 年，俄罗斯向乌克兰出口天然气价格降低 30%。2014 年 3 月 21 日，就在基辅当局与欧盟签署联系国协定政治部分的当天，俄罗斯总理梅德韦杰夫提出废除哈尔科夫协议，并建议普京总统向乌克兰追索根据该协议提前支付乌方的 110 亿美元能源优惠款。参见柳丰华《乌克兰危机：内因、大国博弈因素与前景》，《俄罗斯学刊》2014 年第 3 期，第 17 页。

② Hall Gardner, "NATO, the EU, Ukraine, Russia and Crimea: The 'Reset'that was Never 'Reset'," *Briefing Paper* No. 49, April 3, 2014, p. 2.

③ Anton Lavrov, "Russian Air Losses in the Five – Day War against Georgia," *Mosco Defense Brief*, Vol. 16, No. 2, 2009, http://www.russiadefence.net/t1697 – georgia – s – air – defense – in – the – war – with – south – ossetia#15051.

④ Peter van Ham, "The EU, Russia and the Quest for a New European Security Bargain," *Clingendael Report*, November 2015, p. 11.

仍有能力应对来自本地区国家的对俄在黑海利益的威胁。除此之外，控制了克里米亚还有利于俄能够从三个方向（东北、东南、南面）威胁乌克兰，从而在安全上对乌形成强大压力。如果乌克兰军队向东深入挺进以保卫其神圣领土，来自克里米亚的俄军事进攻将威胁切断这种部队同后方的联系。一旦与乌克兰发生武装冲突，克里米亚还可作为对乌南部港口进行海上封锁的基地，俄在克里米亚的空军力量可以在乌纵深地区打击其战略目标。

这就是说亚努科维奇政权倒台后，俄罗斯不但面临一个亲西方的、有很大可能加入北约的乌克兰，而且其自身在克里米亚的现实利益也将受到巨大威胁。如此一来，俄利益损失巨大，其必须采取措施，以最大可能地捍卫自己的利益。如果采取措施，克里米亚便是首要目标。俄罗斯可以采取支持克里米亚完全独立而不支持其并入俄的政策，但这不仅将涉及对克里米亚独立的国际承认问题，而且将会因此产生诸如乌克兰在西方支持下动用武力打击反分裂国家活动等其他问题。这样一来，几乎肯定会发生流血冲突，从而俄罗斯仍然要出兵克里米亚。实际上，在兼并之前，许多克里米亚人担心右翼的乌克兰政党会迫害半岛上的说俄语居民。随着基辅的广场抗议活动陷入混乱和流血冲突，口口相传的以及来自俄媒体的信息加剧了这种担心。俄罗斯的干预成为安全与和平的希望。① 而如果收回克里米亚，乌克兰除非主动放弃对克里米亚的主权要求，否则加入北约希望渺茫，因为根据北约现行的规则，申请加入该组织的国家必须与邻国无领土纠纷。

当然如果俄借助武力兼并克里米亚，这在国际法上将会被认为是侵略占领的不法行为，乌克兰有可能会以单独自卫方式动用武力。但乌克兰军心涣散且军力较弱，如果动武也必败无疑，这种结局几无悬念，因此乌克兰将不会动武。在联合国层面，安理会也将无法对俄采取有效的强制措施，因为俄罗斯是联合国安理会常任理事国，即使俄的行为触发集体安全机制，安理会不但需要来自其成员国的九个赞成票，而且还必须获得俄作为成员之一的五个常任理事国的一致同意。② 就美国领导的北约国家而言，其也不

---

① Ilaria Parogni, "By Misunderstanding Crimea, the West Is Pushing Russia Further Away," April 15, 2015, http://www.huffingtonpost.com/ilaria-parogni-/misunderstanding-crimea-west-russia_b_7073322.html.

② 实际情况也是如此：2014 年 3 月 15 日，联合国安理会就美国起草的、有关乌克兰问题的决议草案举行投票表决，由于俄罗斯投票否决，决议草案未通过。当天投票结果为 13 票赞成、1 票否决、1 票弃权。中国对决议草案投了弃权票。参见倪红梅、王雷《安理会未通过乌克兰问题决议草案》，新华社联合国 2014 年 3 月 15 日电。

第七章　克里米亚"脱乌入俄"、俄欧能源博弈与伊核问题全面破局 | 157

会因俄在克里米亚使用武力并推动了其"脱乌入俄"而与俄武力相向，这不但因为俄罗斯拥有堪与美国匹敌的庞大核武库，更因为克里米亚属于俄的核心利益而不是西方的核心利益，① 俄可以不惜一战，而西方则做不到。的确，西方国家可以对俄采取某些制裁措施，例如：限制签证、抵制 G8 峰会、将俄踢出 G8、暂缓俄加入经合组织（OECD）；限制进口俄罗斯油气、限制对俄罗斯出口制造业产品和农产品；冻结金融资产、限制金融交易、经济封锁等。但这些可能的制裁措施对俄造成的伤害同俄以军事行动所维护的利益相比不可同日而语。正如西方学者所评论的："美国及其欧洲伙伴对俄施加的制裁及其他可能的惩罚可能是无效的，因为这些惩罚同俄罗斯在乌克兰的利益相比是小巫见大巫。"② 而且，经济制裁无论在经济上还是在政治上历来都是一把双刃剑，俄还可以通过更多地转向中国等手段以缓解其经济与政治压力。

（三）俄反制具备历史和现实条件

由于历史的原因，克里米亚对俄罗斯国家身份的构建、民族精神的形成等方面具有特殊意义。"正是在这个半岛上拜占庭帝国把东正教的衣钵传给了俄罗斯。在古希腊的殖民城市南克里米亚（Chersonesos），基辅罗斯王子弗拉基米尔（Vladimir）接受了拜占庭帝国皇帝的洗礼。"③ 1783 年，依据叶卡捷琳娜二世的命令，克里米亚半岛正式成为俄罗斯帝国一部分，这一年俄帝国军队最终战胜了在名义上处于奥斯曼帝国统治之下的克里米亚汗国军队。自此，克里米亚的海港就成了俄黑海舰队所在地，该半岛也很快被认为是俄海军具有战略重要性的前哨。1853 年爆发的沙俄对抗英国、法国、奥斯曼帝国、撒丁王国等国的克里米亚战争就发生于此半岛。著名的《战争与和平》的作者托尔斯泰于 1853～1856 年参加了克里米亚战争，

---

① 奥巴马总统曾公开暗示乌克兰是俄罗斯的核心利益，但不是美国的核心利益。See "Obama: Ukraine 'Vulnerable' to Russian 'Military Domination' no Matter What U. S. Does," March 10, 2016, http://www.unian.info/politics/1287047-obama-ukraine-vulnerable-to-russian-military-domination-no-matter-what-us-does.html。
② Ruth Deyermond, "What are Russia's Real Motivations in Ukraine? We Need to Understand them," April 27, 2014, http://www.theguardian.com/commentisfree/2014/apr/27/russia-motivations-ukraine-crisis.
③ Mara Kozelsky, "Holy Crimea," March 16, 2014, http://dish.andrewsullivan.com/2014/03/16/holy-crimea/.

并出版了其对战争经历的描述，比如对围攻塞瓦斯托波尔的描述。闻名世界的俄著名小说家契诃夫也生活在克里米亚，并在此创作了多篇巨著。① 塞瓦斯托波尔这个俄黑海海军的主要港口，在俄罗斯人心目中是"英雄之城"，二战中在苏联军人的英勇保卫下，它顶住了纳粹德国军队的无情围攻。决定着二战后国际格局的雅尔塔会议会址雅尔塔市，就坐落在克里米亚半岛南部。作为俄罗斯东正教起源之地、承载着俄军光辉历史之地以及俄文化复苏之地，克里米亚半岛在俄罗斯人的心灵中占据着特殊位置。

约 168 年来，克里米亚一直是沙皇俄国以及 1921 年后俄罗斯苏维埃联邦不可分割的一部分。从心理上讲，克里米亚比其他任何苏联领土，都更接近俄罗斯人特别是俄罗斯军人的心。② 克里米亚成为乌克兰的一部分是在 20 世纪后半叶。在时任苏共中央第一书记赫鲁晓夫的倡议下，对克里米亚的管辖权和控制权于 1954 年转交给乌克兰苏维埃社会主义共和国。这种转移实际上是违反当时的苏联宪法和法律的。克里米亚法律地位再一次变化发生于 1990～1991 年苏联解体的过程中。在 1991 年乌克兰全民公投之后，克里米亚再次升级为一个自治共和国。由于克里米亚长期属于俄罗斯的一部分，克里米亚法律地位的一连串戏剧性变化使许多俄罗斯人认为俄应该恢复其对克里米亚的"历史性权利"（historic rights），国际社会对乌克兰边界的认可不足以抵消当初克里米亚管辖权被非法移交所带来的缺陷。③ 实际上早在"1992 年 5 月，俄罗斯议会就通过了一个决议，宣布 1954 年把克里米亚转让给乌克兰是非法的，并誓言将寻求多种方法纠正之"。④

从克里米亚方面来看，克里米亚大多数人早就表现了独立或重新回归俄罗斯的意愿。1991 年 9 月 4 日，当时已经是国家紧急状态委员会尝试夺取政权之后，克里米亚苏维埃社会主义自治共和国最高苏维埃通过了主权国家宣言，当年 12 月 1 日起成为独立乌克兰的组成部分。早在 1992 年 2 月

---

① Olga Cherednichenko, "Literary Crimea: In the Footsteps of Russia's Most Famous Writers," July 16, 2015, http://travel.rbth.com/travel/2015/16/07/literary_crimea_in_the_footsteps_russias_most_famous_writers.

② Anton Bebler, "Crimea and the Russian - Ukrainian Conflict," *Romanian Journal of European Affairs*, Vol. 15, No. 1, 2015, p. 37.

③ Anton Moiseienko, "Guest Post: What do Russian Lawyers Say about Crimea?", September 24, 2014, http://opiniojuris.org/2014/09/24/guest-post-russian-lawyers-say-crimea/.

④ Amanda Paul, "Crimea One Year after Russian Annexation," European Policy Center, *Policy Brief*, 24 March 2015, p. 2.

第七章　克里米亚"脱乌入俄"、俄欧能源博弈与伊核问题全面破局 | 159

26 日，克里米亚苏维埃社会主义自治共和国最高苏维埃在没有得到乌克兰政府同意的情况下，把克里米亚的官方名称改为克里米亚共和国。1992 年 5 月 5 日，克里米亚议会宣布克里米亚独立并通过了首部宪法。在基辅的压力下，其于第二天即对宪法进行了修订，承认克里米亚是乌克兰一部分。同年 5 月 19 日，克里米亚自治政府宣言被乌克兰最高议会取消。作为让步条件，基辅同意强化克里米亚的自治地位。克里米亚议会于是利用这些扩大的特权于 1993 年 10 月 14 日设立了总统职位，并给予克里米亚鞑靼人在 14 人协商议会中拥有经常性代表的权利。1995 年 3 月 17 日，乌议会废除了克里米亚宪法，撤掉了尤里·梅什科夫（Yuriy Meshkov）总统的职务并裁撤了其办公室。该总统被指控从事反国家活动以及推动克里米亚脱离乌克兰，融入俄罗斯。① 乌克兰亲西方势力推翻亚努科维奇政权后，在俄罗斯军队部署到克里米亚之前，反政变、亲俄的民众即聚集在克里米亚首府辛菲罗波尔（Simferopol）的大街上查封了政府大楼。②

从普京个人来说，其对外强势的作风已形成强大的惯性，面对乌克兰变局他无法"减速"。普京长期以来被认为对俄罗斯怀有强烈的民族主义情绪，这一点可以从他先前许多演讲和政治行为中表现出来。由于普京不但曾亲历了苏联的强大和其超级大国地位，而且还切身感受了俄罗斯的羸弱和因之所受的外侮，因此其首要使命便是恢复俄罗斯作为一个重要国际力量的地位以及帮助许多俄罗斯人找回曾经拥有的民族自豪感。不难理解，多年以来，普京总统积极地向国内外展示其硬汉形象和在外交上的强硬立场。这构成了普京作为俄领导人政治合法性的重要基础。乌克兰脱离俄罗斯的势力范围会被俄罗斯人看作普京的政治失败。为了维护其硬汉形象，他不能对乌克兰发生的政变坐视不管，他必须强硬，这是俄罗斯人对他的行为期待。

第三节　乌克兰危机加剧俄欧能源博弈

乌克兰危机特别是其中的克里米亚"脱乌入俄"使俄与西方关系严重

---

① 刘显忠：《乌克兰危机的历史文化因素》，《当代世界社会主义问题》2015 年第 1 期，第 57 页；Anton Bebler, "Crimea and the Russian – Ukrainian Conflict," p. 39。

② Conn Hallinan, "The Dark Side of the Ukraine Revolt," March 3, 2014, http://www.counterpunch.org/2014/03/03/the-dark-side-of-the-ukraine-revolt/.

恶化。对此双方都有责任，并且西方应负主要责任。一方面俄兼并了克里米亚，西方认为俄违反了国际法，因为其非法使用了武力，但另一方面从政治角度审视，俄使用武力也有其合理性的一面，这主要指西方一贯地挤压俄罗斯的战略空间，俄的行动实属无奈。但无论如何乌克兰危机中的克里米亚"脱乌入俄"等事件很大程度地改变了欧洲秩序，在美欧看来是一件极坏的违反条约承诺的事情，俄罗斯政府具有庄严的义务，承认从苏联和华沙条约中新独立国家的边界。客观地说，乌克兰危机使俄在冷战后的战略空间具有重新扩大的趋势，这严重有悖于美欧对俄的长期战略意图和目标，是它们难以接受或认可的。"美国全球战略的长远目标是使俄罗斯成为一个仅在俄罗斯、中亚和远东有些影响的地区性大国，而不再是世界大国和欧洲大国。这是包括奥巴马在内的每一任美国总统都会继续推行下去的长远战略。"①

乌克兰危机爆发后，西方强化了对乌新政权的政治和军事等方面的支持，并加强了在东欧地区的防务能力，美国官方多次表态，支持乌克兰签署联系国协定和加入欧盟。2014 年 8 月 24 日奥巴马在祝贺乌克兰独立 23 周年的贺电中再次指出，美国坚决支持乌克兰主权和领土完整，"非常高兴看到乌克兰政府签署欧盟联系国协定"。北约也加大了对乌克兰的支持力度。从 2014 年 4 月起北约不断向波罗的海三国增兵，派出多架战机和战舰编队，以示对乌克兰的声援。同年 9 月 4 日北约威尔士峰会上，奥巴马与北约其他领导人共同会见波罗申科，宣布将致力于在"北约—乌克兰特殊伙伴关系"框架内支持乌克兰应对危机，并承诺向其提供 1500 万欧元的军事援助。9 月 13 日至 26 日北约按计划在乌克兰利沃夫举行多国联合军演。②而俄罗斯也在新军事学说中把北约确定为主要威胁，首次提出把高精度常规武器作为战略威慑手段之一，通过了 7000 亿美元的军事现代化计划。③

鉴于俄罗斯在乌克兰危机中的角色，西方国家先是对其进行猛烈的口诛笔伐，比如，西方国家的媒体上到处可见《俄罗斯侵略乌克兰》、《普京就是斯大林和希特勒》等文章。美国总统奥巴马甚至把俄罗斯同"埃博拉"与"伊斯兰国"并列为当今世界三大威胁。正如俄国防部副部长安东诺夫

---

① 楚树龙：《2016 年美国全球战略走势》，《当代世界》2016 年第 3 期，第 6 页。
② 梁强：《美国在乌克兰危机中的战略目标——基于美乌关系的分析（1992～2014）》，《俄罗斯东欧中亚研究》2015 年第 2 期，第 17～18 页。
③ 赵传君：《乌克兰危机的地缘政治效应》，《北方经贸》2015 年第 3 期，第 7 页。

第七章 克里米亚"脱乌入俄"、俄欧能源博弈与伊核问题全面破局 | 161

所指出的，西方国家媒体对事件的真相保持沉默，但却指责俄罗斯应该对一切罪过承担责任。① 与此同时，西方也采取了相应的政治和经济措施。当地时间 2014 年 3 月 24 日，七国集团领导人在荷兰发表声明：不参加原定于 6 月在索契召开的 G8 峰会，将于 6 月上旬在布鲁塞尔另行举行峰会；俄罗斯的 G8 成员国身份被中止；七国领导人同意共同减少对俄油气资源的依赖；如果俄继续加剧紧张局势，七国集团将强化对俄罗斯的制裁措施。②

从 2014 年 3 月开始，美国、欧盟、加拿大、澳大利亚、日本、瑞士等西方国家宣布对俄罗斯的自然人和法人实施制裁，接着在 2014 年 4 月、7 月和 9 月又宣布实行新的制裁。美国的制裁涉及能源、金融部门和军事工业综合体，冻结它们在国外的资产和账户，限制信贷和融资，禁止向俄罗斯出口高技术产品和设备。欧盟的制裁包括对俄罗斯武器和相关配件的进出口实行禁运，禁止向俄罗斯出口具有双重意义的商品和技术，禁止向俄罗斯出口用于石油开采工业的创新性技术。美国和欧盟等西方国家先后宣布对俄罗斯的金融部门实行制裁。俄罗斯外经银行、天然气工业银行、投资银行、俄罗斯外贸银行、俄罗斯农业银行、莫斯科银行、俄罗斯股票银行、俄罗斯储蓄银行、俄罗斯国家商业银行等 10 多家金融机构受到制裁。禁止美国公民或公司向受制裁银行提供新的融资，买卖这些银行发行的期限超过 30 天的债券。欧盟则限制俄罗斯国有银行和企业进入欧盟资本市场。美国和欧盟等西方国家对俄罗斯重要的军工企业、石油和天然气企业、机械制造和科技公司实行制裁，包括俄罗斯各大军工企业综合体、俄罗斯卢克石油公司、俄罗斯天然气工业公司、俄罗斯石油公司、诺瓦泰克天然气公司、苏尔古特石油天然气集团公司等 50 多家公司和企业。禁止向这些企业和公司融资，冻结它们在美欧等西方国家的资产，实行武器贸易禁运。俄罗斯也宣布实行反制裁措施，限制或禁止进口美国和欧盟一些国家的肉类、蔬菜和水果。③

减少对俄罗斯的能源依赖是强化对俄制裁的必要条件，因为欧洲许多国家对俄罗斯能源有较大依赖，而同时俄经济也非常依赖能源出口，特别

---

① 王晓军：《俄军对"颜色革命"的认知与应对举措》，《现代军事》2015 年第 2 期，第 57 页。
② 《俄罗斯被终止 G8 成员国身份》，《新华日报》2014 年 3 月 26 日，第 A01 版。
③ 参见刘清才、刘涛《西方制裁背景下俄罗斯远东地区发展战略与中俄区域合作》，《东北亚论坛》2015 年第 3 期，第 85 页。

是对欧洲的能源出口。而且，乌克兰危机本身也对欧洲的能源安全带来较大的负面影响。因为乌克兰是俄输欧天然气管道的重要过境国，俄乌关系持续恶化必将影响俄过境乌克兰的天然气正常输送。俄罗斯每年经乌克兰向欧洲出口 1200 亿立方米天然气，乌西部地区拥有 350 亿立方米的储存能力，乌还拥有每天向中欧国家输送 100 万桶石油的管道输送能力。① 欧洲国家对俄罗斯天然气的进口依赖具有高度差异性，可根据进口依赖比例分为四类：第一类是完全依赖型，即对俄罗斯天然气的进口依赖达 100% 的国家，包括芬兰和斯洛伐克；第二类是高度依赖型，即对俄罗斯天然气的进口依赖超过 50% 的国家，包括奥地利、捷克、希腊、匈牙利、波兰和土耳其；第三类是依赖型，即对俄罗斯天然气的进口依赖大于 10% 的国家，包括德国、法国、比利时、意大利和荷兰；第四类是不依赖型，即对俄罗斯天然气的进口依赖为零的国家，包括爱尔兰、西班牙和英国。② 就绝对进口量而言，欧洲国家中进口俄罗斯天然气最多的是德国、意大利和土耳其。"俄罗斯的经济主要依靠能源出口，石油和天然气的出口收入占出口总额的 2/3，石油和天然气的出口贡献了俄罗斯政府预算收入的 40%。"③ 而"长期以来，俄罗斯能源出口的主要地区是欧洲"。④

显而易见的是对俄经济制裁，特别是对其能源部门的制裁虽然会对俄罗斯经济造成重大打击，但同时制裁也会伤及对俄能源依赖度较大的欧洲。"欧盟对从俄罗斯进口天然气、原油和煤炭有着相当高的依赖，这也是欧盟在谴责俄罗斯对克里米亚的'侵略行为'时相对于美国采取比较克制态度的重要原因。"⑤ 那么西方作为经济制裁的主体，就必须注意解决欧盟能源来源多元化问题。美欧当然很清楚这一点。2014 年 3 月 21 日，52 位来自共和、民主两党的前政府官员和外交政策专家发表了致美国总统奥巴马的公开信，就美国的对乌对俄政策提出了系统的建议，其中包括："减少欧洲对俄罗斯天然气的依赖。包括扩大美国液化天然气的出口，支持建立新的管

---

① 须同凯：《乌克兰危机对欧洲能源安全的影响》，《欧亚经济》2014 年第 4 期，第 91 页。
② 富景筠：《"页岩气革命"、"乌克兰危机"与俄欧能源关系——对天然气市场结构与权力结构的动态分析》，《欧洲研究》2014 年第 6 期，第 88 页。
③ 张聪明：《"俄罗斯综合症"能否根治》，《人民论坛》2016 年第 6 期，第 22 页。
④ 陆南泉：《中俄关系现状与前景》，《新疆师范大学学报》（哲学社会科学版）2015 年第 1 期，第 24 页。
⑤ 须同凯：《乌克兰危机对欧洲能源安全的影响》，第 94 页。

线,以及任何能使欧洲能源供应多样化的措施,例如开发本地天然气储存。"①

实际上,俄欧能源博弈早就开始,伊朗作为能源大国和拥有显著地缘优势的国家,也理所当然地早就受到博弈双方的重视。

第四节 乌克兰危机前的俄欧能源博弈及伊朗的角色

为降低对俄罗斯的能源依赖,2002年2月,欧洲与土耳其发起纳布科(Nabucco)管道项目,并得到欧洲其他国家和美国支持。该项目经过阿塞拜疆、格鲁吉亚、土耳其,拟将中亚和里海国家的天然气输往保加利亚、匈牙利、罗马尼亚和奥地利。纳布科项目的气源地有:阿塞拜疆、土库曼斯坦、哈萨克斯坦、伊朗和伊拉克等。管道南部支线可吸纳伊拉克、伊朗等波斯湾国家天然气。②但由于多种原因该项目进展缓慢。2006年和2009年两次俄乌"天然气危机"增加了欧盟对自身能源供应安全乃至地缘政治安全的担心,因为对俄罗斯的高度能源依赖有发展成政治依赖的可能。于是,欧盟加快了建设纳布科管道项目的步伐。2009年7月13日,奥地利、匈牙利、罗马尼亚、保加利亚政府与土耳其政府就共同建设纳布科天然气管道签署了政府间协议。这一协议的签署,意味着欧盟在摆脱对俄罗斯天然气依赖的道路上迈出了重要一步,标志着欧盟同俄罗斯在能源领域已经开始正面交锋。③

2009年11月3日,伊朗和土耳其签署能源领域合作协议。按照对等原则建立一家合资公司,经营过境土耳其每年向欧洲出口350亿立方米的伊朗天然气,两国还决定投资20亿美元在伊朗北部建设一座炼油厂,两国将在5年内实现300亿美元的贸易额。此前,伊朗石油部开始与欧洲和西方能源公司洽谈加入纳布科项目问题,西方能源公司对伊朗加入纳布科项目表示

---

① "Foreign Policy Initiative: Open Letter to President Obama—Secure Ukraine, Isolate Russia, and Strengthen NATO," March 21, 2014, http://www.cfr.org/ukraine/foreign-policy-initiative-open-letter-president-obama—secure-ukraine-isolate-russia-strengthen-nato/p32635.
② 庞昌伟、张萌:《纳布科天然气管道与欧俄能源博弈》,《世界经济与政治》2010年第3期,第118页。
③ 冯玉军:《纳布科管道:从构想走向现实》,《国际石油经济》2009年第8期,第1页。

欢迎。伊朗是土耳其第二大天然气供应国，仅次于俄罗斯。土耳其欢迎伊朗加入纳布科项目以帮助欧盟摆脱对俄罗斯天然气的依赖。伊朗选择对欧洲出口天然气的过境方案有：经过阿塞拜疆或者伊拉克和叙利亚经土耳其到意大利。伊朗需要解决的问题是过境运输费过于高昂。瑞士已经开始与土耳其谈判从土耳其过境购买伊朗天然气事宜。2008 年，瑞士的电力公司劳芬堡（EGL）公司与伊朗签署为期 25 年的价值 130 亿美元的天然气合同。但是，2009 年 11 月 3 日，德国莱茵集团电力公司执行总裁于尔根·格罗斯曼（Juergen Grossmann）表示，把阿塞拜疆、伊拉克和土库曼斯坦天然气纳入纳布科就已经足够了，由于政治方面的原因，公司没有计划吸纳伊朗加入纳布科财团。[①] 这个时候正好是伊朗拒绝了由美国支持的"核燃料交换协议"。

2009 年 7 月 11 日，土库曼斯坦与伊朗达成协议，土对伊天然气出口从 80 亿立方米增加到 140 亿立方米，新增出口量将通过 2009 年第四季度新建成的土伊天然气管道完成，未来将把出口量提高到 200 亿立方米。双方同意每年从位于土库曼斯坦西部的科尔别贾（Korpedie）气田向伊朗供应 80 亿立方米的天然气，另外 60 亿立方米的天然气来自位于土库曼斯坦东南部的该国最大气田多列塔巴德（Dauletabad）气田，而该气田是对俄出口主要气源地。土库曼斯坦是中亚地区最大的天然气生产国，在与伊朗签署协议前，土库曼斯坦总统表示，根据向世界市场多元化出口能源政策，土库曼斯坦正在研究参与大型国际项目的可能性，包括纳布科管道。[②] 要发挥土库曼斯坦在纳布科管道项目上的潜能，就离不开伊朗的合作。但是正在对伊朗加强制裁的情况下，美国当然反对其参与纳布科项目。美国试图让伊拉克天然气加入该项目，但众所周知伊拉克局势不稳定，这让投资者望而却步，而且伊拉克气源有限。如果俄能够主导阿塞拜疆和土库曼斯坦天然气流向，那么由西方倡导的纳布科管线项目就难以找到足以支撑管线运营和建设要求的气源地。

实际上，针对西方倡导的纳布科管线，俄罗斯早就开始了布局，其主要表现是俄力推的南溪（South Stream）天然气管道项目。此管道项目是 2007 年 6 月由俄罗斯天然气工业股份公司（简称"俄气"）与意大利埃尼公司共同发起，旨在使中亚天然气向北穿过俄罗斯南部平原地区，连同俄

[①] 庞昌伟、张萌：《纳布科天然气管道与欧俄能源博弈》，第 123 页。
[②] 庞昌伟、张萌：《纳布科天然气管道与欧俄能源博弈》，第 128 页。

罗斯天然气一起输往欧洲。该管道从俄罗斯新罗西斯克开始横穿黑海（海底管道长度900公里），之后从保加利亚港口瓦尔纳上岸，分为两支：向北进入塞尔维亚、匈牙利和奥地利，向南进入希腊和意大利。"南溪"天然气管道原计划于2015年启动，2017年建成通气。① 南溪管道经过的欧洲国家与纳布科管道几乎相同，因此，从经济角度来看，两者只有其一能够建成，其抗衡纳布科管道的意味十分明显。相对于纳布科天然气管道，南溪天然气管道不但占尽地利（气源足、运输距离短、成本和实施难度低、可行性高），而且也有天时（比纳布科管道投产早）与人和（参与匡倾向性比较高）等优势。因此，到2013年6月，纳布科天然气管道项目在筹划近11年后宣告流产。②

但欧洲并没有放弃减轻对俄能源依赖的努力，而是已经另谋他策了，并依然把目光放在里海地区，那就是跨安纳托利亚天然气管道项目（the Trans Anatolian Natural Gas Pipeline Project，TANAP）。该项目是继巴库－第比利斯－杰伊汉（Baku－Tbilisi－Ceyhan）输油管道之后又一项重要项目。该项目于2011年11月17日在伊斯坦布尔举行的第三次黑海能源与经济论坛（the Third Black Sea Energy and Economic Forum）上宣布，2012年6月26日签署，③ 其起于格土边界，经过安纳托利亚半岛延伸约2000公里到达希腊。土库曼斯坦和哈萨克斯坦均考虑加入该项目。由于具有类似的语言和文化，土库曼斯坦还受到了土耳其和阿塞拜疆加入该项目的邀请。④ 跨安纳托利亚管线无论从气源地还是从管线走向上看，都明显是对俄罗斯所力推的南溪管线的冲击。

第五节　俄欧能源博弈激化助推伊核问题全面破局

乌克兰危机的爆发不但加快了跨安纳托利亚管线的建设速度，从而使

---

① 程春华：《俄罗斯为何"弃南投蓝"》，《世界知识》2015年第1期，第38页。
② 程春华：《俄欧南溪管道项目为何一波三折》，《世界知识》2014年第14期，第45页。
③ Elchin Suleymanov and Fakhri Hasanov and Osman Nuri Aras,"Economic and Strategic Expectations from Trans Anatolian Natural Gas Pipeline Project," *MPRA Paper*, No. 52187, 15 September 2013, p. 1.
④ "Turkey and Azerbaijan Want Turkmenistan to Join Trans Anatolian Natural Gas Pipeline – Turkish FM," January 3, 2015, http：//akipress.com/news：554885/.

之对南溪管线造成更大的冲击,更使南溪管线"死亡"。为了配合对俄罗斯的制裁,2014年6月,欧盟施压保加利亚停止南溪天然气管道在其境内的建设工作。时任欧盟委员会主席巴罗佐表示,保加利亚如不停止"违规行为"将遭到惩罚。迫于欧盟压力,"南溪"项目的参与国保加利亚和塞尔维亚相继宣布暂停这一项目在本国境内的建设工作。① 在此情况下,2014年12月初,俄罗斯总统普京在访问土耳其时表示,俄罗斯将同土耳其加强能源合作,下调对该国的天然气出口价格,扩大"蓝溪"管道建设,放弃被欧盟冻结的南溪天然气管道项目。②

受乌克兰危机影响,欧盟愈加重视能源来源多元化,减轻对俄罗斯的依赖,这促使跨安纳托利亚管线建设加速。在管线建设走向基本确定的情况下,气源地也是必须要考虑进去的,只有有充分并可靠的气源才能更好地吸引投资者。这样,伊朗作为一个能源大国自然对西方的吸引力进一步增加。2014年4月,乌克兰危机爆发不久,就有西方外交官认为:"在能源领域,伊朗第四大石油储量和最多天然气储量的地位正吸引着欧洲的能源大企业。另外,伊朗-欧盟能源合作关系中存在着清晰的战略维度。近期的乌克兰危机已经再次激起了对欧盟高度依赖进口俄石油和天然气的关切。在对伊朗实施制裁之前,从伊朗进口的石油占欧盟石油进口的6%左右。而且,就从伊朗进口天然气而言,还存在着巨大的潜力。"③ 2015年3月17日,土耳其、格鲁吉亚和阿塞拜疆在土耳其东北部卡尔斯省正式开始建设跨安纳托利亚天然气管道。土耳其总统埃尔多安、格鲁吉亚总统马尔格韦拉什维利和阿塞拜疆总统阿利耶夫出席了开工仪式。该天然气管道建设预计耗资超过100亿美元,将于2018年年底完成。④

乌克兰危机背景下,欧洲对与伊朗进行贸易和在伊朗进行投资的兴趣愈益强烈,因为它比任何时候都更寻求减弱对俄罗斯的能源依赖。欧洲对结束与伊朗的核谈判的兴趣也随之上升。与此同时,欧洲对以色列内外政

---

① 《"南溪"管道风波冲击俄欧关系》,《人民日报》2014年12月03日,http://news.xinhuanet.com/world/2014-12/03/c_127274144.htm。
② 张春荣:《俄罗斯将扩大"蓝溪"天然气管道项目建设》,《经济日报》2014年12月04日,http://energy.people.com.cn/n/2014/1204/c71661-26147326.html。
③ Thierry Coville, "EU and Iran towards a New Partnership?" April 30, 2014, http://www.iris-france.org/44347-eu-and-iran-towards-a-new-partnership/。
④ 郑金发、邹乐:《土格阿三国开始修建跨安纳托利亚天然气管道》,新华网安卡拉,2015年3月17日电。

策的反感却大大增加。① 大多数欧洲人想与伊朗达成这样一种协议：该协议不但减弱西亚北非地区的核扩散可能，而且减弱伊朗发展或部署核武器的前景。欧洲几乎没有继续加大对伊朗制裁的意愿了。而且，2013年11月24日达成的临时协议对制裁的有限解除不出所料地唤醒了欧洲对伊朗市场的兴趣。欧洲公司寻求在伊朗的销售和投资机会上特别积极，比更为谨慎、更不受政府支持的美国竞争者抢先了一步。② 在乌克兰问题上俄与西方斗争加剧，欧盟开始重新考虑弱化俄罗斯对欧洲天然气市场近乎垄断的地位策略。而且，伊核问题临时协议已经达成，伊朗在向欧盟输送天然气方面所扮演的潜在重要角色进一步受到重视。同时，伊朗也十分渴望外国公司能够投资其能源部门，并且也愿意与欧盟展开能源合作，"伊斯兰共和国说，它的天然气将是2013年被取消的纳布科管线的必要组成部分"。③ "伊朗早就游说建造一个特定管线，即所谓的波斯管线，把其巨大的南帕斯（South Pars）气田同欧洲客户连接起来"。鲁哈尼总统曾说："伊朗可以是欧洲安全的能源中心。"④ 此外，对欧盟而言，"伊朗能够向欧洲出口液化天然气，路径是通过苏伊士运河到达位于塞浦路斯预期中的黎凡特盆地液化天然气离岸终端（Levant basin LNG offshore terminal）以及位于希腊和其他地中海国家的类似设施"，从而化解布鲁塞尔面临的这一危险："最终以土耳其作为世界级能源枢纽的地位部分取代俄罗斯的受政治驱动的对欧分而治之的能源出口政策"，⑤ 即在能源安全上，以对土耳其的依赖部分取代对俄罗斯的依赖。

一定意义上，以此为推手（当然更由于笔者在此文引言中提到的诸因

---

① Chas W. Freeman, Jr., "The Geopolitics of the Iran Nuclear Negotiations," Norwegian Institute of International Affairs, p. 4, https：//brage. bibsys. no/xmlui/bitstream/id/338118/The + Geopolitics + of + the + Iran + Nuclear + Negotiations. pdf.
② Chas W. Freeman, Jr., "The Geopolitics of the Iran Nuclear Negotiations," Norwegian Institute of International Affairs, p. 4, https：//brage. bibsys. no/xmlui/bitstream/id/338118/The + Geopolitics + of + the + Iran + Nuclear + Negotiations. pdf.
③ Daniel J. Graeber, " Iran Extends Energy Hand to Europe," July 13, 2016, http：//www. upi. com/Iran - extends - energy - hand - to - Europe/7991468412200/? spt = rrs&or = 1.
④ EurActiv. com, Reuters, "EU Turns to Iran as Alternative to Russian Gas," September 25, 2014, http：//www. euractiv. com/section/europe - s - east/news/eu - turns - to - iran - as - alternative - to - russian - gas/.
⑤ Thrassy Marketos, "EU Energy Geopolitics：The Potential Role of Iran and the Turkish Route," December 13, 2014, http：//www. naturalgaseurope. com/eu - energy - geopolitics - iran - russia - turkey.

素),经过马拉松式艰难谈判,2015年4月2日,伊朗核问题谈判终于达成框架协议,为达成最终全面解决方案打下基础。欧盟外交和安全政策高级代表费代丽卡·莫盖里尼与伊朗外长贾瓦德·扎里夫代表各方在洛桑发表共同声明,宣布各方对限制伊朗核设施规模、分布、铀浓缩能力、核材料贮存等事宜做出约定,提出国际社会帮助伊朗和平利用核能的方案,同时承诺将终止美国和欧盟对伊朗实施的经济制裁以及联合国安全理事会通过的制裁决议。① 伊核问题框架协议达成几天以后,土耳其能源部长尤迪兹(Yildiz)便宣称,伊朗可能会购买跨安纳托利亚天然气管道项目的股份,如果该国接受某种商业条件的话。一旦国际制裁解除,伊朗预计会参与多个地区能源项目。② 2015年7月14日,伊核问题全面协议达成,同年8月,阿塞拜疆正式邀请伊朗加入该项目。

上述一系列事件清楚地表现了如下逻辑:由于乌克兰危机,欧盟拒绝了俄罗斯南溪管道项目,并加快了跨安纳托利亚管道建设,以在对俄制裁背景下有效地维护自身能源安全,而欧盟这样做比较理想的情况是获得伊朗的能源支持,这就需要伊核问题达成全面协议,为解除对伊朗的经济制裁创造条件,从而为伊朗在欧洲能源市场上发挥更大作用创造条件。

在因乌克兰危机而导致的俄与西方关系恶化的背景下,欧美还以进一步降低油价为手段以达到使俄罗斯经济雪上加霜的目的,毕竟俄经济对石油价格的依赖程度很大。表面上,俄罗斯以30美元/桶的成本(18美元开采成本加12美元运输成本)对85美元的油价,依然有很大的利润空间。但是,俄罗斯的经济对石油出口的依存度过高。尤其是近年来普京大幅扩大财政支出,这一切都严重依赖于石油收入。因此,石油利润大减将严重打击俄罗斯财政,从而破坏普京的俄罗斯复兴计划。③ 尽管油价下跌对美国的页岩油等产业也会造成不小的负面影响,但考虑到相对于俄罗斯,欧美所受的负面影响较小,因此美欧都有为了实现此目的而加速促进伊核问题破局的意愿。

俄罗斯的经济高度依赖原材料出口,特别是油气出口。除了武器以外,

---

① 《伊核问题框架协议达成》,2015年4月4日,新华网,http://news.xinhuanet.com/world/2015-04/04/c_127655649.htm。
② "Turkish Energy Minister Taner Yildiz Said Iran might Purchase Shares in the Trans-Anatolian Natural Gas Pipeline (TANAP) Project," April 9, 2015, http://sputniknews.com/business/20150409/1020684952.html.
③ 陶慕剑:《用油价打击俄罗斯 奥巴马很"悲壮"》,2014年10月21日,http://news.ifeng.com/a/20141021/42259245_0.shtml。

第七章　克里米亚"脱乌入俄"、俄欧能源博弈与伊核问题全面破局

俄几乎没有在国际市场上有竞争力的制成品。像许多中东国家一样，俄罗斯需要高油价来为其国内支出提供经费。其平衡预算的预估保本价格是117美元/桶，这比沙特阿拉伯的80～90美元/桶的保本价格要高出许多。相比于沙特阿拉伯，俄还有更多的人口需要照顾到，其外汇储备也较少。因此，俄罗斯的脆弱性要比海湾国家高。① 海湾国家支持叙利亚反对派，而俄罗斯和伊朗则支持阿萨德政权，如果油价降低，对海湾国家有地缘政治上的利益可图，从而也利于西方，特别是美国安抚伊核破局后的海湾国家。

事实上，伊核问题破局的确对国际油价产生一定影响。国际原子能机构宣布伊朗已经履行了其限制核计划的承诺后，国际油价进一步下滑。面对新的形势，伊朗石油部副部长说，伊朗正准备每天增加50万桶的原油出口。布伦特原油比12个月前便宜了43%。自2011年4月每桶126.65美元的破纪录高点以来，石油如今已失去了其3/4的价格。这促使巴克莱银行（Barclays）降低了其对2016年的油价预测，从每桶60美元降到每桶只有37美元。②

乌克兰危机后，美欧对俄罗斯强化制裁，与此同时，伊核问题尚未全面破局，美国也担心伊俄两国会"同病相怜"、加强协作，努力克服或抵制西方加在各自身上的制裁，特别是破坏西方的货币和金融体系。为了避免此种情况，美国也希望伊核问题早日破局。绝大多数针对伊朗的单边制裁都依赖于这样一个事实：美元不仅仅是全球贸易结算的媒介和货币兑换的基准，而且也是美国的本国货币。对美元的主权使美国能够禁止伊朗以美元以及与美元有联系的货币进行交易，从而有效地把伊朗排除在全球贸易和金融体系之外。但是，制裁所导致的市场扭曲产生了找到破解制裁的方法。这意味着避免使用美元，而使用黄金、其他货币，或者干脆进行物物交换。那些需要伊朗石油的国家，例如中国、印度、土耳其，尤其需要这样做。

以美元及相关货币所展开的国际交易受到环球同业银行金融电信协会（the Society for Worldwide Interbank Financial Telecommunication，SWIFT）的推动，美国于2012年把伊朗逐出了该协会。美国对伊朗和其他国家实施的制裁促进了种种应对机制的出现，这些机制不但旨在躲避美元而且也躲避环

---

① Eduard Soleri Lecha, Eckart Woertz, "Implications of the Ukraine Crisis for the Middle East," *Notes Internacionals CIDOB*, No. 87, April 2014, p. 1.
② "Iran Nuclear Deal Pushes Oil To 13 - year Low," 18 January 2016, http://news.sky.com/story/iran - nuclear - deal - pushes - oil - to - 13 - year - low - 10135357.

球同业银行金融电信协会,因为该协会中的数据库能够使美国监控并惩罚其所禁止的交易。对俄罗斯的制裁将会在这方面产生更大的创造力。俄罗斯会联合更多的国家,比如在金砖国家内部用它们的货币进行贸易结算。在支持国际贸易的同业银行交易的活动中,目前正出现人民币、沪港、中国银联分别作为美元、纽约和环球同业银行金融电信协会的替代选择的趋势。

据报道,2014年8月俄罗斯同意首期购买50万桶伊朗石油,以转卖到世界市场,包括中国。这直接破坏了限制伊朗石油贸易的西方制裁。在短期内,这种交易显露了在"六国"(P5+1)的政治团结中出现了破坏性分裂,它减弱了对伊朗的金融压力。从长期来看,它引发了关于目前对伊朗的经济制裁的有效性的疑问,更不用说未来的制裁了。① 如果达成伊核全面协议,这种物物交换机制的理据将会消失,因为伊朗将会更加方便地向世界市场上销售石油。

从俄罗斯方面来看,乌克兰危机后,其虽然遭受了西方的经济制裁,与西方关系进一步恶化,但它并不想与西方全面对抗,在伊核问题上总体上采取了合作态度,以在克里米亚"脱乌入俄"后的不利环境下改善其在西方社会的形象,并向国内外表明俄罗斯无法被完全孤立。在伊核问题全面破局前后,有奥巴马打给普京表达谢意的电话,以及克里对俄罗斯的访问。如果俄罗斯采取不同的立场,那么这不但将进一步破坏与华盛顿的关系,而且也破坏与德黑兰的关系,因为伊朗明显热切等待着制裁的解除和本国经济潜能的发挥。从2013年就任总统以来,鲁哈尼及其政府就毫无疑问地把缓和与美国和其他西方国家关系作为伊朗外交的优先努力方向。鲁哈尼公开宣称对伊朗持续的国际制裁对他的国家而言是难以承受的,并发誓要改变伊朗的孤立状态。② 乌克兰危机后,俄罗斯积极与世界大国同台参与伊核谈判,旨在向西方表明俄罗斯愿意与西方进行有选择的合作,并希望西方不要干涉乌克兰事务,同时俄这样做也为西方的亲俄势力提供在乌克兰危机中西方应保持中立的借口。

比起因伊核协议达不成而获得的因能源价格上涨而带来的短期利益,阻止伊朗获得核武器更加符合俄罗斯的长远利益。尽管因伊核问题谈判失

---

① Chas W. Freeman, Jr., "The Geopolitics of the Iran Nuclear Negotiations," Norwegian Institute of International Affairs, pp. 3 – 4, https://brage.bibsys.no/xmlui/bitstream/id/338118/The + Geopolitics + of + the + Iran + Nuclear + Negotiations. pdf.
② Alex Vatanka, "Hot Issue: Iran and the Looming U. S. – Russian Cold War," March 21, 2014.

败而导致的地区不稳定可能对油价有重大影响，但这种影响只是短暂的。例如，海湾战争对油价就没有产生持久影响。而反过来，伊核协议达成本身对国际油价的影响也比较有限，因为近年国际油价的走低是多重因素的结果：经合组织成员国的石油消费不旺；中国进入经济新常态后，其石油需求的增长放缓；美国的非传统油气生产大增不但减少了其进口，而且还增加了全球市场上的能源供给；石油输出国组织达不成共识；乌克兰危机前伊核问题临时协议就已达成了，这影响了人们的市场预期。另外，石油生产大国沙特阿拉伯或许出于迫使美国的非传统油气生产停产以及使"后伊核协议"时代的伊朗能源难以进入市场的考虑而决定维持其能源生产水平不变，也是导致油价走低的原因。伊核全面协议的达成对油价的影响整体有限。而且，基于高油价的经济增长方式对俄罗斯已经不起作用了。即使高油价也无法恢复俄罗斯20世纪所经历的每年7%的增长速度。正如俄罗斯中央银行行长纳比乌琳娜（Nabiullina）于2016年4月所说："不管油价是多少，即使是重回100美元每桶，我们也不能在不进行经济结构改革和改善投资环境的情况下而获得1.5%到2%的增长。"① 实际上，即使油价再次上升，像俄罗斯、伊朗、委内瑞拉这样的石油设施陈旧的生产国也仍然会越来越没有竞争力，因为油价上升将不可避免地使更多的非传统能源重回市场。

由于政治和安全原因，俄罗斯显然不希望伊朗拥有核武器。然而，与美国不同，俄在伊朗拥有巨大的政治和经济利益。伊朗是俄和平核技术和武器销售的主要接收方。伊朗也被俄看作能够平衡土耳其、美国、伊斯兰瓦哈比主义在南北高加索和中亚扩张的影响力。此外，伊朗的油气资源（分别为世界第四和第二）也对俄罗斯具有很大吸引力。② 在乌克兰危机后，遭受西方制裁的情况下，伊核问题全面协议的达成也为俄罗斯破解西方制裁提供一定的机会。实际上，乌克兰危机后的2014年11月，俄罗斯与伊朗就签署了数十亿美元的为伊朗在布什尔建造另外两座核电站的协议。③ 除了

---

① "Russia Economy cannot Grow without Structural Reforms," April 13, 2016, http://financialtribune.com/articles/world-economy/39394/russia-economy-cannot-grow-without-structural-reforms.

② Nadia Alexandrova-Arbatova, "Implications of the Russia-Ukraine Crisis for the Middle East and North Africa," Geographical Overview, *Mediterranean Yearbook* 2015, p. 227.

③ Andrew E. Kramer, "Russia Reaches Deal with Iran to Construct Nuclear Plants," *New York Times*, November 11, 2014, http://www.nytimes.com/2014/11/12/world/europe/russia-to-build-2-nuclear-plants-in-iran-and-possibly-6-more.html?_r=0.

从建造这些设施中获得可观收入外,俄罗斯还将在核反应堆运行过程中向伊朗出售核燃料。2015 年 4 月,在伊核问题框架协议达成不久,俄罗斯总统普京就决定取消向伊朗出售 S-300 地对空导弹的禁令。俄罗斯对伊朗的战略是与伊朗合作而不是竞争。对伊经济制裁的解除将使俄罗斯能够顺利增加对伊朗的贸易,从而抵销俄罗斯出口商因同西方供应商在伊朗市场上竞争而遭受的部分经济损失。正如一位俄罗斯政府消息人士 2015 年在评估行将达成的伊核问题全面协议时所说的:"俄罗斯不仅能够推动与伊朗在军事技术领域的合作,而且也积极地与之发展贸易与经济关系。"①

今天的俄罗斯与国际经济的密切程度远高于苏联,而这已经产生了脆弱性。人们会指出欧洲大部分国家依赖俄罗斯的天然气输送,这是事实,但同样是事实的是,俄罗斯也依赖天然气出口收入。对双方而言,天然气是经过管道而非轮船传输的这一事实,使得短期内更换供应商或消费者都极其困难。② 为了保证欧洲是俄主要能源市场,俄一个重要的能源战略是阻止其中亚邻国独立地把天然气出口到欧洲。如果伊核问题破局,俄罗斯也可把此战略运用于伊朗,通过投资于伊朗的能源部门并对之施加影响,俄也寻求确保伊朗丰富的能源不会被以直接与俄罗斯竞争的方式出口。当然,这会面临西方的竞争,但是"尽管有几个问题尚不能确定,日益清楚的事情是:除非协议最终导致伊朗与西方关系的根本性转变,俄罗斯都有可能作为这一进程的主要受益者出现"。③ 而伊朗与西方关系根本性转变的必要条件是伊朗的政权更迭,但至少目前还看不出伊朗有政权更迭的明显迹象。

第六节 本章小结

克里米亚"脱乌入俄"事件较大程度上是俄罗斯与西方自冷战后围绕北约东扩所展开的激烈地缘政治斗争的结果。在这种斗争中,西方节节胜

---

① Saradzhyan, "Russia's Interest in Cooperating with Iran Free of Nuclear Weapons," July 18th, 2015, http://saradzhyan.livejournal.com/53286.html.
② Scott Monje, "Crimea's Impact on Syria and Iran," March 27, 2014, http://foreignpolicy-blogs.com/2014/03/27/crimeas-impact-on-syria-and-iran/.
③ Paul N. Schwartz, *What the Iran Deal Means for Russia*, the Center for Strategic and International Studies, 2015, p. 1.

第七章 克里米亚"脱乌入俄"、俄欧能源博弈与伊核问题全面破局

利且胃口越来越大,在渐进式地"吃掉"了属于苏联势力范围的东欧国家以及苏联一部分加盟共和国后,试图把乌克兰也纳入其一体化轨道。这大大触犯了俄罗斯的利益,俄被迫使用了武力。尽管从国际法角度分析,俄在此事件中使用武力的行为是不合法的,但从国家利益至上的现实主义角度出发,俄罗斯在克里米亚"脱乌入俄"事件中使用武力有其政治上的合理性。

《联合国宪章》第二条第四款禁止各国在国际关系中使用武力或以武力相威胁,但有两个例外:第一个例外是作为《联合国宪章》第42条规定的由安理会主导的集体安全措施;第二个例外是作为宪章第51条所规定的自卫行为。俄罗斯在克里米亚"脱乌入俄"事件中使用武力显然不属于第一个例外,因为其武力干涉根本没有得到安理会的授权。俄使用武力的行为也不符合作为第二个例外的自卫行为,因为根本就没有发生过由乌克兰发起的针对俄罗斯的武力攻击,也没有来自乌克兰的非国家行为体发动针对俄罗斯本土、驻外使馆、海外国民等的武力攻击。当然,俄提出了"保护海外国民"及"受到邀请"等理由。但是乌克兰没有发生针对俄族裔居民的攻击行为,就算乌克兰克里米亚地区出现了针对俄族裔居民的人道主义问题或者什么其他问题,俄以此为借口进行武力干涉的合法性也是存在巨大争议的,很难说是行使自卫权的表现。即便俄罗斯进行武力干预是行使合法的自卫权,其自卫行为也超出了必要性原则,更是破坏了对称性原则。而所谓"预期性自卫"又是不被国际社会所承认的。至于受到亚努科维奇及克里米亚地方当局的邀请这一理由,其首先涉及集体自卫权。但并没有发生针对乌克兰或其克里米亚地区的来自他国的武力攻击,或由他国指使的武装团伙或非正规部队等的攻击,或相关行动独立于任何国家的武装团体等的攻击,从而俄罗斯以行使集体自卫权为由为其在乌使用武力所进行的辩护是站不住脚的。当然,"受到邀请"这一理由还可能涉及受邀武力干涉一国的内部武装冲突这种情况。但是当时乌克兰并没有发生内部武装冲突,因此"受邀干涉"基本上无从谈起。假定乌克兰存在着内部武装冲突,并假定本身合法性存在很大争议的"受邀干涉"是的确合法的,但就俄此次的武力干涉而言还涉及邀请者的资格等问题。克里米亚地方当局无疑是没有资格邀请俄进行武力干涉的。亚努科维奇作为一个被非法废黜后流亡到俄罗斯的总统不但已经失去了对乌克兰的有效控制,而且也没有得到国际上的广泛承认,因而其也没有资格邀请俄进行武力干涉,从而俄"受邀

干涉"也是非法的。俄罗斯也无法依赖所谓人道主义干涉理论作为其使用武力的遁词。根据该理论，在存在严重人道主义危机的紧急情况下，为了挽救生存受到威胁的全体民众，一国可以进行特殊的干预。但当时乌克兰并不存在严重人道主义危机。而且就算存在着严重人道主义危机，人道主义干涉理论本身是颇受诟病的。假定人道主义干涉理论被国际社会所广泛接受，并且当时乌克兰也确实存在着严重的人道主义危机，但是以真诚的人道主义目的而进行干涉的国家并没有被赋予改变相关领土的地位的权利。

但是如果从政治角度分析，俄使用武力促成克里米亚独立却是合理的，这是因为：亚努科维奇总统倒台，乌亲西方人士上台，是冷战结束以来西方不择手段地挤压俄罗斯地缘政治空间的结果，并严重危及俄罗斯的核心利益；克里米亚对俄极具战略价值；俄武力促成克里米亚"脱乌入俄"具备历史和现实条件，并有利于稳固普京的政治地位。2014年3月27日，联大召开全体会议审议乌克兰问题，并就乌克兰等国起草的一份题为"乌克兰的领土完整"的决议草案进行投票表决。根据现场宣布的表决结果，美国、英国、法国、德国等100个国家投赞成票，俄罗斯、古巴、朝鲜、委内瑞拉等11个国家投票反对，中国、巴西、印度、南非、乌兹别克斯坦等58个国家弃权，另有24国没有投票（或许有意缺席）。[①] 此结果显示，在克里米亚地位问题上西方并不能主导国际社会，许多国家对俄以武力促成克里米亚"脱乌入俄"给予理解，甚至政治支持。

综上，俄罗斯在克里米亚"脱乌入俄"过程中的武力使用是违反国际法的，但从政治角度看却是必要的、合理的。从国际法的角度看，接受俄罗斯兼并克里米亚是不可想象的，因为这将严重破坏《联合国宪章》第二条第四款，并从整体上破坏国际法律安全结构。但是从政治角度看，如果乌克兰的和平需要有一个现实前景，接受克里米亚并入俄罗斯似乎是不可避免的。

乌克兰危机的标志性事件之一是俄罗斯促成了克里米亚"脱乌入俄"，其是俄罗斯同西方长期的地缘政治斗争发展到一定阶段的结果，是在西方

[①] 王雷、顾震球：《联合国大会决议称克里米亚公投无效 中国投弃权票》，新华网2014年3月27日电；"UN Will Treat Crimea as Part of Ukraine, Not Russia, Western Diplomats Say," April 2, 2014, http://www.haaretz.com/world-news/1.583492; William W. Burke-White, "Crimea and the International Legal Order," Public Law and Legal Theory Research Paper Series, Research Paper No. 14-24, p.10.

对俄罗斯地缘政治空间过分挤压下，俄被迫做出的激烈反应。该危机使俄与西方关系进一步恶化，西方对俄逐渐加大了制裁力度，并在政治上也对俄实施一定程度的孤立。但是制裁是一把双刃剑，在俄与西方，特别是欧洲绝大多数国家存在很强的能源相互依赖的情况下，欧洲在对俄制裁时总是难免有所顾忌。为了在与俄的新的斗争中减少这种顾忌，欧洲就必须减少对俄的能源依赖，加快实施能源来源多元化战略。伊朗是一个能源资源十分丰富的国家，对欧洲而言，其既可以是潜力巨大的油气来源国，又可以成为重要的油气管道的过境国，因而在欧盟的能源来源多元化的战略实施过程中有显著地位。

俄与西方的能源博弈由来已久，在乌克兰危机前，伊朗就已经成为俄欧能源博弈中博弈双方的关注对象，但由于俄与西方关系尚未达到接近破裂的程度以及伊核问题的存在，伊朗无法有效发挥其潜力。乌克兰危机爆发后，俄与西方关系急剧恶化，双方的能源博弈也随之加剧，欧盟更加希望伊朗在自身的能源安全中发挥更大作用，因而早日解决伊核问题的意愿愈加强烈。同时，如果西方对俄伊同时制裁，可能会促使双方更加密切地合作，不但会减弱对双方的制裁效力，而且还将破坏对西方有利的经济与金融机制。就俄罗斯而言，解决伊核问题对自己有利有弊，而且在乌克兰危机背景下，其对伊核问题解决采取支持态度也可获得一定的政治及经济利益；而且，伊核问题全面破局并不意味着伊核问题彻底解决，美国加在伊朗头上的单边制裁的解除是个长期的过程，且存在一定变数，在伊朗与西方缺乏互信的情况下，其很难成为欧洲可信赖的能源合作伙伴，因此伊核问题破局对俄的利益造成的损害至少在短期内是有限的。总之，乌克兰危机一定程度上促进了伊核问题破局。

第八章 伊核问题破局后中国对伊朗的政策

中国对伊朗政策受多方面因素的影响，而且这些影响因素也是不断变化的。在伊核问题破局之前，中国在发展对伊朗的关系上受伊核问题的影响较大，伊核问题破局理所当然地给中国对伊朗政策提供了一个新的背景因素。本章主要讨论伊核问题破局后中国对伊朗的政策，因而有必要首先考察一下欧美在伊核问题上的政策对中国对伊朗政策的影响。

第一节 欧美在伊核问题上的政策对中国的影响

一 欧盟的伊核政策对中国的影响

欧盟的伊核政策对中国的影响在不同的阶段是不同的。在伊核问题的早期，欧盟在美国与伊朗之间扮演着调解人角色。对此，中国总体上是乐见其成的。因为，维护核不扩散机制的权威性，防止核武器扩散符合中国的利益，而且中国历来强调通过外交途径解决国际问题。另外，相对于自己家门口的朝核问题，中国对伊核问题的关注度较低。在伊朗秘密核计划被曝光后不久，美国即要求把伊朗核问题提交到安理会，对此欧盟反对，欧盟这样做有利于把伊核问题限于国际原子能机构框架内。这与中国的立场相一致。在欧盟的斡旋结果不理想时，中国还反复表示反对把伊核问题提交到安理会，支持继续在国际原子能机构框架范围内解决。

但对欧盟向伊朗所提的要求，比如停止所有铀浓缩活动，中国虽然没有明确表示反对，但却暗示了不敢苟同。伊核问题的本质是美伊关系，而其核心争议却是由美伊关系所决定的关于伊朗核权利的认识。小布什政府在对待伊朗的核权利上执行的是"合法的歧视"（legitimate discrimination）政策。"合法的歧视"旨在堵住《不扩散核武器条约》的漏洞，其要义是由相关国际机构，最好是联合国安理会制定补充性法规，拒绝承认个别"关注国"（state of concern）拥有发展铀浓缩能力的权利，从而阻止其滥用该条约所规定的和平利用核能的权利而秘密发展核武器。① 尽管因存在着争议和操作上的困难，"合法的歧视"思想并没有上升为国际法，但小布什政府在应对伊核问题上还是践行了这种思想，特别是在第一任期内，其力图阻止伊朗进行任何核活动。欧盟公开承认伊朗拥有和平利用核能的权利，这虽然有别于小布什政府，但是同美国一样的是欧盟也不认为进行铀浓缩属于伊朗核权利范围。伊朗则始终坚持自己有不可剥夺的进行铀浓缩的权利。伊朗外交部发言人阿芙哈姆2013年10月在一次例行记者会上表示，铀浓缩是伊朗不可剥夺的权利，伊方的"终极目标"是西方承认伊朗拥有包括铀浓缩在内的核权利。② 中国虽然没有直接地指明伊朗拥有铀浓缩的权利，但却间接地暗示伊朗拥有此种权利，中国领导人多次强调要尊重伊朗和平利用核能的权利。2010年5月17日，土耳其、巴西与伊朗达成的核燃料交换协议中明确宣称：我们重申遵守《不扩散核武器条约》，并根据相关条款再次强调包括伊朗伊斯兰共和国在内的所有国家享有的为了和平目的，无歧视地展开核能的研究、生产和利用的权利以及开展包括铀浓缩活动在内的核燃料循环系统建设的能力。③ 中国对此协议表示了欢迎，认为是朝着和平方向迈出的一步。④ 这说明中国在无核国家核权利的认识上与三国类似。"伊朗发展铀浓缩和核燃料循环技术的权利实际上是相当明确和无可争议的。国际社会中的大多数国家，包括中国、俄罗斯、巴西、土耳其、印度、南非以及不结盟运动的所有120个成员均承认这种权利。"⑤

欧盟拒绝承认伊朗拥有铀浓缩的权利，而中国间接认可伊朗的这项权利，双方这种对国际规范认识上的差异在双方行为上的体现是，欧盟当时只是要求暂缓但并不反对把伊核问题提交到安理会讨论（如上文所分析的，

---

① See Cyrus Samii, "Managing Nuclear Threats after Iraq," International Peace Academy, February 2005, pp. 1, 11, https: //files. nyu. edu/cds2083/public/docs/MANAGING _ NUCLEAR _ THREATS. pdf.
② 何光海：《伊朗说承认伊拥有铀浓缩权利是核谈"终极目标"》，新华网德黑兰2013年10月1日电。
③ "Text of Iran Letter on Nuclear Fuel Swap Offer," May 24, 2010, http: //in. mobile. reuters. com/article/worldNews/idINIndia – 48751920100524.
④ 周兆军：《马朝旭：欢迎巴西、土耳其和伊朗签署核燃料协议》，2010年5月18日，中国新闻网，http: //www. chinanews. com/gn/news/2010/05 – 18/2289914. shtml.
⑤ Nima Shirazi, "Iran's Nuclear Rights vs. the West's 'Bombastic Diplomacy'," November 11, 2013, http: //mondoweiss. net/2013/11/nuclear – bombastic – diplomacy. html/comment – page – 1.

提交到安理会讨论实际上是欧盟斡旋外交的一部分），而中国是反对把伊核问题提交到安理会进行讨论的，坚持在国际原子能机构框架内解决。因为，既然中国间接认为伊朗拥有进行铀浓缩的权利，那么伊朗的铀浓缩活动就是合法的，就没有对国际和平与安全构成威胁，因而没有必要提交到安理会讨论。欧盟斡旋失败后，坚持把伊核问题提交到安理会，使作为安理会常任理事国的中国在伊核问题上开始承担越来越大的责任，从而也面临越来越大的挑战。

如上文所述，在2006~2010年联合国安理会通过了多个伊核问题决议，其中有四个制裁决议（1737号、1747号、1803号、1929号）。各个决议的通过都以伊朗没有停止铀浓缩活动作为主要依据，① 但都最终获得了中国的支持。中国的行为无疑与欧盟特别是英法两国大力推动对伊制裁的努力不无关系。中国支持制裁当然是综合考虑了国家利益的，同时也是中俄与美英法讨价还价后的结果。实际上，联合国各制裁伊朗的决议的严厉程度由于中俄的努力较之于草案已弱化了许多，对伊朗的石油出口等并未造成多大的影响，从而也未对中国与伊朗的贸易造成太大影响。

2010年后，欧盟开始实施一系列日益严厉的对伊单边经济制裁。欧盟和美国的制裁一样，都以削减伊朗的石油收入以迫使其放弃核计划作为主要目标。2012年紧跟美国的步伐，欧盟强化了其制裁力度，不但限制成员国进口伊朗的石油，而且还包括禁止欧盟的保险公司为伊朗的石油出口提供运输保险。欧盟的这种制裁措施与中国所一贯倡导的以对话方式，通过外交手段解决国际争端等原则不一致，也显然使中国难以顺利地以原有的量从伊朗进口石油，这对中国的能源安全构成一定威胁。针对欧盟的单边制裁，我国外交部发言人洪磊在新闻发布会上说："我们反对对伊朗施加单边制裁，并相信以制裁施压不能根本解决伊朗核问题。它只能使情况更为复杂并加剧冲突。"② 中国还认为美欧对伊朗进行制裁还有核之外的原因，比如以核问题为借口对伊实施制裁以遏制其地区影响力，甚至企图诱发伊

---

① 美欧坚决反对伊朗拥有核武器，而它们又认为伊朗发展核技术旨在制造核武器（主要理由是伊朗核设施规模大、核活动保密或缺乏透明度、伊朗化石能源丰富而铀矿贫乏因而和平利用核能成本更高、伊朗核计划军方色彩浓厚、伊朗的导弹技术较高等），因而它们主张严格限制伊朗的核活动。

② Reuters, "China Criticizes New EU Sanctions on Iran," *The Jerusalem Post*, October 16, 2012, http://www.jpost.com/Iranian-Threat/News/China-criticizes-new-EU-sanctions-on-Iran#!.

朗普通民众的反政府情绪，进而达到政权更迭的目的。这更是对内政的粗暴干涉。伊朗需要尽其所能地维持石油出口量，同时中国需要尽可能不受影响地从伊朗进口石油。双方都需要采取措施应对欧盟的制裁。措施之一是，伊朗购买中国的许多油轮，通过它们向中国出口石油。[①] 中国这样做，是坚持自己的原则，反对单边制裁的表现，以实际行动践行了自身的外交理念。

欧盟对伊朗的单边制裁，对中国石油进口的影响并不大，主要是导致了其与中国在国际规范方面的矛盾。在伊核问题上，中国希望通过不妨害其他国家主权的会谈和外交手段进行接触，而欧盟支持严重依赖制裁和压力的方法。另外，在意大利、希腊、西班牙等欧盟成员国对伊朗有较大依赖的情况下，欧盟依然决定实施对伊朗的经济制裁，表明欧盟坚定地要在国际核不扩散方面发挥重要作用。欧盟外交和安全政策高级代表经常代表"六国"与伊朗磋商互动，形成了伊核问题解决的特殊运作机制。在伊核问题最终协议已达成的情况下，欧盟可能会更加努力要求参与到与中国关系较大的朝核问题谈判中，使朝核问题的谈判朝着伊核问题谈判模式方向上发展。

二 美国在伊核问题上的政策对中国的影响

在伊朗核问题上起主导作用的是美国。也正因为此，美国在伊核问题上的政策对中国的影响最大。美国在伊核问题上的政策以"压"为主，这特别体现于其努力推动对伊朗实施国际经济制裁以及美欧的单边制裁方面。美国奥巴马政府对伊朗的接触政策的一个重要目的也是为了很好地对伊朗施压（当然这种"压"是具有建设性的，其本身就表明美国愿意让步），因为"接触政策"使"6+1"会谈模式得以形成，把中国和俄罗斯也拉了进来，这样一来伊朗就比其他模式更难以有效利用大国矛盾。美国对伊朗的"压"，以经济制裁为核心，经济制裁是美国在伊核问题上的最主要政策，因而也是对中国影响最大的政策。在此，笔者主要分析一下美国对伊朗的经济制裁对中国的影响。

作为一个经济与政治大国，美国对伊朗施加任何有实际意义的压力都

[①] "Toothless Sanctions? Iranian Oil Trade Booming, China Top Buyer," January 31, 2013, http://rt.com/news/iran-oil-sales-high-132/.

需要中国的支持与配合。但是由于中美两国存在结构性矛盾，美国把中国看作其最具潜力的挑战者，因而在与中国接触的同时，时刻不忘遏制中国。随着中国实力的增强，中美间的结构性矛盾也愈加突出。作为世界唯一超级大国，美国也不希望中东地区出现挑战者，一直对反美国家实施打压。伊拉克战争后，萨达姆政权被推翻，伊拉克以西方民主方式建立了新政权，这样不但使伊朗的一个宿敌、劲敌消失，而且还使其迎来一个亲近自己的伊拉克新政权。阿富汗战争后，塔利班政权被推翻，同样帮助伊朗摧毁了一个大敌，而且阿富汗新政权同样也对伊朗友好。这样，美国小布什政府发动的两场战争实际上有力推动了伊朗国际地位的提高。由于伊朗自1979年伊斯兰革命胜利后一直与美国互为敌人，美国非常不甘心其发动两场战争客观上让伊朗获得了红利，因此很大程度上以核问题为借口对伊朗实施打压，以削弱其地区影响力，甚至试图改变伊朗政权颜色。正如我国学者所言："美国'火上加油'的真实意图，是想促成联合国对伊朗进行制裁，为其未来更迭伊朗政权铺平道路。美国的全球战略、对伊朗政策决定了包括使用军事手段在内的多种手段更迭伊朗政权，是美国的既定目标，这是伊朗核问题产生的根源。"① 中国与伊朗在对抗美国的打压方面显然存在着共同利益。加之，伊朗是世界上屈指可数的能源大国，且享有得天独厚的地缘优势，其在经贸方面与中国有一定的互补优势。因此中伊关系不断升温。这给美国打压带来掣肘。早在2005年9月，美国副国务卿罗伯特·佐利克（Robert Zoellick）就曾在一次演讲中说道："对于美国和世界而言，根本性的问题是，中国如何使用其影响力？"② 这实际上是要求中国在伊朗核问题上与美国保持配合。

在伊核问题上，维护国际核不扩散机制的权威当然是中国所追求的，中国同样不希望伊朗拥核，但是中国反对以核为借口打压伊朗以达到其他的政治目的。同时，中国在发展与伊朗的关系上拥有自己的利益，中国不希望美国在以核为借口向伊朗施压时损害自身的利益，因此在伊核问题上中国与美国的步调并不一致。如果中国与美国的步调不一致，那么就会影响美国打压伊朗的效力，对此美国的应对之策是迫使中国在对美关系和对伊朗关系上做选择，或者在美国市场和伊朗市场之间进行选择。美国对伊

---

① 李水生：《"火上加油"意在制裁》，《人民日报》2006年4月13日。
② John Tkacik, "Confront China's Support for Iran's Nuclear Weapons," April 18, 2006, http://www.heritage.org/asia/report/confront-chinas-support-irans-nuclear-weapons.

朗的单边经济制裁就起到了这种作用,对中国产生了较大影响。

美国对他国实施经济制裁的做法已有几十年历史,其方式方法和内容都在不断变化与发展,已成为美国一种成熟的对外政策工具。由于伊朗是能源大国,美国对伊朗的经济制裁主要针对其石油生产和销售。但由于石油是全球性商品,在国际市场上需求量大,为了惩罚伊朗,美国不愿和伊朗进行石油商业往来,并不能代表其他国家不愿意和伊朗发展能源关系。即使美国能够说服其盟友不和伊朗发展能源关系,但它无法说服非盟友不和伊朗发展能源关系。为了部分地解决这个问题,早在 1996 年美国国会就出台了《伊朗利比亚制裁法案》(Iran and Libya Sanctions Act)。该法案规定,美国将对在伊朗能源领域投资达到或超过 4000 万美元的外国公司实行制裁。① 在这里美国就已经实施了霸道的治外法权。

2011 年后,美国对伊朗单边经济制裁的治外法权特色更加浓烈了。2011 年 11 月 20 日,美国总统奥巴马签署于次日生效的第 13590 号行政令,即《授权实施与为伊朗能源和石化产业提供产品、服务、技术或支持有关的制裁》该行政令规定,禁止向伊朗销售、出租或提供可能直接并且显著维持或增强伊朗开发其国内石油资源能力的单笔逾 100 万美元,或在 12 个月期间内总计逾 500 万美元的产品、服务、技术或支持;禁止向伊朗销售、出租或提供可能直接并且显著维持或扩大伊朗国内石化产品生产的单笔逾 25 万美元,或在 12 个月期间内总计逾 100 万美元的产品、服务、技术或支持。② 美对伊新制裁并非以单独提案形式出现,而是包括在长达 500 多页的 2012 财政年度国防授权法案中。国防授权法案第 1245 款规定了对伊的新制裁措施,主要包括:冻结伊金融机构在美资产。对同伊中央银行或其他被列入制裁清单的伊金融机构进行大宗金融交易的国外金融机构实施制裁,自法案颁布 60 天后生效。此项制裁不适用于向伊出售食品、药品或医疗器械的交易。对进行购买伊石油或石油产品金融交易的国外金融机构实施制裁,自法案颁布 180 天后生效。法案规定,如果美总统判定伊朗之外其他国家的石油供给足以允许国外买方大幅减少从伊石油的买入量,即可以实施此项制裁。美总统须在法案颁布 90 天内并在随后每 180 天对国际石油价格和供应做出判断。此外,如果美总统确定某国已大幅减少从伊购买石油,

---

① Jeffrey J. Schott, "The Iran and Libya Sanctions Act of 1996," July 23, 1997, http://www.globalpolicy.org/component/content/article/202/41772.html.

② 参见段康《欧美对伊朗实施新一轮经济制裁》,《中国航天》2012 年第 1 期,第 54 页。

则此项制裁不适用于该国的金融机构,豁免期限为 180 天。① 根据该制裁条文,伊朗与位于比利时的国际电子银行网络"环球同业银行金融电讯协会"(SWIFT)的业务管道被切断,金融业务与对外贸易遭受重创。②

2012 年 7 月 12 日,美国财政部再次推出新制裁措施,将制裁范围从金融扩展至贸易、能源和人员等多个领域。美国总统奥巴马 7 月 31 日宣布,美国当天对伊朗石油行业实施新一轮制裁。奥巴马就此发表声明说,他之所以下令对伊朗能源和石化部门采取额外制裁措施,目的在于"阻挠伊朗建立用于购买伊朗石油的支付途径",从而阻止伊朗逃避现有制裁措施并对美国现有制裁框架加以利用。奥巴马说,新一轮制裁措施出台后,购买或者获取伊朗石化产品者将受到美国制裁。同时,美国还将对寻求逃避制裁影响者、向伊朗国家石油公司、纳夫蒂朗国际贸易公司和伊朗中央银行提供物质支持或者帮助伊朗政府购买或获取美国纸币或贵金属的个人和实体实施制裁。值得注意的是,美国的这次制裁涉及中国昆仑银行。③ 同时,美国要求国际社会采取实质性措施配合其制裁。2013 年 1 月 2 日,美国公布新财年《国防授权法》,除加强在能源、船运、造船领域的制裁外,还将限制伊朗在贵金属、石墨、铝、钢铁、冶金用煤和一些商业软件领域的贸易,并特别规定限制易货交易,防止伊朗规避制裁。④

美国对伊朗严苛的经济制裁殃及中国的银行、公司与个人。由于欧盟比较主动配合美国的对伊朗政策,积极出台了自身的对伊经济制裁措施,并且美国还认为从伊朗进口石油较多的其亚洲盟国日本、韩国等也会配合美国的制裁措施,因此美国认为制裁伊朗能否产生预定的效果关键看一度占据伊朗石油出口量 1/3 的中国怎么做。鉴于此,"美国在 2010 年 7 月 1 日制定《全面制裁伊朗、问责和撤资法案》,规定向伊朗出售成品油或原油加工设备(包括资金投入、输送能源技术与设备等)超过 100 万美元的公司将受到美国制裁,目的是准备对取代欧盟进入伊朗市场的中国企业采取行

---

① 李瑞华:《美欧加码对伊朗经济制裁欲断其金融命脉》,《经济》2012 年第 5 期,第 70~71 页。
② 孙立昕:《美国制裁伊朗的现状、效果及影响》,《当代世界》2014 年第 5 期,第 48 页。
③ 《美国对伊再施新制裁 阻挠伊朗建购买石油的支付途径》,《南方日报》2012 年 8 月 2 日,http: // www. chinadaily. com. cn/hqcj/2012 - 08/02/content_ 15640684. htm。
④ 杨军:《美欧卡死石油贸易 伊朗经济痛苦挣扎》,《中国青年报》2013 年 1 月 14 日,http: // www. chinanews. com/gj/2013/01 - 14/4483506. shtml。

动。"① 2011年美国继续收紧对伊朗的经济制裁时，虽然其亚洲盟友纷纷予以配合，但它们也向美国表达了对中国填补其撤离伊朗市场后留下的真空的担心。于是，美国在2012年加大对中国施压力度，宣布对中国珠海振戎公司实施制裁。美国国务院声称已禁止珠海振戎公司获得美国出口许可、美国进出口银行资金，以及美国任何一家金融机构超过1000万美元的贷款，理由在于该公司曾向伊朗销售汽油。由于珠海振戎公司在美国并没有资产或商业联系，因此美国的这种制裁只是一个象征性的举措。尽管如此，它也向中国发出了一个明确信号，即如果中国不配合美国正在实施的对伊朗的制裁措施，而继续同伊朗保持较为密切的经济合作关系，那么中国将会被美国视为与其"对立"，美国将会视情况对中国采取进一步措施。②

美国受到欧盟积极配合和日本等盟友支持的对伊朗史无前例的严厉制裁对中国形成挑战，使中国面临两难局面。如果中国屈服于美国的制裁措施，按照其制裁措施的要求做，那么将严重损害其与伊朗之间的巨大的经贸利益。据中国海关统计数据，2010年中国从伊朗进口的原油价值高达293亿美元，目前中国已有100多家企业进驻伊朗，并与伊朗油气部门签署了总价值约1200亿美元的相关合同。③ 美国能源部数据也显示，中国2011年从伊朗进口石油数量为平均每天54万桶，占中国进口总量的11%。中国已成为伊朗石油出口第一大贸易国。④

如果中国参与制裁，减少从伊朗进口石油，就需寻求能源进口来源替代国，但这也并非易事。沙特阿拉伯虽然有实力成为中国的能源进口来源替代国，可以暂缓中国经济建设之需，但是沙特阿拉伯等国家的原油质量不如伊朗。经过2008年的冲击后，世界上一些大型炼油基地的设备得到了改进，但中国的一些炼油设备暂时无法应对这种情况，而设备更新并非一朝一夕的事，这就会造成中国国内临时性石油短缺，从而导致油价上涨，国内市场受到短期冲击。⑤

---

① 孙立昕:《美国制裁伊朗的现状、效果及影响》,《当代世界》2014年第5期,第51页。
② 周云亨、余居道:《西方石油禁运考验中伊能源关系》,《中国石化》2012年第7期,第62页。
③ 王鹏:《制裁伊朗石化业中国将受牵连》,《中国化工报》,2011年12月1日,第5版。
④ Philip K. VerlegerJr. "Using US Strategic Reserves to Moderate Potential Oil Price Increases from Sanctions on Iran," Peterson Institute for International Economics, Washington, DC, Policy Brief, No. PB12-6, February 2012, p. 7.
⑤ 蔡鹏鸿:《美国制裁伊朗及其对中国的影响》,《现代国际关系》2012年第4期,第20页。

如果中国继续与伊朗保持正常、良好的经贸关系，那么中国在美国的金融机构将会受到制裁。或者说，"如果中国继续同伊朗进行交易，继续通过伊朗相关银行结账，或者采用本国货币交易，美国将根据立法吊销中国在美金融机构开设的账户，这实际上等于将中国的银行机构逐出美国市场"。① 如果这样，那么中国的海外金融利益将遭受严重损失。

为了最大限度地维护中国的整体国家利益，中国在一定程度上对美国的压力有所屈从。2011 年下半年，中石油推迟了在伊朗南帕尔斯第二期天然气田的钻探工程，中海油也撤走驻北帕尔斯天然气田的项目人员，而中石化也延迟了在伊朗亚德瓦兰油田的动工日期。② 对此，2011 年 8 月，伊朗对中国油企中石油在伊朗南帕尔斯气田第 11 期项目的开放提出警告，理由是拖延开发。同年 10 月，中海油在伊朗北帕尔斯气田总额 160 亿美元的开发协议由于项目进展缓慢被伊朗方面叫停。③

美国国务卿希拉里于 2012 年 3 月发表声明，要求中国等 12 个国家必须在 7 月底削减自伊朗进口原油，否则将无法获得豁免，并遭到美国政府的金融制裁，这些国家具体从事石油进口的公司在美国的银行账号可能遭到冻结。中国外交部发言人洪磊在随后的例行记者会上回应此事时表示，中国从自身经济发展需要出发，通过正常渠道从伊朗进口原油，合情合理合法，不违反联合国安理会有关决议，也不损害第三方和国际社会的利益。中方一贯反对一国根据其国内法对另一国实施单边制裁，更不会接受将单边制裁强加于第三国的做法。④ 但是为了获得美国的豁免，中国还是在 2012 年头 5 个月里，从伊朗购买原油数量下降了约 25%。当然，中国表示，年初减少从伊朗进口原油是由于价格分歧，并非顺从美国的对伊制裁。⑤ 但同时，为了避开美国的制裁，中伊双方采取物物交换制进行贸易，伊朗用石油交换中国的商品和服务。

---

① 蔡鹏鸿：《美国制裁伊朗及其对中国的影响》，《现代国际关系》2012 年第 4 期，第 20 页。
② 参见《伊朗与西方矛盾再升级　国际油价或在短期内飞涨》，《国际金融报》2011 年 12 月 2 日，http：//news.china.com/focus/ylhwj/11109640/20111202/16900564.html。
③ 李春莲：《中海油伊朗项目因进展缓慢被叫停　中国三大油企海外并购喜忧并存》，《证券日报》2011 年 10 月 17 日，http：//finance.sina.com.cn/stock/t/20111017/032610631249.shtml。
④ 参见《美国要求中国减少进口伊朗石油　否则金融制裁》，2012 年 3 月 22 日，http：//news.qq.com/a/20120322/000418.htm。
⑤ 程磊：《中国大幅减少从伊朗进口原油　美国宣布"豁免"》，《法制晚报》2012 年 6 月 30 日，http：//news.qq.com/a/20120630/000641.htm。

第二节　伊核问题破局后中国对伊朗政策的机遇与挑战

中伊两国共享沿着丝绸之路的古代贸易伙伴关系的历史。两国都是非西方国家，都以不同形式经历了殖民主义统治、推翻各自君主制的革命，以及指导两国发展的革命性意识形态的产生。这些历史因素促成了俩国目前的身份认知，并在高层会晤中被重申。特别是作为双方重要的联系因素的丝绸之路。当然，伊朗的石油、中国的工程和军事技术、两国在各自周边地区的地缘政治权力对于强化两国关系也同样是重要的。

从 1985 年到 1996 年，中国向伊朗提供了各种类型的关键核技术和机械装置。中国的技术人员和工程师在训练伊朗的核工程师建造伊斯法罕核研究中心方面发挥了重要作用。美国在这个领域向中国施压，这是中国于 1997 年停止对伊朗进行直接的核帮助的原因。中国努力接受伊朗的宣称，即其核计划是为了和平利用，作为《不扩散核武器条约》的缔约国，伊朗拥有这种权利。[1]

然而，伊朗与中国广泛而深远的合作关系，部分包括中国利用伊朗作为杠杆反对美国的能力，使得中国不愿意听从美国的要求。在整个制裁过程中，中国使用商品和服务交换伊朗的石油，帮助伊朗经济。伊朗和中国的利益在国际秩序、技术转让、贸易，特别是能源等问题上有很大的交集。在制裁期间，伊朗向中国成功出口了约 50% 的本国原油，这在制裁期间极大地帮助了伊朗经济。[2] 在人权问题上，中伊两国也有类似的看法。两国并不认为人权具有普遍性，相反，它们认为人权是西方国家干涉它们内政的努力。"中国支持 1929 号决议，是在决议内容严苛度受到淡化，以保护中国的经济利益并减少对伊朗整体经济的破坏以后。"[3]

---

[1] Isabella E. Vogel, "Iranian – Chinese Foreign Relations：The Identity Factor in a Strategic Partnership," June 2016, https：//openaccess. leidenuniv. nl/bitstream/handle/1887/40714/ThesisVogelIran – China. pdf? sequence = 1.

[2] Isabella E. Vogel, "Iranian – Chinese Foreign Relations：The Identity Factor in a Strategic Partnership," June 2016, https：//openaccess. leidenuniv. nl/bitstream/handle/1887/40714/ThesisVogelIran – China. pdf? sequence = 1.

[3] Roncevert Ganan Almond, "China and the Iran Nuclear Deal," March 8, 2016, http：//thediplomat. com/2016/03/china – and – the – iran – nuclear – deal/.

一 伊核问题破局后中国对伊朗政策的机遇

伊核问题破局对中伊关系产生直接和间接的影响。最直接的影响是，联合国以及欧美与核有关的制裁的解除将增加中国公司在伊朗进行投资以及与伊朗进行贸易的机会。这特别与能源领域有关系，在该领域中国的石油公司先前为了躲避美国的二次制裁而减缓了进入伊朗市场的进程。现在这一进程可以加速一点了，中国石油公司可以增加在伊朗的生产，推动伊朗石油产量的增加。中石油也可以恢复开发其于2012年退出的伊朗南帕斯气田。中国当然还可以恢复甚至增加从伊朗进口石油的量。

中国还可以加大其在基础设施建设与发展方面对伊朗的帮助。这可能涉及通过亚洲基础设施投资银行增加融资。作为"一带一路"倡议的一部分，中伊两国可以加速推动途经中亚、连接中国西部与伊朗的高速铁路建设。伊核全面协议达成后，中国可以积极投资建造连接伊朗和巴基斯坦的天然气管线。伊朗方面表示，管道的伊朗段已经建好，全长560英里（约合900千米），始于该国的一个天然气田。长期以来，伊朗都在向巴基斯坦施压，要求巴基斯坦建好境内的那半段管道。但巴基斯坦一直并未展开该管道的建设工作，因为美国方面以核为借口曾采用多种方法阻挠。最终协议达成后，欧美将首先撤销对伊朗实施的能源出口禁令等。伊朗协议将有助于伊巴两国清除该天然气管道项目的部分障碍，让它们得以继续前进。① 中国帮助建造该管线还可以改善伊朗和巴基斯坦的关系，因为巴基斯坦和伊朗的宿敌沙特阿拉伯和美国保持良好关系。中国与伊朗在伊核问题全面协议达成后也可以在核能利用上展开合作，比如中国帮助伊朗建造核电站，与伊朗合作对伊朗在阿拉克的重水反应堆进行重新设计和现代化改造。②

中国可以将伊朗定位为丝绸之路经济带上的枢纽国。中国可主动提出帮助伊朗建立一系列"经济特区"，连接中国产业链，使其丝绸之路经济带枢纽作用更加明显。可尝试规划建设"里海沿岸 - 马什哈德 - 恰赫巴哈尔港"纵贯伊朗南北的高速货运铁路，将丝绸之路经济带的南、中、北三条

---

① 参见《外媒：中国将建造一条伊朗到巴基斯坦天然气输送管道》，2015年4月9日，http://finance.ifeng.com/a/20150409/13617907_0.shtml。
② 郑青亭：《伊朗原子能机构主席　抵京磋商核电合作》，《21世纪经济报道》2015年8月27日，http://news.hexun.com/2015-08-27/178642661.html。

路线以及 21 世纪海上丝绸之路全部贯穿起来，连接中亚与海湾世界两大油气资源产区，构筑中国新疆直通阿拉伯海的战略大通道，打造"使新疆成为沿海省区"的客观效果，实质性地延伸中国在中东地区的影响力。中国还可尝试探讨提升中伊金融合作水平，打破当前中伊之间汇款、项目融资缺位、银联卡无法使用等金融壁垒的方法。长期以来，中国金融机构由于担心美国制裁而拒绝开展对伊业务。为解决这一问题，双方可参照相关经验，在货币互换、建立独立清算支付网络等方面探讨绕开依附于美国的贸易结算系统，直接建立双方资本市场互通渠道，形成人民币直接对伊投资机制的可能性。在商业银行领域，应探索通过适当方式办理现钞兑换、供应及回流业务，现钞防伪技术等合作办法，采取人员互访、培训、技术合作等方式，加强金融经验交流，这些金融探讨即便不落到实处，也定将起到警告美国减少西太平洋对华施压的作用。①

伊朗早就希望加入上海合作组织。2005 年，伊朗和印度、巴基斯坦一并成为上合组织观察员国，2008 年伊朗申请成为正式成员。但是，由于伊朗当时正在遭受联合国的制裁，所以被拒绝作为一个新成员国加入。上海合作组织规定任何遭受国际制裁的国家不允许加入，尽管在上合组织宪章中对此没有说明。直至 2010 年塔什干元首峰会上，各成员国批准了《上海合作组织接收新成员条例》和《上海合作组织程序规则》，这才为上合扩员做好铺垫。② 由于伊朗优越的地理位置，丰富的能源资源，以及其在国际反恐上的重要作用，因此接纳伊朗加入上海合作组织将不但对地区安全有利而且也有利于我国"一带一路"倡议的推进。中国应在后协议时代积极支持伊朗加入上合组织。

由于 2010 年对伊朗施加的 1929 号制裁决议含有武器禁运的条款，在联合国制裁解除之际，中国还可以利用这个机会展开对伊朗的武器交易。当然，根据"联合全面行动计划"，向伊朗销售某些类型的重要常规武器需要得到来自联合国安理会的豁免。然而，即使有这种限制，在伊朗遵守协议的前提下，该协议也会在 8 年后到期。所以中国可以逐渐加大对伊朗的武器贸易往来。在经济领域，在伊朗市场中国将会面临来

---

① 王文：《为什么伊朗对中国很重要》，2016 年 1 月 21 日，http://www.guancha.cn/Wang-Wen/2016_01_21_348744.shtml。
② 袁野：《上合组织成立后首次扩容 谁能进来谁想进来？》，《中青报》2017 年 6 月 8 日，http://news.eastday.com/c/20170608/u1a13031202.html。

自欧洲的公司的强有力竞争，因为欧洲的公司总体上更具有技术优势。但是在安全领域，中国具有较强的比较优势。伊核问题破局后，伊朗与西方关系有所缓和的情况为中国与伊朗进一步发展军事关系创造了条件。2015年4月，伊核问题全面协议即将达成，伊朗和中国两国的国防部长在参加第四届莫斯科国际安全大会时举行了会谈，商讨了两国关系及"达伊什"组织（IS）塔克菲里派恐怖分子及其在东亚地区的活动程度等问题。2014年5月，伊朗国防部长达赫甘曾赴中国，商讨两国互访及人员培训合作问题。① 近年来，中伊两国海军积极加强合作。在伊核问题临时协议有望达成的前夕，2013年3月，伊朗军舰首次对中国湛江港进行友好访问。伊核问题临时协议达成后的一年内，2014年9月，中国海军舰艇编队回访伊朗阿巴斯港。这次访问反映了中国高层决定发展中伊两国在重要的防卫领域的合作。② 伊核问题全面协议达成后，中伊军事关系又有了明显发展。2016年11月14日，中国国务委员兼国防部长常万全在德黑兰与伊朗国防部长德赫甘举行会谈。中伊两国签署军事合作协议，中国将为伊朗培训军事人员。③ 2017年6月18日，伊朗海军同中国舰队在霍尔木兹海峡举行了联合演习。④

中国高度重视抓住机遇，发展与伊朗的关系，国际社会对伊朗的经济制裁解除后的一星期，中国国家主席习近平应邀于2016年1月23日对伊朗开展国事访问，这是中国最高领导人14年来首次访问伊朗。两国期望制定一个长达25年的全面合作协议，以增进双方贸易联系。依照中国和伊朗在共同发布的建立全面战略伙伴关系联合声明，两国均视对方为重要战略合作伙伴，双方将签署推进"丝绸之路经济带"和"21世纪海上丝绸之路"建设的谅解备忘录，扩大在交通运输、铁路、港口、能源、贸易和服务业等领域的相互投资和合作。声明还称，两国将加强在化石和可再生能源领域的双、多边合作，保障化石能源供求和运输安全。中方将考虑对伊朗能

---

① 《外媒：中国和伊朗国防部长签署协议　加强军事合作》，2016年11月16日，http：//military.china.com/important/11132797/20161116/30040819_all.html.
② John W. Garver, "China and Iran: An Emerging Partnership PostSanctions," *Policy Focus Series*, Middle East Institute, February 2016, p. 5.
③ 《中伊签军事合作协议：伊朗或将变成中东解放军》，2016年11月17日，http：//mil.youth.cn/jmsj/201611/t20161117_8855483.htm.
④ 王晓雄：《中伊海军在霍尔木兹海峡演习或引起美国忧虑？》，《环球时报》2017年6月19日，http：//news.ifeng.com/a/20170619/51275621_0.shtml.

源产业的上、下游项目进行投资和融资,伊方将为此提供必要的便利和支持。① 在习主席访问伊朗的同日,中伊"一带一路"智库对话在伊朗首都德黑兰举行,该对话以中国国家发改委、外交部和伊朗外交部、经济部为支持单位,由中国人民大学和伊朗政治与国际问题研究院主办,可见两国高规格的决策层支持度。据悉,这是首次官学合作、针对"一带一路"的中伊智库对话,是习近平主席访问伊朗的重要成果,也标志着中国"一带一路"倡议的推进,尤其在政策沟通、民心沟通上迈出了重要的一步,初步建立了官学共推"一带一路"的跨国智库合作模式。②

二 伊核问题破局后中国对伊朗政策的挑战

在伊核全面协议下,发展中伊关系还存在一些限制性因素。首先,如果伊朗被发现违反了协议,那么原先的制裁是可以恢复的。对于制裁的恢复,中国和俄罗斯也没有否决的能力。这对于任何一个在伊朗寻求拓展业务的公司,包括中国的公司,都产生了一个潜在的风险。其次,除了因伊朗的弹道导弹项目而施加给伊朗的美国新制裁外,美国基于恐怖主义和人权方面的理由而对伊朗施加的单边制裁依然存在。如果中国的公司违反了这些协议,它们在美国仍将面临惩罚。例如,由于伊朗进行弹道导弹试射,美国政府宣布对伊朗进行新一轮的制裁,制裁名单上包括三个中国公民和两家中国企业。报道称,中国"宁波新世纪进出口有限公司"(Ningbo New Century Import and Export Company, Ltd.)被列入制裁名单,是因为被指控向伊朗出口军民两用物资。③ 再次,如果伊朗违反协议也会使中伊政治关系的发展进程复杂化,这时中国就会面临参与惩罚伊朗的压力。美国违反了协议,中国也将面临同样的压力。这里的难点是,对于什么算是违反协议这样的问题,并不存在权威的仲裁机构予以认定,美国和伊朗都有可能出于自身利益考虑对"联合全面行动计划"给出各自不同的解读。后协议时

---

① 《14 年来首访伊朗 中伊双边贸易将从 520 亿提至 6000 亿美元》,2016 年 1 月 25 日,http://gold.jrj.com.cn/2016/01/25064120472556.shtml。
② 袁志丽:《首届中伊"一带一路"智库对话在德黑兰召开》,2016 年 1 月 23 日,http://intl.ce.cn/specials/zxgjzh/201601/23/t20160123_8506458.shtml。
③ 《美对伊朗最新制裁涉中国实体和个人 外交部回应》,2017 年 2 月 7 日,http://news.huanbohainews.com.cn/system/2017/02/07/011734335.shtml;《美针对伊朗导弹试射宣布将进行新一轮制裁 包括一家中国公司》,2017 年 2 月 4 日,http://mil.qianlong.com/2017/0204/1368121.shtml。

代,中国应该同伊朗一道维护"全面联合行动计划",以有效维护双方的共同利益。

另一个问题是,中国的一些商品对伊朗的制造业部门产生负面影响,这导致一部分伊朗人发出禁止从中国进口某些类型的商品的呼声。在伊核全面协议达成后,中国的企业将会面临外国公司,包括欧洲公司(它们仅仅是在 2012 年欧盟对伊朗施加严厉制裁后才退出伊朗市场的)的竞争。俄罗斯、印度、日本以及其他国家的公司也可能是伊朗市场的玩家,都可能与中国形成竞争。伊朗总统鲁哈尼在制裁解除后的首次外访选择了西欧国家而非中国,这不但说明伊朗对发展与西方国家的重视,对西方资本和技术的兴趣,更说明伊朗想把自己同西方密切联系起来(至少在经贸上如此)以使美国等国对其再次展开制裁变得不切实际。此次欧洲行,鲁哈尼和他带领的 120 多人的政商代表团第一站选择了意大利,双边合作围绕油气设备和基础设施展开。一些主要的合作项目包括伊朗帕尔斯油气公司和意大利油气承包商萨伊博姆(Saipem)签署了一份谅解备忘录,内容涉及一项超过 40 亿欧元、长达 2000 公里的输油管道建设项目。此外,该公司将为伊朗西南城市设拉子(Shiraz)和西北城市大布里士(Tabriz)升级炼油设施。除了油气设备,意大利钢铁设备制造商达涅利集团将与多家伊朗公司签订总值高达 37 亿欧元的合同,提供用于生产钢和铝的大型机器设备。另外,该公司还会和伊朗在内的国际投资者创办 20 亿美元投资额的合资公司。鲁哈尼此次欧洲之行的第二站是法国,伊朗拟购买 114 架空客客机,还将与法国汽车制造商标致和雷诺达成合作。① 这只是伊朗同西方国家合作的一小部分,但这能够充分地表明中国在伊核全面协议达成后,在伊朗市场上来自西方的商业竞争可能比以前更大。

伊核问题全面破局在政治上也对中国产生一些不利影响。"协议"达成后,美伊两国至少在核方面的激烈碰撞缓和了下来,这样美国和伊朗对获得中国的政治支持的一个动力源基本消失。比如,以前为了获得中国的支持应对美国的打压,伊朗在我国新疆问题上态度温和,美国为了在伊核问题上寻求中国的合作,在台湾问题上也有至少象征性的收敛。

---

① 方向明:《西方制裁解除 伊朗总统首次出访欧洲寻求合作》,2016 年 1 月 28 日,http://economy.southcn.com/e/2016-01/28/content_ 141656606.htm。

第三节　本章小结

欧盟在伊核问题上不起主导作用，所以其伊核政策对我国的影响主要体现于政治方面，体现于对相关国际规范的认识方面，在经济上的影响既有消极的方面也有积极的方面，但总体影响不大。伊朗核问题起支配作用的是美伊矛盾，而在这一最主要矛盾中，美国又是矛盾的主要方面，因而美国在伊核问题中起主导作用，其在伊核问题上的政策对中国的影响最大。美国力主把伊核问题提交联合国安理会并对伊朗实施国际经济制裁，让中国被迫表明立场并参与到对伊朗的施压中。美国具有治外法权特色的对伊朗单边经济制裁甚至损害了中国的主权，破坏了中国与伊朗的正常经贸关系。

伊核问题破局后，中国在发展与伊朗关系上迎来了机遇：中国公司在伊朗进行投资以及与伊朗进行贸易的机会增加了；中国还可以加大其在基础设施建设与发展方面对伊朗的帮助；中国可以将伊朗定位为丝绸之路经济带上的枢纽国；中国还可以扩大与伊朗在金融和防务方面的合作。但同时，中国也面临着一定的挑战：在伊核全面协议下，发展中伊关系依然存在一些限制性因素；中国的企业将会面临外国公司，包括欧洲的公司的竞争；伊核问题全面破局在政治上也对中国产生一定不利影响。

附录1 《联合行动计划》

Geneva, 24 November 2013

Joint Plan of Action

Preamble

The goal for these negotiations is to reach a mutually – agreed long – term comprehensive solution that would ensure Iran's nuclear programme will be exclusively peaceful. Iran reaffirms that under no circumstances will Iran ever seek or develop any nuclear weapons. This comprehensive solution would build on these initial measures and result in a final step for a period to be agreed upon and the resolution of concerns. This comprehensive solution would enable Iran to fully enjoy its right to nuclear energy for peaceful purposes under the relevant articles of the NPT in conformity with its obligations therein. This comprehensive solution would involve a mutually defined enrichment programme with practical limits and transparency measures to ensure the peaceful nature of the programme. This comprehensive solution would constitute an integrated whole where nothing is agreed until everything is agreed. This comprehensive solution would involve a reciprocal, step – bystep process, and would produce the comprehensive lifting of all UN Security Council sanctions, as well as multilateral and national sanctions related to Iran's nuclear programme.

There would be additional steps in between the initial measures and the final step, including, among other things, addressing the UN Security Council resolutions, with a view toward bringing to a satisfactory conclusion the UN Security Council's consideration of this matter. The E3 + 3 and Iran will be responsible for conclusion and implementation of mutual near-term measures and the comprehensive solution in good faith. A Joint Commission of E3/EU +3 and Iran will be established to monitor the implementation of the near-term measures and address issues that may arise, with the IAEA responsible for verification of nuclear-related measures. The Joint Commission will work with the IAEA to facilitate resolution of past and present issues of concern.

Elements of a first step

The first step would be time-bound, with a duration of 6 months, and renewable by mutual consent, during which all parties will work to maintain a constructive atmosphere for negotiations in good faith.

Iran would undertake the following voluntary measures:

- From the existing uranium enriched to 20%, retain half as working stock of 20% oxide for fabrication of fuel for the TRR. Dilute the remaining 20% UF6 to no more than 5%. No reconversion line.
- Iran announces that it will not enrich uranium over 5% for the duration of the 6 months.
- Iran announces that it will not make any further advances of its activities at the Natanz Fuel Enrichment Plant[①], Fordow[②], or the Arak reactor[③], designated by the IAEA as IR-40.
- Beginning when the line for conversion of UF6 enriched up to 5% to UO2 is ready, Iran has decided to convert to oxide UF6 newly enriched up to 5% during the 6 month period, as provided in the operational schedule of the conversion

---

① Namely, during the 6 months, Iran will not feed UF6 into the centrifuges installed but not enriching uranium. Not install additional centrifuges. Iran announces that during the first 6 months, it will replace existing centrifuges with centrifuges of the same type.

② At Fordow, no further enrichment over 5% at 4 cascades now enriching uranium, and not increase enrichment capacity. Not feed UF6 into the other 12 cascades, which would remain in a non-operative state. No interconnections between cascades. Iran announces that during the first 6 months, it will replace existing centrifuges with centrifuges of the same type.

③ Iran announces on concerns related to the construction of the reactor at Arak that for 6 months it will not commission the reactor or transfer fuel or heavy water to the reactor site and will not test additional fuel or produce more fuel for the reactor or install remaining components.

plant declared to the IAEA.

- No new locations for the enrichment.
- Iran will continue its safeguarded R&D practices, including its current enrichment R&D practices, which are not designed for accumulation of the enriched uranium.
- No reprocessing or construction of a facility capable of reprocessing.
- Enhanced monitoring:

  ○ Provision of specified information to the IAEA, including information on Iran's plans for nuclear facilities, a description of each building on each nuclear site, a description of the scale of operations for each location engaged in specified nuclear activities, information on uranium mines and mills, and information on source material. This information would be provided within three months of the adoption of these measures.

  ○ Submission of an updated DIQ for the reactor at Arak, designated by the IAEA as the IR – 40, to the IAEA.

  ○ Steps to agree with the IAEA on conclusion of the Safeguards Approach for the reactor at Arak, designated by the IAEA as the IR – 40.

  ○ Daily IAEA inspector access when inspectors are not present for the purpose of Design Information Verification, Interim Inventory Verification, Physical Inventory Verification, and unannounced inspections, for the purpose of access to offline surveillance records, at Fordow and Natanz.

  ○ IAEA inspector managed access to:
    - centrifuge assembly workshops[①];
    - centrifuge rotor production workshops and storage facilities; and,
    - uranium mines and mills.

In return, the E3/EU + 3 would undertake the following voluntary measures:

- Pause efforts to further reduce Iran's crude oil sales, enabling Iran's current

---

① Consistent with its plans, Iran's centrifuge production during the 6 months will be dedicated to replace damaged machines.

customers to purchase their current average amounts of crude oil. Enable the repatriation of an agreed amount of revenue held abroad. For such oil sales, suspend the EU and U. S. sanctions on associated insurance and transportation services.

- Suspend U. S. and EU sanctions on:

  ○ Iran's petrochemical exports, as well as sanctions on associated services. ①

  ○ Gold and precious metals, as well as sanctions on associated services.

- Suspend U. S. sanctions on Iran's auto industry, as well as sanctions on associated services.
- License the supply and installation in Iran of spare parts for safety of flight for Iranian civil aviation and associated services. License safety related inspections and repairs in Iran as well as associated services. ②
- No new nuclear – related UN Security Council sanctions.
- No new EU nuclear – related sanctions.
- The U. S. Administration, acting consistent with the respective roles of the President and the Congress, will refrain from imposing new nuclear – related sanctions.
- Establish a financial channel to facilitate humanitarian trade for Iran's domestic needs using Iranian oil revenues held abroad. Humanitarian trade would be defined as transactions involving food and agricultural products, medicine, medical devices, and medical expenses incurred abroad. This channel would involve specified foreign banks and non – designated Iranian banks to be defined when establishing the channel.

  ○ This channel could also enable:

    ■ transactions required to pay Iran's UN obligations; and,

    ■ direct tuition payments to universities and colleges for Iranian

---

① "Sanctions on associated services" means any service, such as insurance, transportation, or financial, subject to theunderlying U. S. or EU sanctions applicable, insofar as each service is related to the underlying sanction and required to facilitate the desired transactions. These services could involve any non – designated Iranian entities.

② Sanctions relief could involve any non – designated Iranian airlines as well as Iran Air.

students studying abroad, up to an agreed amount for the six month period.

• Increase the EU authorisation thresholds for transactions for non – sanctioned trade to an agreed amount.

*Elements of the final step of a comprehensive solution*①

The final step of a comprehensive solution, which the parties aim to conclude negotiating and commence implementing no more than one year after the adoption of this document, would:

• Have a specified long – term duration to be agreed upon.

• Reflect the rights and obligations of parties to the NPT and IAEA Safeguards Agreements.

• Comprehensively lift UN Security Council, multilateral and national nuclear – related sanctions, including steps on access in areas of trade, technology, finance, and energy, on a schedule to be agreed upon.

• Involve a mutually defined enrichment programme with mutually agreed parameters consistent with practical needs, with agreed limits on scope and level of enrichment activities, capacity, where it is carried out, and stocks of enriched uranium, for a period to be agreed upon.

• Fully resolve concerns related to the reactor at Arak, designated by the IAEA as the IR – 40. No reprocessing or construction of a facility capable of reprocessing.

• Fully implement the agreed transparency measures and enhanced monitoring. Ratify and implement the Additional Protocol, consistent with the respective roles of the President and the Majlis (Iranian parliament).

• Include international civil nuclear cooperation, including among others, on acquiring modern light water power and research reactors and associated equipment, and the supply of modern nuclear fuel as well as agreed R&D practices.

Following successful implementation of the final step of the comprehensive solution for its full duration, the Iranian nuclear programme will be treated in the same manner as that of any non – nuclear weapon state party to the NPT.

---

① With respect to the final step and any steps in between, the standard principle that "nothing is agreed until everything is agreed" applies.

附录 2　《联合全面行动计划》

Joint Comprehensive Plan of Action
Vienna, 14 July 2015

PREFACE

The E3/EU + 3 (China, France, Germany, the Russian Federation, the United Kingdom and theUnited States, with the High Representative of the European Union for Foreign Affairs andSecurity Policy) and the Islamic Republic of Iran welcome this historic Joint ComprehensivePlan of Action (JCPOA), which will ensure that Iran's nuclear programme will be exclusivelypeaceful, and mark a fundamental shift in their approach to this issue. They anticipate thatfull implementation of this JCPOA will positively contribute to regional and internationalpeace and security. Iran reaffirms that under no circumstances will Iran ever seek, developor acquire any nuclear weapons.

Iran envisions that this JCPOA will allow it to move forward with an exclusively peaceful, indigenous nuclear programme, in line with scientific and economic considerations, inaccordance with the JCPOA, and with a view to building confidence and encouraginginternational cooperation. In this context, the initial mutually determined limitationsdescribed in this JCPOA will be followed by a gradual evolution, at a reasonable pace, ofIran's peaceful nuclear programme, including its enrichment activities, to a commercialprogramme for exclusively peaceful purposes, consistent with international nonproliferationnorms.

The E3/EU +3 envision that the implementation of this JCPOA will progressively allow themto gain confidence in the exclusively peaceful nature of Iran's programme. The JCPOAreflects mutually determined parameters, consistent with practical needs, with agreedlimits on the scope of Iran's nuclear programme, including enrichment activities and R&D. The JCPOA addresses the E3/EU + 3's concerns, including through comprehensive measuresproviding for transparency and verification.

The JCPOA will produce the comprehensive lifting of all UN Security Council sanctions aswell as multilateral and national sanctions related to Iran's nuclear programme, includingsteps on access in areas of trade, technology, finance, and energy.

PREAMBLE AND GENERAL PROVISIONS

i. The Islamic Republic of Iran and the E3/EU + 3 (China, France, Germany, theRussian Federation, the United Kingdom and the United States, with the HighRepresentative of the European Union for Foreign Affairs and Security Policy) have decided upon this long – term Joint Comprehensive Plan of Action (JCPOA). This JCPOA, reflecting a step – by – step approach, includes the reciprocalcommitments as laid down in this document and the annexes hereto and is to beendorsed by the United Nations (UN) Security Council.

ii. The full implementation of this JCPOA will ensure the exclusively peaceful natureof Iran's nuclear programme.

iii. Iran reaffirms that under no circumstances will Iran ever seek, develop oracquire any nuclear weapons.

iv. Successful implementation of this JCPOA will enable Iran to fully enjoy its right tonuclear energy for peaceful purposes under the relevant articles of the nuclearNon – Proliferation Treaty (NPT) in line with its obligations therein, and theIranian nuclear programme will be treated in the same manner as that of anyother non – nuclear – weapon state party to the NPT.

v. This JCPOA will produce the comprehensive lifting of all UN Security Councilsanctions as well as multilateral and national sanctions related to Iran's nuclearprogramme, including steps on access in areas of trade, technology, finance andenergy.

vi. The E3/EU + 3 and Iran reaffirm their commitment to the purposes and principlesof the United Nations as set out in the UN Charter.

vii. The E3/EU + 3 and Iran acknowledge that the NPT remains the cornerstone of thenuclear non – proliferation regime and the essential foundation for the pursuit ofnuclear disarmament and for the peaceful uses of nuclear energy.

viii. The E3/EU + 3 and Iran commit to implement this JCPOA in good faith and in aconstructive atmosphere, based on mutual respect, and to refrain from anyaction inconsistent with the letter, spirit and intent of this JCPOA that woulundermine its successful implementation. The E3/EU + 3 will refrain fromimposing discriminatory regulatory and procedural requirements in lieu ofthe sanctions and restrictive measures covered by this JCPOA. This JCPOAbuilds on the implementation of the Joint Plan of Action (JPOA) agreed in Genevaon 24 November 2013.

ix. A Joint Commission consisting of the E3/EU + 3 and Iran will be established tomonitor the implementation of this JCPOA and will carry out the functionsprovided for in this JCPOA. This Joint Commission will address issues arisingfrom the implementation of this JCPOA and will operate in accordance with theprovisions as detailed in the relevant annex.

x. The International Atomic Energy Agency (IAEA) will be requested to monitorand verify the voluntary nuclear – related measures as detailed in this JCPOA. TheIAEA will be requested to provide regular updates to the Board of Governors, andas provided for in this JCPOA, to the UN Security Council. All relevant rules andregulations of the IAEA with regard to the protection of information will be fullyobserved by all parties involved.

xi. All provisions and measures contained in this JCPOA are only for the purpose ofits implementation between E3/EU + 3 and Iran and should not be considered assetting precedents for any other state or for fundamental principles ofinternational law and the rights and obligations under the NPT and otherrelevant instruments, as well as for internationally recognised principles andpractices.

xii. Technical details of the implementation of this JCPOA are dealt with in theannexes to this document.

xiii. The EU and E3 + 3 countries and Iran, in the framework of the JCPOA, willcooperate, as appropriate, in the field of peaceful uses of nuclear energy andengage in mutually determined civil nuclear cooperation projects as detailed inAnnex III, including through IAEA involvement.

xiv. The E3 + 3 will submit a draft resolution to the UN Security Council endorsing thisJCPOA affirming that conclusion of this JCPOA marks a fundamental shift in itsconsideration of this issue and expressing its desire to build a new relationshipwith Iran. This UN Security Council resolution will also provide for thetermination on Implementation Day of provisions imposed under previousresolutions; establishment of specific restrictions; and conclusion ofconsideration of the Iran nuclear issue by the UN Security Council 10 years afterthe Adoption Day.

xv. The provisions stipulated in this JCPOA will be implemented for their respectivedurations as set forth below and detailed in the annexes.

xvi. The E3/EU + 3 and Iran will meet at the ministerial level every 2 years, or earlierif needed, in order to review and assess progress and to adopt appropriatedecisions by consensus.

Iran and E3/EU + 3 will take the following voluntary measures within the timeframe asdetailed in this JCPOA and its Annexes

NUCLEAR

A. ENRICHMENT, ENRICHMENT R&D, STOCKPILES

1. Iran's long term plan includes certain agreed limitations on all uranium enrichmentand uranium enrichment – related activities including certain limitations on specificresearch and development (R&D) activities for the first 8 years, to be followed bygradual evolution, at a reasonable pace, to the next stage of its enrichment activitiesfor exclusively peaceful purposes, as described in Annex I. Iran will abide by itsvoluntary commitments, as expressed in its own long – term enrichment andenrichment R&D plan to be submitted as part of the initial declaration for

theAdditional Protocol to Iran's Safeguards Agreement.

2. Iran will begin phasing out its IR – 1 centrifuges in 10 years. During this period, Iranwill keep its enrichment capacity at Natanz at up to a total installed uraniumenrichment capacity of 5060 IR – 1 centrifuges. Excess centrifuges and enrichmentrelatedinfrastructure at Natanz will be stored under IAEA continuous monitoring, as specified in Annex I.

3. Iran will continue to conduct enrichment R&D in a manner that does not accumulateenriched uranium. Iran's enrichment R&D with uranium for 10 years will onlyinclude IR – 4, IR – 5, IR – 6 and IR – 8 centrifuges as laid out in Annex I, and Iran will notengage in other isotope separation technologies for enrichment of uranium asspecified in Annex I. Iran will continue testing IR – 6 and IR – 8 centrifuges, and willcommence testing of up to 30 IR – 6 and IR – 8 centrifuges after eight and a half years, as detailed in Annex I.

4. As Iran will be phasing out its IR – 1 centrifuges, it will not manufacture or assembleother centrifuges, except as provided for in Annex I, and will replace failedcentrifuges with centrifuges of the same type. Iran will manufacture advanced-centrifuge machines only for the purposes specified in this JCPOA. From the end of-the eighth year, and as described in Annex I, Iran will start to manufacture agreed-numbers of IR – 6 and IR – 8 centrifuge machines without rotors and will store all of-the manufactured machines at Natanz, under IAEA continuous monitoring until the-yare needed under Iran's long – term enrichment and enrichment R&D plan.

5. Based on its own long – term plan, for 15 years, Iran will carry out its uraniumenrichment – related activities, including safeguarded R&D exclusively in the NatanzEnrichment facility, keep its level of uranium enrichment at up to 3.67%, and, atFordow, refrain from any uranium enrichment and uranium enrichment R&D andfrom keeping any nuclear material.

6. Iran will convert the Fordow facility into a nuclear, physics and technology centre. International collaboration including in the form of scientific joint partnerships willbe established in agreed areas of research. 1044 IR – 1 centrifuges in six cascades willremain in one wing at Fordow. Two of these cascades will spin without uranium andwill be transitioned, including through appropriate infrastructure modification, forstable isotope production. The other four cascades with all associated infrastruct-

urewill remain idle. All other centrifuges and enrichment – related infrastructure will beremoved and stored under IAEA continuous monitoring as specified in Annex I.

7. During the 15 year period, and as Iran gradually moves to meet internationalqualification standards for nuclear fuel produced in Iran, it will keep its uraniumstockpile under 300 kg of up to 3.67% enriched uranium hexafluoride (UF6) or theequivalent in other chemical forms. The excess quantities are to be sold based oninternational prices and delivered to the international buyer in return for naturaluranium delivered to Iran, or are to be down – blended to natural uranium level. Enriched uranium in fabricated fuel assemblies from Russia or other sources for usein Iran's nuclear reactors will not be counted against the above stated 300 kg UF6stockpile, if the criteria set out in Annex I are met with regard to other sources. TheJoint Commission will support assistance to Iran, including through IAEA technicalcooperation as appropriate, in meeting international qualification standards fornuclear fuel produced in Iran. All remaining uranium oxide enriched to between 5% and 20% will be fabricated into fuel for the Tehran Research Reactor (TRR). Anyadditional fuel needed for the TRR will be made available to Iran at internationalmarket prices.

B. ARAK, HEAVY WATER, REPROCESSING

8. Iran will redesign and rebuild a modernised heavy water research reactor in Arak, based on an agreed conceptual design, using fuel enriched up to 3.67%, in a form ofan international partnership which will certify the final design. The reactor willsupport peaceful nuclear research and radioisotope production for medical andindustrial purposes. The redesigned and rebuilt Arak reactor will not produceweapons grade plutonium. Except for the first core load, all of the activities forredesigning and manufacturing of the fuel assemblies for the redesigned reactor willbe carried out in Iran. All spent fuel from Arak will be shipped out of Iran for thelifetime of the reactor. This international partnership will include participatingE3/EU +3 parties, Iran and such other countries as may be mutually determined. Iran will take the leadership role as the owner and as the project manager and theE3/EU +3 and Iran will, before Implementation Day, conclude an official documentwhich would define the responsibilities assumed by the E3/EU +3 participants.

9. Iran plans to keep pace with the trend of international technological advancement inrelying on light water for its future power and research reactors with enhancedinternational cooperation, including assurance of supply of necessary fuel.

10. There will be no additional heavy water reactors or accumulation of heavy water inIran for 15 years. All excess heavy water will be made available for export to theinternational market.

11. Iran intends to ship out all spent fuel for all future and present power and researchnuclear reactors, for further treatment or disposition as provided for in relevantcontracts to be duly concluded with the recipient party.

12. For 15 years Iran will not, and does not intend to thereafter, engage in any spentfuel reprocessing or construction of a facility capable of spent fuel reprocessing, orreprocessing R&D activities leading to a spent fuel reprocessing capability, with thesole exception of separation activities aimed exclusively at the production ofmedical and industrial radio – isotopes from irradiated enriched uranium targets.

C. TRANSPARENCY AND CONFIDENCE BUILDING MEASURES

13. Consistent with the respective roles of the President and Majlis (Parliament), Iranwill provisionally apply the Additional Protocol to its Comprehensive SafeguardsAgreement in accordance with Article 17 (b) of the Additional Protocol, proceed withits ratification within the timeframe as detailed in Annex V and fully implement themodified Code 3.1 of the Subsidiary Arrangements to its Safeguards Agreement.

14. Iran will fully implement the "Roadmap for Clarification of Past and PresentOutstanding Issues" agreed with the IAEA, containing arrangements to address pastand present issues of concern relating to its nuclear programme as raised in theannex to the IAEA report of 8 November 2011 (GOV/2011/65). Full implementationof activities undertaken under the Roadmap by Iran will be completed by 15 October 2015, and subsequently the Director General will provide by 15 December 2015 thefinal assessment on the resolution of all past and present outstanding issues to theBoard of Governors, and the E3 + 3, in their capacity as members of the Board ofGovernors, will submit a resolution to the Board of Governors for taking necessaryaction, with a view to closing the issue, without preju-

dice to the competence of theBoard of Governors.

15. Iran will allow the IAEA to monitor the implementation of the voluntary measuresfor their respective durations, as well as to implement transparency measures, as setout in this JCPOA and its Annexes. These measures include: a long - term IAEApresence in Iran; IAEA monitoring of uranium ore concentrate produced by Iranfrom all uranium ore concentrate plants for 25 years; containment and surveillanceof centrifuge rotors and bellows for 20 years; use of IAEA approved and certifiedmodern technologies including on - line enrichment measurement and electronicseals; and a reliable mechanism to ensure speedy resolution of IAEA access concernsfor 15 years, as defined in Annex I.

16. Iran will not engage in activities, including at the R&D level, that could contribute tothe development of a nuclear explosive device, including uranium or plutoniummetallurgy activities, as specified in Annex I.

17. Iran will cooperate and act in accordance with the procurement channel in thisJCPOA, as detailed in Annex IV, endorsed by the UN Security Council resolution.

SANCTIONS

18. The UN Security Council resolution endorsing this JCPOA will terminate allprovisions of previous UN Security Council resolutions on the Iraniannuclear issue - 1696 (2006), 1737 (2006), 1747 (2007), 1803 (2008), 1835 (2008), 1929 (2010) and 2224 (2015) - simultaneously with the IAEA - verifiedimplementation of agreed nuclear - related measures by Iran and will establishspecific restrictions, as specified in Annex V. ①

19. The EU will terminate all provisions of the EU Regulation, as subsequentlyamended, implementing all nuclear - related economic and financial sanctions, including related designations, simultaneously with the IAEA - verifiedimplementation of agreed nuclear - related measures by Iran as specified inAnnex V, which cover all sanctions and restrictive measures in the followingareas, as described in Annex II:

---

① The provisions of this Resolution do not constitute provisions of this JCPOA.

i. Transfers of funds between EU persons and entities, including financialinstitutions, and Iranian persons and entities, including financial institutions;

ii. Banking activities, including the establishment of new correspondent-banking relationships and the opening of new branches and subsidiariesof Iranian banks in the territories of EU Member States;

iii. Provision of insurance and reinsurance;

iv. Supply of specialised financial messaging services, including SWIFT, forpersons and entities set out in Attachment 1 to Annex II, including theCentral Bank of Iran and Iranian financial institutions;

v. Financial support for trade with Iran (export credit, guarantees orinsurance);

vi. Commitments for grants, financial assistance and concessional loans tothe Government of Iran;

vii. Transactions in public or public - guaranteed bonds;

viii. Import and transport of Iranian oil, petroleum products, gas and-petrochemical products;

ix. Export of key equipment or technology for the oil, gas and petrochemicalsectors;

x. Investment in the oil, gas and petrochemical sectors;

xi. Export of key naval equipment and technology;

xii. Design and construction of cargo vessels and oil tankers;

xiii. Provision of flagging and classification services;

xiv. Access to EU airports of Iranian cargo flights;

xv. Export of gold, precious metals and diamonds;

xvi. Delivery of Iranian banknotes and coinage;

xvii. Export of graphite, raw or semi - f inished metals such as aluminumand steel, and export or software for integrating industrialprocesses;

xviii. Designation of persons, entities and bodies (asset freeze and visaban) set out in Attachment 1 to Annex II; andxix. Associated services for each of the categories above.

20. The EU will terminate all provisions of the EU Regulation implementing all EU proliferation – related sanctions, including related designations, 8 years after Adoption Day or when the IAEA has reached the Broader Conclusion that all nuclear material in Iran remains in peaceful activities, whichever is earlier.

21. The United States will cease the application, and will continue to do so, in accordance with this JCPOA of the sanctions specified in Annex II to take effect simultaneously with the IAEA – verified implementation of the agreed nuclear-related measures by Iran as specified in Annex V. Such sanctions cover the following areas as described in Annex II:

i. Financial and banking transactions with Iranian banks and financial institutions as specified in Annex II, including the Central Bank of Iran and specified individuals and entities identified as Government of Iran by the Office of Foreign Assets Control on the Specially Designated Nationals and Blocked Persons List (SDN List), as set out in Attachment 3 to Annex II (including the opening and maintenance of correspondent and payable through – accounts at non – U. S. financial institutions, investments, foreign exchange transactions and letters of credit);

ii. Transactions in Iranian Rial;

iii. Provision of U. S. banknotes to the Government of Iran;

iv. Bilateral trade limitations on Iranian revenues abroad, including limitations on their transfer;

v. Purchase, subscription to, or facilitation of the issuance of Iranian sovereign debt, including governmental bonds;

vi. Financial messaging services to the Central Bank of Iran and Iranian financial institutions set out in Attachment 3 to Annex II;

vii. Underwriting services, insurance, or reinsurance;

viii. Efforts to reduce Iran's crude oil sales;

ix. Investment, including participation in joint ventures, goods, services, information, technology and technical expertise and support for Iran's oil, gas and petrochemical sectors;

x. Purchase, acquisition, sale, transportation or marketing of petroleum, petrochemical products and natural gas from Iran;

xi. Export, sale or provision of refined petroleum products and petrochemicalproducts to Iran;

xii. Transactions with Iran's energy sector;

xiii. Transactions with Iran's shipping and shipbuilding sectors and portoperators;

xiv. Trade in gold and other precious metals;

xv. Trade with Iran in graphite, raw or semi – finished metals such as aluminum andsteel, coal, and software for integrating industrial processes;

xvi. Sale, supply or transfer of goods and services used in connection with Iran'sautomotive sector;

xvii. Sanctions on associated services for each of the categories above;

xviii. Remove individuals and entities set out in Attachment 3 to Annex II from theSDN List, the Foreign Sanctions Evaders List, and/or the Non – SDN IranSanctions Act List; and

xix. Terminate Executive Orders 13574, 13590, 13622, and 13645, and Sections 5 – 7 and 15 of Executive Order 13628.

22. The United States will, as specified in Annex II and in accordance with Annex V, allow for the sale of commercial passenger aircraft and related parts and servicesto Iran; license non – U. S. persons that are owned or controlled by a U. S. person toengage in activities with Iran consistent with this JCPOA; and license theimportation into the United States of Iranian – origin carpets and foodstuffs.

23. Eight years after Adoption Day or when the IAEA has reached the BroaderConclusion that all nuclear material in Iran remains in peaceful activities, whichever is earlier, the United States will seek such legislative action as may beappropriate to terminate, or modify to effectuate the termination of, the sanctionsspecified in Annex II on the acquisition of nuclear – related commodities andservices for nuclear activities contemplated in this JCPOA, to be consistent withthe U. S. approach to other non – nuclear – weapon states under

the NPT.

24. The E3/EU and the United States specify in Annex II a full and complete list ofall nuclear – related sanctions or restrictive measures and will lift them inaccordance with Annex V. Annex II also specifies the effects of the lifting ofsanctions beginning on "Implementation Day". If at any time following theImplementation Day, Iran believes that any other nuclear – related sanction orrestrictive measure of the E3/EU + 3 is preventing the full implementation of thesanctions lifting as specified in this JCPOA, the JCPOA participant in questionwill consult with Iran with a view to resolving the issue and, if they concur thatlifting of this sanction or restrictive measure is appropriate, the JCPOAparticipant in question will take appropriate action. If they are not able toresolve the issue, Iran or any member of the E3/EU + 3 may refer the issue to theJoint Commission.

25. If a law at the state or local level in the United States is preventing theimplementation of the sanctions lifting as specified in this JCPOA, the UnitedStates will take appropriate steps, taking into account all available authorities, with a view to achieving such implementation. The United States will activelyencourage officials at the state or local level to take into account the changes inthe U. S. policy reflected in the lifting of sanctions under this JCPOA and torefrain from actions inconsistent with this change in policy.

26. The EU will refrain from re – introducing or re – imposing the sanctions that it hasterminated implementing under this JCPOA, without prejudice to the disputeresolution process provided for under this JCPOA. There will be no new nuclearrelatedUN Security Council sanctions and no new EU nuclear – related sanctionsor restrictive measures. The United States will make best efforts in good faith tosustain this JCPOA and to prevent interference with the realisation of the fullbenefit by Iran of the sanctions lifting specified in Annex II. The U. S. Administration, acting consistent with the respective roles of the President andthe Congress, will refrain from re – introducing or re – imposing the sanctionsspecified in Annex II that it has ceased applying under this JCPOA, withoutprejudice to the dispute resolution process provided for under this JCPOA. TheU. S. Administration, acting consistent with the respective roles of the Presidentand the Congress, will refrain from imposing new nuclear – related sanctions. Iranhas stated that it will treat such

a re – introduction or re – imposition of the sanctionsspecified in Annex II, or such an imposition of new nuclear – related sanctions, asgrounds to cease performing its commitments under this JCPOA in whole or inpart.

27. The E3/EU + 3 will take adequate administrative and regulatory measures toensure clarity and effectiveness with respect to the lifting of sanctions under thisJCPOA. The EU and its Member States as well as the United States will issuerelevant guidelines and make publicly accessible statements on the details ofsanctions or restrictive measures which have been lifted under this JCPOA. TheEU and its Member States and the United States commit to consult with Iranregarding the content of such guidelines and statements, on a regular basis andwherever appropriate.

28. The E3/EU + 3 and Iran commit to implement this JCPOA in good faith and in aconstructive atmosphere, based on mutual respect, and to refrain from any actioninconsistent with the letter, spirit and intent of this JCPOA that would undermineits successful implementation. Senior Government officials of the E3/EU + 3 andIran will make every effort to support the successful implementation of this JCPOAincluding in their public statements2. The E3/EU + 3 will take all measuresrequired to lift sanctions and will refrain from imposing exceptional ordiscriminatory regulatory and procedural requirements in lieu of the sanctionsand restrictive measures covered by the JCPOA.

29. The EU and its Member States and the United States, consistent with theirrespective laws, will refrain from any policy specifically intended to directly andadversely affect the normalisation of trade and economic relations with Iraninconsistent with their commitments not to undermine the successfulimplementation of this JCPOA.

30. The E3/EU + 3 will not apply sanctions or restrictive measures to persons orentities for engaging in activities covered by the lifting of sanctions provided for inthis JCPOA, provided that such activities are otherwise consistent with E3/EU + 3 laws and regulations in effect. Following the lifting of sanctions under this JCPOAas specified in Annex II, ongoing investigations on possible infringements of suchsanctions may be reviewed in accordance with applicable national laws.

31. Consistent with the timing specified in Annex V, the EU and its Member States willterminate the implementation of the measures applicable to designated entitiesand individuals, including the Central Bank of Iran and other Iranian banks andfinancial institutions, as detailed in Annex II and the attachments thereto. 2 'Government officials'for the U. S. means senior officials of the U. S. Administration. Consistent with the timing specified in Annex V, the United States will removedesignation of certain entities and individuals on the Specially DesignatedNationals and Blocked Persons List, and entities and individuals listed on theForeign Sanctions Evaders List, as detailed in Annex II and the attachmentsthereto.

32. EU and E3 + 3 countries and international participants will engage in joint projectswith Iran, including through IAEA technical cooperation projects, in the field ofpeaceful nuclear technology, including nuclear power plants, research reactors, fuelfabrication, agreed joint advanced R&D such as fusion, establishment of a state - of the - art regional nuclear medical centre, personnel training, nuclear safety andsecurity, and environmental protection, as detailed in Annex III. They will takenecessary measures, as appropriate, for the implementation of these projects.

33. The E3/EU + 3 and Iran will agree on steps to ensure Iran's access in areas oftrade, technology, finance and energy. The EU will further explore possible areasfor cooperation between the EU, its Member States and Iran, and in this contextconsider the use of available instruments such as export credits to facilitatetrade, project financing and investment in Iran.

IMPLEMENTATION PLAN

34. Iran and the E3/EU + 3 will implement their JCPOA commitments according to thesequence specified in Annex V. The milestones for implementation are as follows:

i. Finalisation Day is the date on which negotiations of this JCPOA are concludedamong the E3/EU + 3 and Iran, to be followed promptly by submission of theresolution endorsing this JCPOA to the UN Security Council for adoption withoutdelay.

ii. Adoption Day is the date 90 days after the endorsement of this JCPOA by the UNSecurity Council, or such earlier date as may be determined by mutual consentof the JCPOA participants, at which time this JCPOA and the commitments in thisJCPOA come into effect. Beginning on that date, JCPOA participants will makenecessary arrangements and preparations for the implementation of theirJCPOA commitments.

iii. Implementation Day is the date on which, simultaneously with the IAEA reportverifying implementation by Iran of the nuclear-related measures described inSections 15.1. to 15.11 of Annex V, the EU and the United States take the actionsdescribed in Sections 16 and 17 of Annex V respectively and in accordance withthe UN Security Council resolution, the actions described in Section 18 of AnnexV occur at the UN level.

iv. Transition Day is the date 8 years after Adoption Day or the date on which theDirector General of the IAEA submits a report stating that the IAEA has reachedthe Broader Conclusion that all nuclear material in Iran remains in peacefulactivities, whichever is earlier. On that date, the EU and the United States willtake the actions described in Sections 20 and 21 of Annex V respectively andIran will seek, consistent with the Constitutional roles of the President andParliament, ratification of the Additional Protocol.

v. UN Security Council resolution Termination Day is the date on which the UNSecurity Council resolution endorsing this JCPOA terminates according to itsterms, which is to be 10 years from Adoption Day, provided that the provisionsof previous resolutions have not been reinstated. On that date, the EU will takethe actions described in Section 25 of Annex V.

35. The sequence and milestones set forth above and in Annex V are without prejudiceto the duration of JCPOA commitments stated in this JCPOA.

DISPUTE RESOLUTION MECHANISM

36. If Iran believed that any or all of the E3/EU + 3 were not meeting theircommitments under this JCPOA, Iran could refer the issue to the Joint Commissionfor resolution; similarly, if any of the E3/EU + 3 believed that Iran was not

meetingits commitments under this JCPOA, any of the E3/EU + 3 could do the same. TheJoint Commission would have 15 days to resolve the issue, unless the time periodwas extended by consensus. After Joint Commission consideration, anyparticipant could refer the issue to Ministers of Foreign Affairs, if it believed thecompliance issue had not been resolved. Ministers would have 15 days to resolvethe issue, unless the time period was extended by consensus. After JointCommission consideration – in parallel with (or in lieu of) review at theMinisterial level – either the complaining participant or the participant whoseperformance is in question could request that the issue be considered by anAdvisory Board, which would consist of three members (one each appointed bythe participants in the dispute and a third independent member). The AdvisoryBoard should provide a non – binding opinion on the compliance issue within 15days. If, after this 30 – day process the issue is not resolved, the Joint Commissionwould consider the opinion of the Advisory Board for no more than 5 days inorder to resolve the issue. If the issue still has not been resolved to the satisfactionof the complaining participant, and if the complaining participant deems the issueto constitute significant non – performance, then that participant could treat theunresolved issue as grounds to cease performing its commitments under this JCPOA in whole or in part and/or notify the UN Security Council that it believesthe issue constitutes significant non – performance.

37. Upon receipt of the notification from the complaining participant, as describedabove, including a description of the good – faith efforts the participant made toexhaust the dispute resolution process specified in this JCPOA, the UN SecurityCouncil, in accordance with its procedures, shall vote on a resolution to continue thesanctions lifting. If the resolution described above has not been adopted within 30 days of the notification, then the provisions of the old UN Security Councilresolutions would be re – imposed, unless the UN Security Council decides otherwise. In such event, these provisions would not apply with retroactive effect to contractssigned between any party and Iran or Iranian individuals and entities prior to thedate of application, provided that the activities contemplated under and execution ofsuch contracts are consistent with this JCPOA and the previous and current UNSecurity Council resolutions. The UN Security Council, ex-

pressing its intention toprevent the reapplication of the provisions if the issue giving rise to the notificationis resolved within this period, intends to take into account the views of the Statesinvolved in the issue and any opinion on the issue of the Advisory Board. Iran hasstated that if sanctions are reinstated in whole cr in part, Iran will treat that asgrounds to cease performing its commitments under this JCPOA in whole or in part.

附录3 《联合国安全理事会第2231（2015）号决议》

总干事的报告

主要发展情况

- 2015年12月2日，总干事向理事会提交了关于所有以往和目前未决问题的最终评定意见的报告；2015年12月15日，理事会通过了一项决议，其中除其他外，特别指出，"路线图"中的所有活动均已得到实施以及理事会对该项目的审议已结束。

- 在《联合全面行动计划》"通过日"至"实施日"期间，在原子能机构的核查和监测下，伊朗采取了履行其《联合全面行动计划》核相关承诺的步骤。

- 2016年1月16日，总干事确认，原子能机构已核实伊朗采取了《联合全面行动计划》附件五第15.1段至第15.11段明确规定的行动。这一天正好是《联合全面行动计划》的"实施日"。

- 直至2016年1月16日，原子能机构持续开展了与"联合行动计划"所列核相关措施有关的监测和核查。

- 自"实施日"以来，原子能机构一直在对伊朗履行其根据《联合全面行动计划》所作核相关承诺的情况进行核查和监测。

A. 导言

1. 总干事提交理事会并同时提交联合国安全理事会（安全理事会）的本报告内容涉及伊朗伊斯兰共和国（伊朗）履行其根据《联合全面行动计划》所作核相关承诺的情况以及与根据安全理事会第2231（2015）号决议

在伊朗开展核查和监测有关的事项。本报告还提供除其他外，特别是有关以下方面的资料：澄清以往和目前未决问题、"联合行动计划"、财务和行政事项以及原子能机构与根据《联合全面行动计划》设立的联合委员会的磋商和信息交流。

B. 最近发展情况

B.1 澄清未决问题

2. 2015年12月2日，总干事按照"澄清伊朗核计划以往和目前未决问题的路线图"（路线图）① 向理事会提交了关于对2011年11月总干事的报告（GOV/2011/65号文件）中所述所有以往和目前未决问题的最终评定意见的报告②。2015年12月15日，理事会通过了GOV/2015/72号决议，其中除其他外，特别指出，"路线图"中的所有活动都按照商定的时间表得到了执行，而且"这结束了理事会对该项目的审议"。③

B.2 联合全面行动计划

3. 正如以往所报告的，④ 2015年7月14日，欧洲三国/欧盟+3与伊朗商定了《联合全面行动计划》。2015年7月20日，安全理事会通过了第2231（2015）号决议，其中除其他外，特别请总干事"在《联合全面行动计划》所载伊朗核相关承诺的整个有效期内对这些承诺开展必要的核查和监测"。⑤ 2015年8月25日，理事会授权总干事视可得资金情况并按照原子能机构的标准保障实践，根据安全理事会第2231（2015）号决议，在《联合全面行动计划》所载伊朗核相关承诺的整个有效期间对这些承诺开展必要的核查和监测，并相应地提出报告；以及还授权原子能机构按照GOV/2015/53号及Corr.1号文件中所述与联合委员会进行磋商和信息交流。

B.2.1 理事会的决议

4. 在GOV/2015/72号决议中，理事会还决定，根据安全理事会第2231

---

① GOV/INF/2015/14号文件。
② GOV/2015/68号文件。
③ GOV/2015/72号文件第9段。
④ GOV/2015/50号文件第11段。
⑤ 第2231（2015）号决议所载安全理事会请总干事采取的行动载于GOV/2015/53号及Corr.1号文件第8段。

（2015）号决议，一俟收到关于原子能机构已核实伊朗采取了《联合全面行动计划》附件五第 15.1 段至第 15.11 段明确规定的行动的总干事的报告，即应终止其以往各项决议的规定和关于向伊朗提供技术合作的各项决定；① 不再处理"在伊朗伊斯兰共和国执行与《不扩散核武器条约》有关的保障协定和安全理事会决议的相关规定"的事项；并开始处理涵盖《联合全面行动计划》的执行问题和在伊朗的核查和监测问题的单独议程项目。②

B.2.2 实施日

5. 在《联合全面行动计划》的"通过日"（2015 年 10 月 18 日）至"实施日"（2016 年 1 月 16 日）期间，在原子能机构的核查和监测下，伊朗采取了履行其根据《联合全面行动计划》所作核相关承诺的步骤。

6. 2016 年 1 月 16 日，总干事在提交理事会并同时提交安全理事会的报告中确认，原子能机构已核实伊朗采取了《联合全面行动计划》附件五第 15.1 段至第 15.11 段明确规定的行动。③ 这一天正好是"实施日"。④ 总干事宣布，这为原子能机构按照安全理事会的要求和理事会的授权开始核查和监测伊朗根据《联合全面行动计划》所作核相关承诺铺平了道路。⑤

7. 2016 年 1 月 18 日，总干事与伊朗总统哈桑·鲁哈尼阁下、伊朗副总统兼伊朗原子能组织主席阿里·阿克巴尔·萨利希阁下和伊朗外交部长穆罕默德·贾瓦德·扎里夫阁下在德黑兰举行会谈，讨论了与执行《联合全面行动计划》有关的问题。

8. 在 2016 年 1 月 19 日总干事召集的讨论《联合全面行动计划》执行问题的理事会会议期间，理事会表达了对《联合全面行动计划》的支持。

9. 2016 年 2 月 12 日，总干事与扎里夫博士在慕尼黑举行会议，讨论了与执行《联合全面行动计划》有关的问题。

---

① GOV/2015/72 号决议第 11 段。
② GOV/2015/72 号决议第 13 段。
③ GOV/INF/2016/1 号文件。
④ 在"实施日"，根据安全理事会 2231（2015）号决议的规定，在安全理事会收到 GOV/INF/2016/1 号文件所载总干事的报告后，安全理事会 1696（2006）号决议、第 1737（2006）号决议、第 1747（2007）号决议、第 1803（2008）号决议、第 1835（2008）号决议、第 1929（2010）号决议和第 2224（2015）号决议的规定即行终止。同日，根据理事会 GOV/2015/72 号决议第 11 段的规定，理事会以往各项决议和关于向伊朗提供技术援助的各项决定的规定即行终止。因此，秘书处用于评价对伊朗的技术合作的程序（见 GOV/2007/7 号文件第 7 段）不再有效。
⑤ "秘书处的说明"第 2016/Note5 号。

B.3 "联合行动计划"监测和核查的结果

10. 原子能机构持续开展了与"联合行动计划"规定的核相关措施有关的监测和核查,直到欧洲三国+3与伊朗(代表欧洲三国/欧盟+3和伊朗)通知原子能机构,随着总干事2016年1月16日的报告(GOV/INF/2016/1号文件)确认伊朗已完成开始执行《联合全面行动计划》的必要准备步骤,"联合行动计划"即不再有效。GOV/INF/2016/3号文件附件。

B.4 财务和行政事项

11. 原子能机构为开展与"联合行动计划"有关的监测和核查以及为进行《联合全面行动计划》规定的准备活动总共支出1520万欧元。在这一支出额中,有100万欧元通过经常预算提供资金,而其余的则通过来自总计31个成员国的预算外捐款提供资金。

12. 原子能机构用于执行伊朗的"附加议定书"以及核查和监测《联合全面行动计划》所列伊朗的核相关承诺的年费用概算为每年920万欧元,2016年该费用都将从预算外资金提供。截至2016年2月26日,原子能机构可用于执行"附加议定书"以及开展与《联合全面行动计划》有关的核查和监测的资金总额为880万欧元,其中包括"联合行动计划"活动资金的未用余额。

13. 2016年3月1日,伊朗特别工作组将由隶属保障司的一个新办公室所取代,以履行原子能机构在伊朗开展核查和监测活动的相关职责。

C. 《联合全面行动计划》核查和监测活动

14. 自"实施日"以来,原子能机构一直在对伊朗履行其根据《联合全面行动计划》所作核相关承诺进行核查和监测,并报告如下。

C.1 重水和后处理相关活动

15. 伊朗没有寻求按照原设计对现有阿拉卡重水研究堆(IR–40反应堆)进行施工。① 伊朗没有按照原设计生产或试验为支持IR–40反应堆专门

---

① 排管容器已在"实施日"准备工作期间从该反应堆拆除和使其无法使用,并一直留在伊朗[GOV/INF/2016/1号文件,阿拉卡重水研究堆,第3(2)段和第3(3)段]。

设计的天然铀芯块、燃料细棒或燃料组件,所有现有天然铀芯块和燃料组件一直都在原子能机构的持续监测下处于贮存状态(第3段和第10段)。①

16. 伊朗继续向原子能机构通报伊朗的重水存量和重水生产厂的重水产量,② 并允许原子能机构监测伊朗的重水库存量和在重水生产厂生产的重水量(第15段)。2016年2月13日和14日,原子能机构核实了20吨重水并加装了封记,以备其运出伊朗。2月17日,原子能机构核实伊朗的重水库存达到130.9吨。③ 原子能机构确认,2016年2月24日,上述20吨重水已被运出伊朗,从而使伊朗的重水库存低于130吨(第14段)。④

17. 伊朗没有在德黑兰研究堆和钼、碘、氙放射性同位素生产设施(钼、碘、氙设施)或任何其他已申报设施进行后处理相关活动。

C.2 浓缩和燃料相关活动

18. 自"实施日"以来,在纳坦兹燃料浓缩厂的30个级联⑤上仍然安装着5060台IR-1型离心机(第27段)。

19. 2016年1月23日,伊朗恢复了在燃料浓缩厂的六氟化铀浓缩。⑥ 自该日以来,伊朗没有将铀浓缩至铀-235丰度超过3.67%(第28段)。伊朗铀-235丰度达到3.67%的六氟化铀(或不同化学形态的等量物)库存自"实施日"以来没有超过300千克(第56段)。⑦

20. 自"实施日"以来,在福尔多燃料浓缩厂设施一侧厅的六个级联上一直保持着1044台IR-1型离心机(第46段)。伊朗一直没有在福尔多燃料浓缩厂开展任何铀浓缩活动或相关研究与发展(研发)活动,在该厂也没有任何核材料(第45段)。

21. 自"实施日"以来,所有被贮存的离心机和相关基础设施一直在原子能机构的持续监测下处于贮存状态(第29段、第47段、第48段和第70

---

① 本报告整个C部分、D部分和E部分括号中的段落号对应《联合全面行动计划》"附件一'核相关措施'"的段落。
② 重水生产厂是一座额定设计能力为每年生产16吨核级重水的重水生产设施。
③ 伊朗的库存包括核级重水及不同浓缩度的等量物。
④ 原子能机构将核实运出伊朗的重水量。
⑤ 在《联合全面行动计划》达成时,这30个级联处于在运单元配置中。
⑥ 根据《联合全面行动计划》,"在15年中,纳坦兹浓缩场址将为伊朗进行包括受保障的研发在内所有铀浓缩相关活动的惟一场所"(第72段)。
⑦ 该库存包括伊朗表示可从伊斯法罕浓缩二氧化铀粉末厂工艺线回收的20~40千克浓缩铀。

段)。原子能机构继续定期接触位于纳坦兹的相关建筑物,包括燃料浓缩厂和燃料浓缩中试厂的所有建筑物,以及经原子能机构要求进行每日接触(第71段)。

22. 自"实施日"以来,伊朗已根据其2016年1月16日向原子能机构提供的长期浓缩和研发浓缩计划开展了其浓缩活动(第52段)。

23. 自"实施日"以来,伊朗一直没有为了将燃料板或废料转化回六氟化铀的目的运行其任何已申报设施,也没有通知原子能机构其已为这种目的建设任何新设施(第58段)。

C.3 离心机的研究与发展、制造和存量

24. 自"实施日"以来,一直没有通过浓缩研发活动积累任何浓缩铀,而且伊朗用铀或不用铀的浓缩研发一直是在《联合全面行动计划》所规定限制范围内使用离心机进行的(第32段至第42段)。

25. 自"实施日"以来,伊朗向原子能机构提供了伊朗离心机转筒和波纹管的产量和存量申报,并已允许原子能机构对这些进行核实(第80.1段)。原子能机构进行了持续监测,包括通过利用封隔和监视措施进行了监测,并核实所申报设备已被用于生产转筒和波纹管,以制造仅供用于《联合全面行动计划》明确规定活动的离心机(第80.2段)。伊朗一直没有生产任何IR-1型离心机以替换那些受损或故障离心机(第62段),并且原子能机构对其他类型离心机及其转筒和波纹管的生产进行了核实和监测(第61段)。所有已申报的转筒、波纹管和转子组件一直处于原子能机构的持续监测之下,其中包括自"实施日"以来制造的那些转筒和波纹管(第70段)。①

D. 透明度措施

26. 伊朗继续允许原子能机构使用在线浓缩度监视器和电子封记,将其在核场址内的状况传送给原子能机构视察员,并继续为自动收集已安装测量装置显示的原子能机构测量记录提供便利(第67.1段)。伊朗向原子能机构为伊朗指派的视察员签发了所要求的长期签证,在核场址为原子能机构提供了适当的工作空间,并为使用伊朗核场址附近场所的工作空间提供

---

① 自"实施日"以来,原子能机构已核实伊朗制造了转筒和波纹管。2016年2月22日,伊朗宣布,它已停止制造转筒。原子能机构将在下次访问时进行核查。

了便利（第67.2段）。

27. 伊朗继续允许原子能机构通过与伊朗商定的措施包括封隔和监视措施监测在伊朗生产的或从任何其他来源获得的和伊朗向原子能机构报告的所有铀矿石浓缩物。伊朗还向原子能机构提供了所有必要的资料，以使原子能机构能够核实铀矿石浓缩物的生产情况以及在伊朗生产的或从任何其他来源获得的铀矿石浓缩物的存量（第69段）。

E. 其他相关资料

28. 2016年1月16日，正如在伊朗2016年1月7日致总干事的信函中通知的那样，伊朗开始按照其"保障协定"的"附加议定书"第17条（b）款的规定，在"附加议定书"生效之前临时适用"附加议定书"，并充分履行其"保障协定"的"辅助安排"经修订的第3.1条。

29. 2016年1月16日，伊朗作为"附加议定书"第2条规定的初始申报的一部分并按照《联合全面行动计划》附件一Ⅰ部分第52段所述，向原子能机构提交了其浓缩和浓缩研发计划（第52段）。

30. 2016年2月25日，原子能机构应邀作为观察员出席了联合委员会采购工作组会议（《联合全面行动计划》附件四"联合委员会"，第6.4.6段）。

31. 2016年2月15日，伊朗向原子能机构提供了计划在布什尔建造的两座轻水动力堆的早期设计资料。

F. 总结

32. 原子能机构继续核实伊朗根据其"保障协定"申报的核设施和通常使用核材料的设施外场所的已申报核材料未被转用。原子能机构已于2016年1月16日开始根据"附加议定书"开展活动，以确定伊朗不存在未申报核材料或核活动的任何迹象。

33. 2015年12月2日，总干事向理事会提供了对所有以往和目前未决问题的评定意见，2015年12月15日，理事会决定结束对该项目的审议。

34. 2016年1月16日，总干事发布报告，表示原子能机构已核实伊朗采取了《联合全面行动计划》明确规定的行动。这一天正好是"实施日"。

35. 自"实施日"以来，原子能机构一直在对伊朗履行其根据《联合全面行动计划》所作核相关承诺的情况进行核查和监测。

36. 总干事将酌情继续提出报告。

参考文献

《安理会第 2231（2015）号决议》，http：//www.un.org/zh/sc/2231/。

蔡鹏鸿：《美国制裁伊朗及其对中国的影响》，《现代国际关系》2012年第4期。

《参议院民主党人士众志成城 力阻共和党封杀伊朗核协议》，2015年9月11日，http：//finance.sina.com.cn/money/forex/20150911/074823219124.shtml。

曹泽西：《特朗普突访中情局 称将支持情报机构打击"伊斯兰国"》，2017年1月22日，http：//www.guancha.cn/america/2017_01_22_390724.shtml。

程春华：《俄罗斯为何"弃南投蓝"》，《世界知识》2015年第1期。

程春华：《俄欧南溪管道项目为何一波三折》，《世界知识》2014年第14期。

程磊：《中国大幅减少从伊朗进口原油 美国宣布"豁免"》，《法制晚报》2012年6月30日，http：//news.qq.com/a/20120630/000641.htm。

楚树龙：《2016年美国全球战略走势》，《当代世界》2016年第3期。

段康：《欧美对伊朗实施新一轮经济制裁》，《中国航天》2012年第1期。

《俄罗斯被终止G8成员国身份》，《新华日报》2014年3月26日，第A01版。

方向明：《西方制裁解除 伊朗总统首次出访欧洲寻求合作》，2016年1月28日，http：//economy.southcn.com/e/2016-01/28/content_141656606.htm。

冯玉军：《纳布科管道：从构想走向现实》，《国际石油经济》2009年第8期。

富景筠：《"页岩气革命"、"乌克兰危机"与俄欧能源关系——对天然气市场结构与权力结构的动态分析》，《欧洲研究》2014年第6期。

何光海：《伊朗说承认伊拥有铀浓缩权利是核谈"终极目标"》，新华网德黑兰2013年10月1日电。

李水生：《"火上加油"意在制裁》，《人民日报》2006年4月13日。

李瑞华：《美欧加码对伊朗经济制裁欲断其金融命脉》，《经济》2012年第5期。

李春莲：《中海油伊朗项目因进展缓慢被叫停　中国三大油企海外并购喜忧并存》，《证券日报》2011年10月17日，http：//finance.sina.com.cn/stock/t/20111017/032610631249.shtml。

李建国：《伊朗总统称核协议给伊朗带来巨大变化》，2017年1月18日，http：//news.163.com/17/0118/09/CB271M7400018AOQ.html。

《鲁哈尼如何成功连任》，2017年5月31日，https：//mini.eastday.com/a/170531172605293.html。

梁强：《美国在乌克兰危机中的战略目标——基于美乌关系的分析（1992~2014）》，《俄罗斯东欧中亚研究》2015年第2期。

刘清才、刘涛：《西方制裁背景下俄罗斯远东地区发展战略与中俄区域合作》，《东北亚论坛》2015年第3期。

刘显忠：《乌克兰危机的历史文化因素》，《当代世界社会主义问题》2015年第1期。

陆南泉：《中俄关系现状与前景》，《新疆师范大学学报》（哲学社会科学版）2015年第1期。

《美对伊朗最新制裁涉中国实体和个人　外交部回应》，2017年2月7日，http：//news.huanbohainews.com.cn/system/2017/02/07/011734335.shtml。

《美国对伊再施新制裁　阻挠伊朗建购买石油的支付途径》，《南方日报》2012年8月2日，http：//www.chinadaily.com.cn/hqcj/2012-08/02/content_15640684.htm。

《美国要求中国减少进口伊朗石油　否则金融制裁》，2012年03月22日，http：//news.qq.com/a/20120322/000418.htm。

《美针对伊朗导弹试射宣布将进行新一轮制裁　包括一家中国公司》，2017年2月4日，http：//mil.qianlong.com/2017/0204/1368121.shtml。

倪红梅、王雷：《安理会未通过乌克兰问题决议草案》，新华社联合国2014年3月15日电。

《"南溪"管道风波冲击俄欧关系》，《人民日报》2014年12月3日，http：//news.xinhuanet.com/world/2014-12/03/c_127274144.htm。

庞昌伟、张萌：《纳布科天然气管道与欧俄能源博弈》，《世界经济与政治》2010 年第 3 期。

史建斌、朱剑钰：《试析"联合全面行动计划"对伊朗核能力的影响》，《国际论坛》2016 年第 3 期。

《14 年来首访伊朗　中伊双边贸易将从 520 亿提至 6000 亿美元》，2016 年 1 月 25 日，http：//gold.jrj.com.cn/2016/01/25064120472556.shtml。

孙立昕：《美国制裁伊朗的现状、效果及影响》，《当代世界》2014 年第 5 期。

陶慕剑：《用油价打击俄罗斯　奥巴马很"悲壮"》，2014 年 10 月 21 日，http：//news.ifeng.com/a/20141021/42259245_0.shtml。

《特朗普访问沙特受礼遇　美沙签署 1100 亿美元军售协议》，2017 年 5 月 21 日，http：//finance.ifeng.com/a/20170521/15393859_0.shtml。

《外媒：中国和伊朗国防部长签署协议　加强军事合作》，2016 年 11 月 16 日，http：//military.china.com/important/11132797/20161116/30040819_all.html。

《外媒：中国将建造一条伊朗到巴基斯坦天然气输送管道》，2015 年 4 月 9 日，http：//finance.ifeng.com/a/20150409/13617907_0.shtml。

王雷、顾震球：《联合国大会决议称克里米亚公投无效　中国投弃权票》，新华网 2014 年 3 月 27 日电。

王鹏：《制裁伊朗石化业中国将受牵连》，《中国化工报》2011 年 12 月 1 日，第 5 版。

王文：《为什么伊朗对中国很重要》，2016 年 1 月 21 日，http：//www.guancha.cn/WangWen/2016_01_21_348744.shtml。

王晓军：《俄军对"颜色革命"的认知与应对举措》，《现代军事》2015 年第 2 期。

王晓雄：《中伊海军在霍尔木兹海峡演习或引起美国忧虑?》，《环球时报》2017 年 6 月 19 日，http：//news.ifeng.com/a/20170619/51275621_0.shtml。

须同凯：《乌克兰危机对欧洲能源安全的影响》，《欧亚经济》2014 年第 4 期。

杨军：《美欧卡死石油贸易　伊朗经济痛苦挣扎》，《中国青年报》2013 年 1 月 14 日，http：//www.chinanews.com/gj/2013/01-14/4483506.shtml。

《伊核问题框架协议达成》，2015 年 4 月 4 日，新华网，http：//news.xinhuanet.com/world/2015-04/04/c_127655649.htm。

《伊朗与西方矛盾再升级　国际油价或在短期内飞涨》,《国际金融报》2011年12月2日,http: //news. china. com/focus/ylhwj/11109640/20111202/16900564. html。

袁野:《上合组织成立后首次扩容　谁能进来谁想进来?》,《中青报》2017年6月8日,http: //news. eastday. com/c/20170608/u1a13031202. html。

袁志丽:《首届中伊"一带一路"智库对话在德黑兰召开》,2016年1月23日,http: //intl. ce. cn/specials/zxgjzh/201601/23/t20160123_8506458. shtml。

张春荣:《俄罗斯将扩大"蓝溪"天然气管道项目建设》,《经济日报》2014年12月4日,http: //energy. people. com. cn/n/2014/1204/c71661 - 26147326. html。

张聪明:《"俄罗斯综合症"能否根治》,《人民论坛》2016年第6期。

张蔚然:《美国众议院否决伊核协议决议案》,中新社华盛顿2015年9月11日电。

赵传君:《乌克兰危机的地缘政治效应》,《北方经贸》2015年第3期。

郑青亭:《伊朗原子能机构主席　抵京磋商核电合作》,《21世纪经济报道》2015年8月27日,http: //news. hexun. com/2015 - 08 - 27/178642661. html。

郑金发、邹乐:《土格阿三国开始修建跨安纳托利亚天然气管道》,新华网安卡拉2015年3月17日电。

《中伊签军事合作协议:伊朗或将变成中东解放军》,2016年11月17日,http: //mil. youth. cn/jmsj/201611/t20161117_8855483. htm。

周兆军:《马朝旭:欢迎巴西、土耳其和伊朗签署核燃料协议》,中国新闻网,2010年5月18日,http: //www. chinanews. com/gn/news/2010 - 05 - 18/2289914. shtml。

Abdo, Geneive, "Iran's Nuclear Resistance," Foreign Policy. com, October 25, 2012, http: //mideast. foreignpolicy. com/posts/2012/10/25/irans_ nuclear_ resistance.

Ahmed, Nafeez, "US 'Democracy Promotion' in Ukraine is about Dominating 'Greater Middle East'," January 23, 2015, http: //www. middleeasteye. net/columns/us - democracy - promotion - ukraine - about - dominating - greater - middle - east - 852232650.

Alexandroff, Klan "Between Hegemony and Balance of Power – The US in Asia," September 23, 2012, http: //blog. risingbricsam. com/? p = 1503.

Alexandrov, Stanimir A. , *Self-Defence against the Use of Force in International Law*, The Hague: Kluwer Law International, 1996.

Alexandrova-Arbatova, Nadia, "Implications of the Russia-Ukraine Crisis for the Middle East and North Africa," Geographical Overview, *Mediterranean Yearbook* 2015.

Allison, Graham, "In Iran, Perfect is the Enemy of the Good: Why Demanding No Enrichment and No Centrifuges Means No Deal," January 22, 2014, http://www.foreignpolicy.com/articles/2014/01/22/us_iran_nuclear_deal.

Almond, Roncevert Ganan, "China and the Iran Nuclear Deal," March 8, 2016, http://thediplomat.com/2016/03/china-and-the-iran-nuclear-deal/.

Amirahmadi, Hooshang, "US-Iran Relations: Perils and Promises," September 22, 2006, http://payvand.com/news/06/sep/1254.html.

Anderson, John Ward, "U.S., Iran Open Dialogue on Iraq," *The Washington Post*, May 29, 2007, http://www.washingtonpost.com/wp-dyn/content/article/2007/05/28/AR2007052800080.html?referrer=digg.

"Any Movement of Russia's Black Sea Fleet Personnel in Crimea will be Interpreted as Military Aggression against Ukraine," Febuary 27, 2014, http://tass.ru/en/world/721161.

Aras, Bulent, "Transformation of the Iranian Political System: Towards a New Model?" *Middle East Review of International Affairs*, 2001, Vol. 5, No. 3.

"Are Sanctions Working?" Updated July 2015, http://www.iranintelligence.com/sanctions-fail.

Asada, Masahiko, "Strengthening the Nuclear Non-Proliferation Regime: Proposals and Problems," *The International Spectator*, Vol. 44, No. 1, March 2009.

Ash, Timothy Garton, "These Protests Should Shame the West into a Change of Policy on Iran," January 6, 2010, http://www.guardian.co.uk/commentisfree/2010/jan/06/protests-shame-west-iran-nuclear.

Associated Press, "Mattis, Trump's Choice to Lead Pentagon, is Wary of Iran," January 12th, 2017, http://www.timesfreepress.com/news/national/political/story/2017/jan/12/mattis-trumps-choice-lead-pentagon-wary-iran/407139/.

Azubuike, Eustace Chikere, "Probing the Scope of Self Defense in International Law," *Annual Survey of International & Comparative Law*, Vol. XVII, 2011.

Bahgat, Gawdat, "United States – Iranian Relations: The Terrorism Challenge," *Parameters*, Winter 2008 – 2009.

Bailey, Emily, Guthrie, Richard, Howlett, Darry and Simpson, John, The Evolution of the Nuclear Non – Proliferation Regime, 6th Edition, The Mountbatten Centre for International Studies (MCIS), 2000.

Bakhash, Shaul, "No Elected President for Iran?" October 31, 2011, http://iranprimer.usip.org/blog/2011/oct/31/no – elected – president – iran.

Bâli, Aslı, "International Law and the Iran Impasse," December 16, 2012, http://www.merip.org/mero/mero121612.

Balouziyeh, John, "Russia's Annexation of Crimea: An Analysis under the Principles of Jus ad Bellum," 14 April 2014, http://www.lexisnexis.com/legalnewsroom/international – law/b/international – law – blog/archive/2014/04/14/russia – s – annexation – of – crimea – an – analysis – under – the – principles – of – jus – ad – bellum.aspx.

Barzegar, Kayhan, "Iran and The Shiite Crescent: Myths and Realities," *The Brown Journal of World Affairs*, Vol. 15, No. 1, 2008.

Baute, Jacque, "Timeline Iraq: Challenges and Lessons Learned from Inspections," *IAEA Bulletin*, Vol. 46, No. 1, June 2004.

"BBC Live at Carnegie: Obama's Foreign Policy—One Year On," http://carnegieendowment.org/events/? fa = eventDetail&id = 2801.

Bebler, Anton, "Crimea and the Russian – Ukrainian Conflict," *Romanian Journal of European Affairs*, Vol. 15, No. 1, 2015.

Bechhoefer, B. G. *Postwar Negotiations for Arms Control*, Washington, DC: The Brookings Institution, 1961.

Beckman, R. L. *Nuclear Nonproliferation, Congress and the Control of Peaceful Nuclear Activities*, Boulder: Westview Press, 1985.

Beeman, William O., "Elections and Governmental Structure in Iran: Reform Lurks under the Flaws," *The Brown Journal of World Affairs*, Summer/Fall 2004, Vol. 11, No. 1.

Ben – Ephrai, Shaiel, "Is ISIS Good for U.S. Strategy?" August 26,

2014, http：//intpolicydigest. org/2014/08/26/is – isis – good – for – u – s – strategy/.

Berry, Lynn, "Putin Admits Russian Soldiers were in Crimea, Slams West for Role in Ukraine Crisis," 4 April 2014, http：//www. huffingtonpost. com/2014/04/17/putin – ukraine_ n_ 5165913. html.

Blockmans, Steven and Waizer, Stefan, "E3 + 3 Coercive Diplomacy towards Iran： Do the Economic Sanctions Add up?" *CEPS Policy Brief*, No. 292, 6 June 2013.

Bolton, John R. , "The Bush Administration's Nonproliferation Policy： Successes and Future Challenges," Testimony Before the House International Relations Committee, March 30, 2004, http：//2001 – 2009. state. gov/t/us/rm/31029. htm.

Boureston, Jack and Ferguson, Charles D. , "Strengthening Nuclear Safeguards： Special Committee to the Rescue?" *Arms Control Today*, December 2005, http：//www. armscontrol. org/act/2005_ 12/DEC – Safeguards.

Brewster, Murray, "Canada alone to Sink $50 Million into Ukraine 'Democracy Promotion'," July 16, 2015, http：//russia – insider. com/en/military/military – schools – and – ballot – box – training – canada – funds – ukraine/ri8773.

Broad, William J. and Sanger, David E. , "Iran Has a Third More Enriched Uranium Than Thought, Inspectors Say," *The New York Times*, 20 February 2009.

Brumberg, Daniel, "Iran and Democracy," http：//iranprimer. usip. org/resource/iran – and – democracy.

Brumberg, Daniel and Berzins, Eriks, "US – Iranian Engagement： Toward A Grand Agenda?" the United States Institute of Peace, May 2009, http：//www. unausa. org/Document. Doc? id = 438.

Bureau of Near Eastern Affairs, "Background Note： Iran," September 30, 2009, http：//www. state. gov/r/pa/ei/bgn/5314. htm.

Carlson, John, "Challenges to the Nuclear Non – Proliferation Regime： Can the Regime Survive?" Paper Presented to the Carnegie Moscow Center, May 29, 2007. http：//www. asno. dfat. gov. au/publications/challenges_ nuclear_ non – proliferation – regime. pdf.

Carpenter, Ted Galen, "Iran's Nuclear Program: America's Policy Options," *CATO Institute Policy Analysis*, No. 578, September 20, 2006.

CASMII, "Fact Sheets of Iran – US Standoff: Key Reasons against Sanctions and Military Intervention in Iran," January 20, 2012, http://www.campaigniran.org/casmii/files/Fact – Sheets – 03 – 03 – 2012.pdf.

Center for Nonproliferation Studies, "Nuclear Suppliers Group (NSG)," June 15, 2009, http://www.nti.org/e_ research/official_ docs/inventory/pdfs/nsg.pdf.

Chasmar, Jessica, "Iran Cuts Hamas' Funding for Backing Syrian Opposition," *The Washington Times*, June 2, 2013.

Cherednichenko, Olga, "Literary Crimea: In the Footsteps of Russia's Most Famous Writers," July 16, 2015, http://travel.rbth.com/travel/2015/16/07/literary_ crimea_ in_ the_ footsteps_ russias_ most_ famous_ writers.

Chubin, Shahram, "The Iranian Nuclear Riddle after June 12," *The Washington Quarterly*, January 2010.

Chumak, Dmytro and Jakóbik, Wojciech, "Iran nuclear deal: Lessons for sanctions against Russia," March 3, 2016, http://neweasterneurope.eu/articles – and – commentary/1907 – iran – nuclear – deal – lessons – for – sanctions – against – russia.

Clifford, Siobhan, "What is the Meaning of Russia's Belligerence?" http://www.ajurialawyers.com.au/uploads/56412/ufiles/Use_ of_ force_ in_ Ukraine_ –_ What_ is_ the_ meaning_ of_ Russias_ belligerence.docx.pdf.

Cordesman, nthony H., "The Obama Administration and US Strategy: The First 100 Days," Center for Strategic and International Studies, April 12, 2009, http://csis.org/files/media/csis/pubs/090414_ obama100.pdf.

Corten, Olivier, *The Law against War: The Prohibition on the Use of Force in Contemporary International Law*, Oxford: Hart Publishing Ltd., 2010.

Coser, Lewis, "The Functions of Social Conflict," http://www.colorado.edu/conflict/peace/example/coser.htm.

Council of the European Union, "Council Conclusions on Iran," 3191st Foreign Affairs Council Meeting, Luxembourg, 15 October 2012.

Crail, Peter, "UN Iran Sanctions Push Thwarted for Now," *Arms Control*

Today, October 2007, http: //www. armscontrol. org/act/2007_ 10/UNIran-Sanctions.

Crawford, James, *Brownlie's Principles of Public International Law* (8th Edn.), Oxford University Press, 2012.

D. Holloway, *The Soviet Union and the Arms Race*, New Haven: Yale University Press, 1983.

Dareini, Aliakbar, "Iran Leader: Don't Pin Hope on Sanctions Relief," February 8, 2014, http: //news. yahoo. com/iran – leader – don – 39 – t – pin – hope – sanctions – 111020451. html.

Davenport, Kelsey, "History of Official Proposals on the Iranian Nuclear Issue," updated January 2014, http: //www. armscontrol. org/factsheets/Iran _ Nuclear_ Proposals.

David A. Baldwin and Robert A. Pape, "Evaluating Economic Sanctions," *International Security*, Vol. 23, No. 2, 1998. Deeks, Ashley S., "Consent to the Use of Force and International Law Supremacy," *Harvard International Law Journal*, Volume 54, Number 1, Winter 2013.

Defensor – Santiago, Sen. Miriam, "Sabah Issue in International Law," *Philippine Daily Inquirer*, March 23rd, 2013.

"Definition of Aggression, United Nations General Assembly Resolution 3314 (XXIX)," https: //www1. umn. edu/humanrts/instree/GAres331.

Dehghan, Saeed Kamali, "EU's Catherine Ashton Criticised for Meeting Iranian Women Activists," 10 March 2014, http: //www. theguardian. com/world/2014/mar/10/eu – catherine – ashton – criticised – meeting – iran – women – activists.

"Developing Situation in Crimea Alarming, Says OSCE High Commissioner on National Minorities," 6 March 2014, http: //www. osce. org/node/116180.

Deyermond, Ruth, "What are Russia's Real Motivations in Ukraine? We Need to Understand them," April 27, 2014, http: //www. theguardian. com/commentisfree/2014/apr/27/russia – motivations – ukraine – crisis.

Diamond, M. Mcfaul, A. Milani, L., "A Win – Win U. S. Strategy for Dealing with Iran," *The Washington Quarterly*, Vol. 30, No. 1, Winter 2006 – 2007.

DiChristopher, Tom, "Trump's Iran Nuclear Deal Review Faces a Dangerous Path," April 25, 2017, http://www.cnbc.com/2017/04/25/trumps-iran-nuclear-deal-review-faces-a-dangerous-path.html.

Diego Santos Vieira de Jesus, "Building Trust and Flexibility: A Brazilian View of the Fuel Swap with Iran," *The Washington Quarterly*, Vol. 34, No. 2, Spring 2011.

Dixon, Darius, "Moniz: Test Results Back up Assurances on Iran Deal," July 22, 2015, http://www.politico.com/story/2015/07/moniz-test-results-back-up-assurances-on-iran-deal-120507.

Dobbins, James, *After the Taliban: Nation Building in Afghanistan*, Dulles, Virginia: Potomac Books, 2008.

Doyle, James E. and Kutchesfahani, Sara, "Time for a U.S./Iran Patch up," March 21, 2006, http://www.carnegieendowment.org/files/losalamos_iran.pdf.

Dronova, Kateryna, "UN Report on the Human Rights Situation in Ukraine: Why is It Important?" April 26, 2014, http://voxukraine.org/2014/04/26/58/.

Dreyfuss, Rovert and Rozen, Laura, "Still Dreaming of Tehran," *The Nation*, April 12, 2004.

Eichensehr, Kristen E., "Defending Nationals Abroad: Assessing the Lawfulness of Forcible Hostage Rescues," *Virginia Journal of International Law*, Vol. 48, Iss. 2, 2008.

Einhorn, Robert J., "A Transatlantic Strategy on Iran's Nuclear Program," *The Washington Quarterly*, Autumn 2004.

Eisenstadt, Michael and Khalaji, Mehdi, "Nuclear Fatwa: Religion and Politics in Iran's Proliferation Strategy," *Policy Focus*, No. 115, 2011.

ElBaradei, Mohamed, "Addressing Verification Challenges," Statement of the IAEA Director General to the Symposium on International Safeguards, Vienna, Austria, October 16, 2006, http://www.iaea.org/NewsCenter/Statements/2006/ebsp2006n018.html.

Emmott, Robin, "Europe Backs Iran Deal, Hopes to Send a Signal to U.S. Congress," July 20, 2015, http://www.huffingtonpost.com/entry/europe-iran-nuclear-deal_55ace75de4b0d2ded39f5089.

Engel, Pamela, "Paul Ryan Hints that Trump may not be able to Completely Dismantle the Iran Nuclear Deal," February 3, 2017, http://www.businessinsider.com/paul-ryan-trump-iran-nuclear-deal-2017-2.

Ephraim Kam, ed. *Israel and a Nuclear Iran: Implications for Arms Control, Deterrence, and Defense*, INSS Memorandum, No. 94, July 2008, http://www.inss.org.il/upload/(FILE)1216203568.pdf.

Erdbrink, "Iranian Leaders Fault Obama, Warn Israel again," *Washington Post*, March 5, 2009, http://www.washingtonpost.com/wp-dyn/content/article/2009/03/04/AR2009030400330.html.

Esfandiary, Dina, "Assessing the European Union's Sanctions Policy: Iran as a Case," *Non-Proliferation Papers*, No. 34, December 2013.

EurActiv.com, Reuters, "EU Turns to Iran as Alternative to Russian Gas," September 25, 2014, http://www.euractiv.com/section/europe-s-east/news/eu-turns-to-iran-as-alternative-to-russian-gas/.

European External Action Service, "E3/EU+3 Nuclear Negotiations with Iran: Terms of the Agreement on a Joint Plan of Action, Including Measures to be Undertaken by the European Union," *Fact Sheet*, Brussels, 17 January 2014, http://eeas.europa.eu/statements/docs/2013/131219_02_en.pdf.

Evans, Malcolm D. ed., *International Law*, Oxford [etc.]: Oxford University Press, 2010.

European External Action Service, "E3/EU+3 Nuclear Negotiations with Iran: Terms of the Agreement on a Joint Plan of Action, Including Measures to be Undertaken by the European Union," *Fact Sheet*, Brussels, 17 January 2014, http://eeas.europa.eu/statements/docs/2013/131219_02_en.pdf.

ElBaradei, Mohamed, "Addressing Verification Challenges," Statement of the IAEA Director General to the Symposium on International Safeguards, Vienna, Austria, October 16, 2006, http://www.iaea.org/NewsCenter/Statements/2006/ebsp2006n018.html.

Einhorn, Robert J., "A Transatlantic Strategy on Iran's Nuclear Program," *The Washington Quarterly*, Autumn 2004.

Eisenstadt, Michael and Khalaji, Mehdi, "Nuclear Fatwa: Religion and Politics in Iran's Proliferation Strategy," *Policy Focus*, No. 115, 2011.

EurActiv. com, Reuters, "EU Turns to Iran as Alternative to Russian Gas," September 25, 2014, http: //www. euractiv. com/section/europe - s - east/news/eu - turns - to - iran - as - alternative - to - russian - gas/.

Engel, Pamela, "Paul Ryan Hints that Trump may not be able to Completely Dismantle the Iran Nuclear Deal," February 3, 2017, http: //www. businessinsider. com/paul - ryan - trump - iran - nuclear - deal - 2017 - 2.

Emmott, Robin, "Europe Backs Iran Deal, Hopes to Send a Signal to U. S. Congress," July 20, 2015, http: //www. huffingtonpost. com/entry/europe - iran - nuclear - deal_ 55ace75de4b0d2ded39f5089.

Erdbrink, "Iranian Leaders Fault Obama, Warn Israel again," *Washington Post*, March 5, 2009, http: //www. washingtonpost. com/wp - dyn/content/article/2009/03/04/AR 2009030400330. html.

Esfandiary, Dina, "Assessing the European Union's Sanctions Policy: Iran as a Case," *Non - Proliferation Papers*, No. 34, December 2013.

Eichensehr, Kristen E., "Defending Nationals Abroad: Assessing the Lawfulness of Forcible Hostage Rescues," *Virginia Journal of International Law*, Vol. 48, Iss. 2, 2008.

Evans, Malcolm D. ed., *International Law*, Oxford [etc.]: Oxford University Press, 2010.

"Fact Sheet: Comprehensive Iran Sanctions, Accountability, and Divestment Act (CISADA)," May 23, 2011, http: //www. state. gov/e/eb/esc/iransanctions/docs/160710. htm.

Fair, C. Christine and Shellman, Stephen M., "Determinants of Popular Support for Iran's Nuclear Program: Insights from a Nationally Representative Survey," *Contemporary Security Policy*, Vol. 29, No. 3, December 2008, http: //www. contemporarysecuritypolicy. org/assets/CSP - 29 - 3 - FairShellman. pdf.

Fillingham, Zachary, "The US - Iran Nuclear Breakthrough in Geneva," November 25, 2013, http: //www. geopoliticalmonitor. com/the - us - iran - nuclear - breakthrough - in - geneva - 4888/.

Fischer, David, *History of the International Atomic Energy Agency: the First Forty Years*, Vienna: The Agency, 1997.

Fitzpatrick, Mark, "Containing the Iranian Nuclear Crisis: The Useful Precedent of a Fuel Swap," *Perceptions*, Summer 2011, Vol. 16, No. 2.

Fleitz, Fred, "Trump should Tear up the Nuclear Agreement," February 4, 2017, http://www.nationalreview.com/article/444619/trump-iran-notice-he-should-tear-nuclear-agreement.

"Foreign Policy Initiative: Open Letter to President Obama—Secure Ukraine, Isolate Russia, and Strengthen NATO," March 21, 2014, http://www.cfr.org/ukraine/foreign-policy-initiative-open-letter-president-obama—secure-ukraine-isolate-russia-strengthen-nato/p32635.

Fox, Gregory H., "Intervention by Invitation," *Wayne State University Law School Legal Studies Research Paper Series*, No. 2014-04.

Fox, Gregory H, "Regime Change," January 2013 (last updated), Oxford Public International Law, http://opil.ouplaw.com/view/10.1093/law:epil/9780199231690/law-9780199231690-e1707.

Franck, Thomas M., "The Emerging Right to Democratic Governance," *The American Journal of International Law*, Vol. 86, No. 1. Jan., 1992.

Freeman, Chas W., Jr., "The Geopolitics of the Iran Nuclear Negotiations," Norwegian Institute of International Affairs, https://brage.bibsys.no/xmlui/bitstream/id/338118/The+Geopolitics+of+the+Iran+Nuclear+Negotiations.pdf.

Gallis, Paul, "The NATO Summit at Bucharest, 2008," *CRS Report for Congress* (RS22847), updated May 5, 2008.

Galtung, Johan, "On the Effects of International Economic Sanctions: With Examples from the Case of Rhodesia," *World Politics*, Vol. 19, No. 3, 1967.

Gambill, Gary C., "Syria is Iran's Stalingrad," June 2013, http://www.meforum.org/3531/syria-iran-stalingrad.

Gardner, Hall, "NATO, the EU, Ukraine, Russia and Crimea: The 'Reset' that was Never 'Reset'," *Briefing Paper* No. 49, April 3, 2014.

Garver, John W., "China and Iran: An Emerging Partnership PostSanctions," *Policy Focus Series*, Middle East Institute, February 2016.

Garwood-Gowers, Andrew, "An Attack on Iran: the Legal Basis, or Lack Thereof," April 19, 2012, http://theconversation.com/an-attack-on-iran-the-legal-basis-or-lack-thereof-6397.

Gerstman, David, "How Anxious is Obama to Make a Deal with Iran?" May 29, 2014, http://legalinsurrection.com/2014/05/how-anxious-is-obama-to-make-a-deal-with-iran/.

Ghaddar, Hanin, "The Marriage and Divorce of Hamas and Hezbollah," Aug 26, 2013, http://www.wilsoncenter.org/islamists/article/the-marriage-and-divorce-hamas-and-hezbollah.

Giuliani, Jean-Dominique, "Russia, Ukraine and International Law," Foundation Robert Schuman, *European Issues*, No. 344, 17th February, 2015.

Goldenberg, Ilan, "How James Mattis could Stop Trump from Ripping up the Iran Nuclear Deal," December 17, 2016, http://fortune.com/2016/12/17/james-mattis-iran-nuclear-deal-donald-trump/.

Gowans, Stephen, "US Aiming for More than Nuclear Deal in Iran," *Global Research*, October 8, 2013, http://www.globalresearch.ca/us-aiming-for-more-than-nuclear-deal-in-iran/5353452?print=1.

Graeber, Daniel J., "Iran Extends Energy Hand to Europe," July 13, 2016, http://www.upi.com/Iran-extends-energy-hand-to-Europe/7991468412200/?spt=rrs&or=1.

Greenfield, Daniel, "What if Chaos were our Middle East Policy?" August 31, 2016, http://www.frontpagemag.com/fpm/263996/what-if-chaos-were-our-middle-east-policy-daniel-greenfield.

Grobe, Stefan, "Why the Iran Nuclear Deal will Likely Survive President Trump," January 25, 2017, http://www.euronews.com/2017/01/25/why-the-iran-nuclear-deal-will-likely-survive-president-trump.

Grunstein, Judah, "Iran Failed, Not Engagement," Feb. 10, 2010, http://www.worldpoliticsreview.com/trend-lines/5100/iran-failed-not-engagement.

Hallinan, Conn, "The Dark Side of the Ukraine Revolt," March 3, 2014, http://www.counterpunch.org/2014/03/03/the-dark-side-of-the-ukraine-revolt/.

Ham, Peter van, "The EU, Russia and the Quest for a New European Security Bargain," *Clingendael Report*, November 2015.

Harnisch, Sebastian, "A Good Non-Proliferation Cop? The EU Faces the Iranian Nuclear Chanllenge," http://www.uni-heidelberg.de/md/politik/harnisch/person/publikationen//harnisch_ unknown_ a_ good_ non-proliferation_ cop_ the_ eu_ faces_ the_ iranian_ nuclear_ challenge.pdf.

Heradsteveit, David and Bonham, G. Matthew, "What the Axis of Evil Metaphor Did to Iran," *Middle East Journal*, Vol. 61, No. 3, Summer 2007.

Heselhaus, Sebastian, "International Law and the Use of Force," http://www.eolss.net/sample-chapters/c14/e1-36-01-02.pdf.

Hooshiyar, Khashayar, "Iran, Globalization, and US Imperialist Agenda in the Middle East," 2006, http://iranreview.com/Editorials/Iran%20and%20US.pdf.

Hossein-zadeh, Ismael, "Reflecting on Iran's Presidential Election," July 2009, http://faculty.cbpa.drake.edu/hossein-zadeh/papers/Iran'sPresidentialElection.pdf.

Iannuzzi, Roberto, "Nuclear Deal and US Rebalancing: Not a Strategy for Peace," July 28, 2015, https://www.geopoliticalmonitor.com/nuclear-deal-and-us-rebalancing-not-a-strategy-for-peace/.

"Implementation of the NPT Safeguards Agreement in the Islamic Republic of Iran," Resolution adopted on 24 September 2005, http://www.iaea.org/Publications/Documents/Board/2005/gov2005-77.pdf.

Indyk, Martin, "The End of the U.S.-Dominated Order in the Middle East," March 13, 2016, http://www.theatlantic.com/international/archive/2016/03/obama-middle-east-policy/473529/.

International Atomic Energy Agency Director General, *Verification and Monitoring in the Islamic Republic of Iran in light of United Nations Security Council Resolution 2231*, 2016, https://www.iaea.org/sites/default/files/govinf-2016-1.pdf.

International Crisis Group, "U.S.-Iranian Engagement: The View from Tehran," *Middle East Briefing*, No. 28, June 2, 2009, http://www.crisisgroup.org/en/regions/middle-east-north-africa/iraq-iran-gulf/iran/B028-us-iranian-engagement-the-view-from-tehran.aspx.

International Law and Policy Institute, "Nuclear Weapons under International Law: An Overview," Geneva Academy of International Humanitarian Law and Human Rights, October 2014.

"Iran Anger over French War Warning," September 18, 2007, http://edition. cnn. com/2007/WORLD/europe/09/17/france. iran/index. html? iref = nextin.

"Iran 'could Restore Ties with U. S. '," BBC, January 3, 2008, http://news. bbc. co. uk/2/hi/middle_ east/7170381. stm.

"Iranian Civil Society, U. S. Engagement, and Opportunities for Reform," Presented at the CSID 10th Annual Conference, Cecile Coronato, May 5th, 2009.

"Iran: EU Lost Qualification for Nuclear Talks," Wed Jul 1, 2009, http://edition. presstv. ir/detail/99546. html.

"Iran: Freeze – for – freeze goes against NPT," November 15, 2008, http://www. tehrantimes. com/index_ View. asp? code = 182446.

"Iran leader: Don't Pin Hope on Sanctions Relief," 8 February 2014, http://thecairopost. youm7. com/news/86949/news/iran – leader – dont – pin – hope – on – sanctions – relief.

"Iranian President Hassan Rouhani Vows to Preserve Nuclear Rights: Report," 11 November, 2013, http://www. abc. net. au/news/2013 – 11 – 11/iranian – president – rouhani – vows – to – preserve – country27s – nuclear – /5081998.

Jahn, George, "Iran at Talks: No Scrapping any Nuclear Facility," February 18, 2014, http://news. yahoo. com/iran – talks – no – scrapping – nuclear – facility – 134856208—finance. html.

Jeffrey, James F. and Ross, Dennis, "Making Sense of Chaos in the Middle East," April 6, 2015, http://www. washingtoninstitute. org/policy – analysis/view/making – sense – of – chaos – in – the – middle – east – multiple – wars – multiple – alliances.

Jenkins, Peter, "Iran's Nuclear Program and International Law," September 21, 2016, https://lobelog. com/irans – nuclear – program – and – international – law/.

Jennings, Robert and Watts, Arthur, eds. *Oppenheim's International Law* (9th ed.), 1992.

"John McCain Tells Ukraine Protesters: 'We are here to Support your Just Cause'," December 15, 2013, http://www. theguardian. com/world/2013/dec/15/john – mccain – ukraine – protests – support – just – cause.

Johny, Shelly, "Iranian Political System and the IRGC," *AIR POWER Journal*, *July/September*, 2007, Vol. 2, No. 3.

"Joint Comprehensive Plan of Action and Restrictive Measures," http://www.consilium.europa.eu/en/policies/sanctions/iran/jcpoa-restrictive-measures/.

Jovini, Mehdi A., "The Theoretical Reflections of Non-Proliferations on Iran's Nuclear Program," February 2013.

Joyner, Dan, "Iran's Nuclear Program and International Law: From Confrontation to Accord," September 26, 2016, http://opiniojuris.org/2016/09/26/irans-nuclear-program-and-international-law-from-confrontation-to-accord/.

K. Deyoung, "U.S. to Join Talks on Iran's Nuclear Program," *The Washington Post*, April 9, 2009.

Kagan, Robert, "How Obama can Reverse Iran's Dangerous Course," *The Washington Post*, January 27, 2010, http://carnegieendowment.org/publications/index.cfm?fa=view&id=24784.

Kamrava, Mehran, "The United States and Iran: A Dangerous but Contained Rivalry," *The Middle East Institute Policy Brief*, No. 9, March 2008.

Katzman, et al, "The End of Dual Containment: Iraq, Iran and Smart Sanctions," *Middle East Policy*, Vol. 8, No. 3, September 2001.

Katzman, Kenneth, "Iran: U.S. Concerns and Policy Responses," CRS Report for Congress, June 11, 2010, http://www.fas.org/sgp/crs/mideast/RL32048.pdf.

Katzman, Kenneth, *Iran: U.S. Concerns and Policy Responses*, Congressional Research Service, March 5, 2014.

Katzman, Kenneth, Kerr, Paul K., *Interim Agreement on Iran's Nuclear Program*, Congressional Research Service, December 11, 2013.

Karimi, Faith, "20 Questions about the Iran Nuclear Deal: What it Says, What's at Stake, What's Next," November 25, 2013, http://greekcurrent.com/20-questions-about-the-iran-nuclear-deal-what-it-says-whats-at-stake-whats-next/.

Kemp, Geoffrey, "The View from Iran," in National Intelligence Council, *Afghanistan and Regional Geopolitical Dynamics after 11 September*, Lightning Source Inc, 2002.

Kerr, Paul K., *Iran's Nuclear Program: Status*, CRS Report for Congress, October 17, 2012.

Kessler, Glen, "2003 Memo Says Iranian Leaders Backed Talks," *The Washington Post*, February 14, 2007, A14.

Kessler, Glenn, "Rice Asks for $75 Million to Increase Pressure on Iran," *The Washington Post*, February 16, 2006.

Khan, Liaquat Ali, "Attacking Iran is Illegal," http://www.huffingtonpost.com/liaquat-ali-khan/iran-war-international-law_b_1324303.html.

Khan, Wajahat S., Rahim Fazul, and Bruton, F. Brinley, "ISIS Forces Pakestan and Iran to Forge Uneasy Partnership," August 14, 2016, http://www.nbcnews.com/storyline/isis-terror/isis-forces-frenemies-pakistan-iran-forge-uneasy-partnership-n623351.

King, Brandon, "the Nuclear Suppliers Group (NSG) at a Glance," http://www.armscontrol.org/factsheets/NSG.

Klerk, Piet de, "The Evolution of IAEA Safeguards," http://www.jaif.or.jp/english/npsympo/deklerk.pdf.

Korybko, Andrew, "The UN as a Propaganda Nest for the NATO Information Vulture," *Global Research*, April 15, 2014, http://www.globalresearch.ca/the-un-as-a-propaganda-nest-for-the-nato-information-vulture/5377892.

Kovářík, Mgr. Michal, "EU Dissuasion Strategy against Iranian Nuclear Program," April 2013, https://is.muni.cz/th/273475/fss_m_b1/Kovarik_diploma_thesis_EU_dissuasion_Iran_final_version.pdf.

Kozelsky, Mara, "Holy Crimea," March 16, 2014, http://dish.andrewsullivan.com/2014/03/16/holy-crimea/.

Kramer, Andrew E., "Russia Reaches Deal with Iran to Construct Nuclear Plants," *New York Times*, November 11, 2014, http://www.nytimes.com/2014/11/12/world/europe/russia-to-build-2-nuclear-plants-in-iran-and-possibly-6-more.html?_r=0.

Kreß, Claus, "The Fine Line between Collective Self-Defense and Intervention by Invitation: Reflections on the Use of Force against 'IS' in Syria," February 17, 2015, https://www.justsecurity.org/20118/claus-kreb-force-isil-syria/.

Kuperman, Alan J. , "A Model Humanitarian Intervention? Reassessing NATO's Libya Campaign," *International Security*, Vol. 38, No. 1, 2013.

Kutchesfahani, Sara, "Iran's Nuclear Challenge and European Diplomacy," *EPC Issue Paper*, No. 46, March 2006.

Lang, Arabella, "Legal Basis for UK Military Action in Syria," *Briefing Paper*, House of Commons Library (United Kingdom), No. 7404, 26 November 2015.

Larsen, Henrik Boesen Lindbo, *Great Power Politics and the Ukrainian Crisis: NATO, EU and Russia after 2014*, Copenhagen: Danish Institute for International Studies (DIIS), 2014.

Lavrov, Anton, "Russian Air Losses in the Five – Day War against Georgia," *Mosco Defense Brief*, Vol. 16, No. 2, 2009, http://www.russiadefence.net/t1697 – georgia – s – air – defense – in – the – war – with – south – ossetia#15051.

Layne, Christopher, "The (Almost) Triumph of Offshore Balancing," January 27, 2012, http://nationalinterest.org/commentary/almost – triumph – offshore – balancing – 6405.

Layne, Christopher, "Offshore Balancing Is the Right Strategy, If Obama Has the Courage for It," January 4, 2016, http://www.theamericanconservative.com/articles/stuck – in – the – middle – east/.

Laub, Zachary, "How Binding is the Iran Deal," July 23, 2015, http://www.cfr.org/iran/binding – iran – deal/p36828.

Laub, Zachary, "International Sanctions on Iran," July 15, 2015, http://www.cfr.org/iran/international – sanctions – iran/p20258.

Laub, Zachary, "The Impact of the Iran Nuclear Agreement," April 11, 2017, http://www.cfr.org/iran/impact – iran – nuclear – agreement/p39032.

Laura Rockwood, "Nuclear Nonproliferation and IAEA Safeguards," June, 2012, http://www.iaea.org/nuclearenergy/nuclearknowledge/schools/NEM – school/2012/Japan/PDFs/week1/4 – 3_ Rockwood_ SafeguardsPresentation.pdf.

Lecha, Eduard Soleri, Woertz, Eckart, "Implications of the Ukraine Crisis for the Middle East," *Notes Internacionals CIDOB*, No. 87, April 2014.

Lee, Tae Joon and Yang, Maeng Ho, "Half – century Evolution of U. S. Non – proliferation Policy," *The Korean Journal of Defense Analysis*, Vol. 15,

No. 1, Spring 2003.

"Legal Aspects of Problems of Representation in the United Nations," Memorandum Prepared for the Secretary – General, February 1950, U. N. Doc. S/1466.

Leslie, Jonathan, Marashi, Reza and Parsi, Trita, *Losing Billions: The Cost of Iran Sanctions to the U. S. Economy*, The National Iranian American Council, July 2014.

"Let's End Unhealthy Rivalries: Iranian President to US," September 20, 2013, http: //zeenews. india. com/news/world/let – s – end – unhealthy – rivalries – iranian – president – to – us_ 878076. html.

Leverett, Flynt & Leverett, Hillary Mann, "America's Iran Policy and the Undermining of International Order," *The World Financial Review*, July – August 2013.

Lévesque, Julie, "US – Sponsored Terrorism in Iraq and 'Constructive Chaos' in the Middle East," *Global Research*, June19, 2014, http: //www. globalresearch. ca/us – sponsored – terrorism – in – iraq – and – constructive – chaos – in – the – middle – east/5387653.

Levite, Ariel E., "Never Say Never again: Nuclear Reversal Revisited," *International Security*, Vol. 27, No. 3, Winter 2002.

Lieblich, Eliav, "Intervention and Consent: Consensual Forcible Interventions in Internal Armed Conflicts as International Agreements," *Boston University International Law Journal*, Vol. 29, No. 2, 2011.

Lieblich, Eliav, *Intervention in Civil Wars: Intervention and Consent*, Columbia University, 2012, https: //academiccommons. columbia. edu/download/fedora_ content/download/ac: 176583/CONTENT/Lieblich_ columbia_ 0054D_ 10889. pdf.

Lindsay, James, "Trade Sanctions as International Punishment," *International Studies Quarterly*, No. 30, 1986.

Lorber, Eric B., "President Trump and the Iran Nuclear Deal," November 16, 216, http: //foreignpolicy. com/2016/11/16/president – trump – and – the – iran – nuclear – deal/.

Loschky, Jay, "Most Iranian Say Sanctions Hurting Their Livelihoods," *Gallup World*, November 6, 2013, http: //www. gallup. com/poll/165743/iranians – say – sanctions – hurting – livelihoods. aspx.

Mamlyuk, Boris N., "Mapping Developments in Ukraine from the Perspective of International Law," 12 March 2014, http://cjicl. org. uk/2014/03/12/mapping – developments – ukraine – perspective – international – law/.

Maloney, Suzanne, "U. S. Policy toward Iran: Missed Opportunities and Paths forward," *Fletcher Forum of World Affairs*, Vol. 32, No. 2, Summer 2008.

Manfreda, Primoz, "Religion and Conflict in Syria," Updated November 25, 2014. http://middleeast. about. com/od/syria/a/Religion – And – Conflict – In – Syria. htm.

Manfreda, Primoz, "Why Iran Supports the Syrian Regime," http://middleeast. about. com/od/iran/tp/Why – Iran – Supports – The – Syrian – Regime. htm.

Mark Kramer, "Exclusive: Sanctions and Regime Survival," 11 Mar 2015, http://www. ponarseurasia. org/article/sanctions – and – regime – survival.

Marko, Igor, "Why is Ukraine so Important for Russia?" https://www. quora. com/Why – is – Ukraine – so – important – for – Russia.

Marsh, Denali, "Why is Russia so Interested in Ukraine?" January 11, 2015, http://theglobalstate. com/popular/why – is – russia – so – interested – in – ukraine/.

Mazari, Shireen, "From Non – Proliferation to Nuclear Stability: The Case of South Asia," http://www. defencejournal. com/2000/mar/south – a-sia. htm.

Mcgrath, Bryan and Evans, Ryan, "American Strategy and Offshore Balancing by Default," August 27, 2013, http://warontherocks. com/2013/08/the – balance – is – not – in – our – favor – american – strategy – and – offshore – balancing – by – default/.

Mclachlan, Chris, "The Political Perils of Offshore Balancing," October 21, 2014, http://thediplomat. com/2014/10/the – political – perils – of – offshore – balancing/.

Mearsheimer, John J., "Why the Ukraine Crisis is the West's Fault," *Foreign Affairs*, September/October 2014, https://www. foreignaffairs. com/articles/russia – fsu/2014 – 08 – 18/why – ukraine – crisis – west – s – fault.

Mearsheimer John J., and Walt, Stephen M., "The Case for Offshore

Balancing: A Superior U. S. Grand Strategy," *Foreign Affairs*, July/August 2016, https://www.foreignaffairs.com/articles/united-states/2016-06-13/case-offshore-balancing.

Meier, Oliver, "European Efforts to Solve the Conflict over Iran's Nuclear Programme: How has the European Union Performed?" *Non-Proliferation Papers*, No. 27, February 2013.

Menon, Rajan, "Tomgram: Rajan Menon, The Iranian Connection in the Age of Trump," January 12, 2017, http://www.tomdispatch.com/post/176230/tomgram%3A_rajan_menon,_the_iranian_connection_in_the_age_of_trump.

Menon, Rajan, "Will Trump Shred the Iran Nuclear Deal?" January 15, 2017, http://warisboring.com/will-trump-shred-the-iran-nuclear-deal/.

Michel, Quentin, "The Evolution of Nuclear Export Control Regime: From Export Control List to Catch-all Clause," *Atoms for Peace: An International Journal*, Vol. 1, No. 1, 2005.

Military and Paramilitary Activities in and against Nicaragua (Nicaragua v. United States of America), Merits, Judgment. I. C. J. Reports 1986.

Mohseni, Ebrahim, Gallagher, Nancy & Ramsay, Clay, "Iranian Attitudes on Nuclear Negotiations: A Public Opinion Study," September 2014, http://worldpublicopinion.org/pipa/articles/2014/iranian_attitudes_on_nuclear_negotations__final__091614.pdf.

Mohseni, Payam, "The Islamic Awakening: Iran's Grand Narrative of the Arab Uprisings," *Middle East Brief*, April 2013, No. 71.

Moiseienko, Anton, "Guest Post: What do Russian Lawyers Say about Crimea?" September 24, 2014, http://opiniojuris.org/2014/09/24/guest-post-russian-lawyers-say-crimea/.

Monje, Scott, "Crimea's Impact on Syria and Iran," March 27, 2014, http://foreignpolicyblogs.com/2014/03/27/crimeas-impact-on-syria-and-iran/.

Mousavian, "How to Rescue Obama's Engagement Policy with Iran," presentation at the University of Maryland, School of Public Policy, January 9th, 2012.

Mousavian, Hossein, "The Iranian Nuclear Dispute: Origins and Current Options," Arms Control Association (ACA), July 8, 2012, http://www.princeton.edu/sgs/faculty-staff/seyed-hossein-mousavian/Iranian-Nuclear-Dispute-Origins.pdf.

Mousavian, Seyed Hossein, "20 Reasons Iran is not after Nuclear Bomb," IPPNW – International Physicians for the Prevention of Nuclear War, Berlin, 23 October 2012, http://www.ippnw.de/commonFiles/pdfs/Atomwaffen/Mousavian_s_Lecuter_at_IPPNW_Berlin-October_22-2012.pdf.

Mozgovaya, Natasha, Melman, Yossi and Ravid, Barak, "U. S. Announces New Iran Nuclear Sanctions, Avoids Targeting Central Bank," Nov. 22, 2011, http://www.haaretz.com/news/diplomacy-defense/u-s-announces-new-iran-nuclear-sanctions-avoids-targeting-central-bank-1.396941#!.

N. Fathi, A. Cowell, "Iran to Begin Tests at Nuclear Station," *New York Times*, 25 February 2009, http://www.nytimes.com/200 9/02/26/world/middleeast/26iran.html.

Nabili, Teymoor, "Mousavi Revives Reformist Vote," June 13, 2009, http://www.aljazeera.com/focus/2009/06/2009612102154262910.html.

Nader, Alireza, *Iran's 2013 Presidential Election: Its Meaning and Implications*, The RAND Corporation, 2013.

Nephew, Richard and Einhorn, Robert, "The Iran Nuclear Deal: Prelude to Proliferation in the Middle East?" May 31, 2016, https://www.brookings.edu/research/the-iran-nuclear-deal-prelude-to-proliferation-in-the-middle-east/.

Neubauer, Sigurd, "The U. S. Presidential Election and Its Implications on Middle East Policy," Norwegian Institute of International Affairs, *Policy Brief*, 10/2016.

"New York, 1 March 2014 – Deputy Secretary-General's Briefing to the Security Council Meeting on Ukraine," http://www.un.org/sg/dsg/statements/index.asp?nid=497.

Nuland, Victoria, "Remarks at the U. S. – Ukraine Foundation Conference," December 13, 2013, http://www.state.gov/p/eur/rls/rm/2013/dec/218804.htm.

"Obama Reaches out to Iran, Looks for Engagement," March 19, 2009, http://www.foxnews.com/politics/2009/03/19/obama-reaches-iran-looks-engagement/.

"Obama: Ukraine 'Vulnerable' to Russian 'Military Domination' no Matter What U. S. Does," March 10, 2016, http://www.unian.info/politics/1287047-obama-ukraine-vulnerable-to-russian-military-domination-no-matter-what-us-does.html.

O'Connor, Patrick, "US Regime-Change Operation in Ukraine Exposed in Leaked Diplomatic Phone Call," *Global Research*, February 07, 2014, http://www.globalresearch.ca/us-regime-change-operation-in-ukraine-exposed-in-leaked-diplomatic-phone-call/5367807.

O'Relly, Andrew, "Details of Iran Nuclear Deal Still Secret as US-Tehran Relations Unravel," February 7, 2017, http://www.foxnews.com/politics/2017/02/07/details-iran-nuclear-deal-still-secret-as-us-tehran-relations-unravel.html.

Overhaus, Marco, "Analysis: European Diplomacy and the Conflict over Iran's Nuclear Program," http://www.deutsche-aussenpolitik.de/resources/dossiers/iran06/Dossier-Iran-Introduction.pdf.

"Overview of Safeguards Agreements," *IAEA Bulletin*, 1/1988, http://www.iaea.org/Publications/Magazines/Bulletin/Bull301/30103452528.pdf.

Pakfar, Shirin, "Dealing with Iran: How can the EU Achieve its Strategic Objectives?" *DIIS Policy Brief*, May 2011.

Pank, Sophie Charlotte, "What is the Scope of Legal Self-defense in International Law?" 2014, http://law.au.dk/fileadmin/Jura/dokumenter/forskning/rettid/Afh_2014/afh19-2014.pdf.

Parogni, Ilaria, "By Misunderstanding Crimea, the West Is Pushing Russia Further Away," April 15, 2015, http://www.huffingtonpost.com/ilaria-parogni-/misunderstanding-crimea-west-russia_b_7073322.html.

Paul, Amanda, "Crimea One Year after Russian Annexation," European Policy Center, *Policy Brief*, 24 March 2015.

Penketh, Anne, "Iran in Showdown with EU over its Nuclear Ambitions," August 1, 2005, http://www.independent.co.uk/news/world/middle-east/

iran – in – showdown – with – eu – over – its – nuclear – ambitions – 501007. html.

Perle, Richard and Frum, David, *An End to Evil: How to Win the War on Terror*, New York: Ballantine Books, 2004.

Persbo, Andreas, "Some Legal Aspects of Iran's Nuclear Program," Presentation to the International Law Association Roundtable on "Nuclear Weapons, Nuclear Energy and Non – Proliferation under International Law: Current Challenges and Evolving Norms," The Oxford and Cambridge Club, London, United Kingdom, 30 May 2012.

Porter, Keith, "The U. S. – Iranian Relationship," http: //usforeignpolicy. about. com/od/countryprofi3/p/usiranprofile. htm.

Posch, Walter, "The Persian Pivot? Iran's Emerging Regional Role," in Giovanni Grevi and Daniel Keohane, eds, *Challenges for European Foreign Policy in 2014: The EU's Extended Neighbourhood*, Spain: Fride 2014.

"President Announces New Measures to Counter the Threat of WMD," https: //georgewbush – whitehouse. archives. gov/news/releases/2004/02/20040211 – 4. html.

Prifti, Bledar, "The Security and Foreign Policy of the Islamic Republic of Iran: An Offensive Realism Perspective," *Graduate Theses and Dissertations*, 2010, http: //scholarcommons. usf. edu/cgi/viewcontent. cgi? article = 2742&context = etd.

"Protecting Non – Nuclear States from the Nuclear Threat," GA1: Disarmament and International Security, http: //www. gtmun. org/documents/2007/GA% 201st/GA1_ BGG_ History. pdf.

Raik, Kristi, "Between Conditionality and Engagement: Revisiting the EU'S Democracy in the Eastern Neighbourhood," *FIIA Briefing Paper*, No. 80, April 2011.

Ravid, Barak, "Israeli Intel Revealed Secret U. S. – Iran Talks, Months before Obama Briefed Netanyahu," November 24, 2013, http: //www. haaretz. com/news/diplomacy – defense/. premium – 1. 559964.

Reid, Tim, "George Bush U – turn Opens Way to Nuclear Talks between U. S. and Iran," *The Times*, July 17, 2008, http: //www. timesonline. co. uk/

tol/news/world/us_ and_ americas/article4347112. ece.

Renard, Thomas, "Partnering for a Nuclear－safe World: The EU, Its Strategic Partners and Nuclear Non－proliferation," *ESPO Working Paper*, No. 3, October 2013.

"Resolution 940 (1994)," Adopted by the Security Council at its 3413th Meeting, on 31 July 1994, http://daccess－dds－ny. un. org/doc/UNDOC/GEN/N94/312/22/PDF/N9431222. pdf? OpenElement.

"Resolution 1929 Adopted by the UN Security Council," 9 June 2010, http://www. voltairenet. org/article165790. html.

"Resolution 678 (1990)," Adopted by the Security Council at its 2963rd Meeting, on 29 November 1990, http://www. securitycouncilreport. org/atf/cf/%7B65BFCF9B－6D27－4E9C－8CD3－CF6E4FF96FF9%7D/Chap%20VII%20SRES%20678. pdf.

"Resolution 2049 (2012)," Adopted by the Security Council at its 6781st meeting, on 7 June 2012, http://www. isisnucleariran. org/assets/pdf/Resolution_ 2049_ June_ 7_ 2012. pdf.

Reuters, "China Criticizes New EU Sanctions on Iran," *The Jerusalem Post*, October 16, 2012, http://www. jpost. com/Iranian－Threat/News/China－criticizes－new－EU－sanctions－on－Iran#! .

Richman, Sheldon, "Is Instability the Goal of U. S. Policy in the Middle East?" October 22, 2015, http://reason. com/archives/2015/10/22/us－squad－goals－chaos－in－the－middle－east.

Rivetti, Paola, "What's Surprising about Iran's Election," June 17, 2013, http://mideastafrica. foreignpolicy. com/posts/2013/06/17/whats_ surprising_ about_ irans_ election.

Robert, Einhorn J. , Gary, Samore, "Ending Russian Assistance to Iran's Nuclear Bomb," *Survival*, 2002, No. 2.

Rockwood, Laura, "IAEA Safeguards and Non－Proliferation: The Legal Framework," August 6, 2008, http://www. jaif. or. jp/ja/wnu_ si_ intro/document/08－08－06－rockwood_ laura. pdf.

Roth, Brad R. , "Secessions, Coups and the International Rule of Law: Assessing the Decline of the Effective Control Doctrine," *Melbourne Journal of Inter-*

national Law, Volume 11, Issue 2, Nov. 2010.

"Russia Economy cannot Grow without Structural Reforms," April 13, 2016, http：//financialtribune. com/articles/world－economy/39394/russia－economy－cannot－grow－without－structural－reforms.

"Russian President Characterizes Events in Ukraine as Anti－Constitutional Coup," Match 4, 2014, https：//russkiymir. ru/en/news/134567/.

"Russia's Nuclear Help to Iran Stirs Questions about Its 'Improved' Relations with U. S. ," August 14, 2010, FoxNews. com, http：//www. foxnews. com/politics/2010/08/14/russias－nuclear－help－iran－stirs－questions－improved－relations/.

Ruys, Tom, "The 'Protection of Nationals' Doctrine Revisited," Working Paper No. 17, October 2008, https：//www. law. kuleuven. be/iir/nl/onderzoek/wp/WP129e. pdf.

Ryngaert, Cedric, "Pro－democratic Intervention in International Law," *Working Paper*, No. 53, Institute for International Law K. U. Leuven, April 2004.

Rytter, Jens Elo, "International Legal Framework Regarding the Use of Force," May 12, 2011, http：//jura. ku. dk/eicrim/english/news/osama－bin－laden/Bin－Laden－Seminar－JER. pdf.

Sadjadpour, Karim, "Iran：Is Productive Engagement Possible?" *Policy Brief*, October 2008, http：//carnegieendowment. org/files/us＿iran＿policy. pdf.

Sahimi, Muhammad, "Victims of Economic Sanctions：The People and the Green Movement," 23 November 2010, http：//www. pbs. org/wgbh/pages/frontline/tehranbureau/2010/11/victims－of－economic－sanctions－the－people－and－the－green－movement. html.

Saluschev, Sergey, "Annexation of Crimea：Causes, Analysis & Global Implications," *Global Societies Journal*, Volume 2, 2014.

Samii, Cyrus, "Managing Nuclear Threats after Iraq," International Peace Academy, February 2005, https：//files. nyu. edu/cds2083/public/docs/MANAGING＿NUCLEAR＿THREATS. pdf.

Samore, Gary, "Meeting Iran's Nuclear Challenge," *WMDC Paper*,

No. 21, October 2004, http://www.blixassociates.com/wp-content/uploads/2011/03/No21.pdf.

Saradzhyan, "Russia's Interest in Cooperating with Iran Free of Nuclear Weapons," July 18th, 2015, http://saradzhyan.livejournal.com/53286.html.

Sauer, Tom, "Coercive Diplomacy by the EU. Case-study: The Iranian Nuclear Weapons Crisis," Third Pan-European Conference on EU Politics, 21-23 September 2006, Istanbul, http://www.jhubc.it/ecpr-istanbul/virtualpaperroom/022.pdf.

Saul, Ben, "The Battle for Legal Legitimacy in Crimea," March 3, 2014, http://www.abc.net.au/news/2014-03-03/saul-the-battle-for-legal-legitimacy-in-crimea/5294828.

Sazegara, Mohsen, "The Importance of Iran's Domestic Political Atmosphere," in Patrick Clawson, ed., "Engaging Iran: Lessons from the Past," The Washington Institute for Near East Policy, May 2009.

Schmidt, Fritz W., "The Zangger Committee: Its History and Future Role," *The Nonproliferation Review*, Fall 1994.

Schott, Jeffrey J., "The Iran and Libya Sanctions Act of 1996," July 23, 1997, https://www.globalpolicy.org/component/content/article/202/41772.html.

Schwartz, Paul N., *What the Iran Deal Means for Russia*, the Center for Strategic and International Studies, 2015.

Shahshahani, Sepehr, "Politics under the Cover of Law: Can the International Law Help Resolve the Iran Nuclear Crisis?" *Boston University International Law Journal*, Vol. 25, 2007.

Shapiro, Jacob L., "The Middle East since 9/11," September 12, 2016, https://geopoliticalfutures.com/the-middle-east-since-911/.

Sharp, Travis, "U.S. Foreign Policy toward Iran in the Obama Era," *ISPI-Policy Brief*, No. 145, June 2009.

Shevchenko, Vitaly, "'Little Green Men' or 'Russian Invaders'?" 11 March 2014, BBC Monitoring, http://www.bbc.com/news/world-europe-26532154.

Shirazi, Nima, "Iran's Nuclear Rights vs. the West's 'Bombastic Diplomacy'," November 11, 2013, http://mondoweiss.net/2013/11/nuclear-bombastic-diplomacy.html/comment-page-1.

Shoamanesh, Sam Sasan, "How and Why to Promote US - Iran Rapprochement," *MIT International Review*, June 2009.

Smith, Ashley, "Obama's New Imperialist Strategy," *International Socialist Review*, No. 83, May 2012, http://isreview.org/issue/83/obamas-new-imperialist-strategy.

Smith, Lee, "The Iran - ISIS Connection," June 22, 2015, http://www.weeklystandard.com/the-iran-isis-connection/article/969590.

Slavin, Barbara, "Iranians Believe Trump will Violate Nuclear Deal," January 25, 2017, http://al-monitor.com/pulse/originals/2017/01/iran-poll-trump-violate-nuclear-deal.html.

Spring, Baker, "Controlling the Bomb: International Constraints on Nuclear Weapons are Not Enough," May 19, 1993, http://research.policyarchive.org/11301.pdf.

Stallard, Katie, "Putin Comes Clean on Crimea's Little Green Men," 10 March 2015, http://news.sky.com/story/1442038/putin-comes-clean-on-crimeas-little-green-men.

"Status of the Additional Protocol," https://www.iaea.org/topics/additional-protocol/status.

Stimson, H. L & M. Bundy, *On Active Service in Peace and War*, New York: Harper and Brothers, 1947.

Stoll, Rebecca Shimoni and Ben - David, Ricky, "Obama: Iran can Have Peaceful Nuclear Program, 'Modest Enrichment'," *The Times of Israel*, December 7, 2013, http://www.timesofisrael.com/obama-my-goal-is-to-prevent-iran-from-getting-nuclear-weapon/.

Stone, Rupert, "What will Trump Do with the Iran Nuclear Deal," December 12, 2016, http://www.aljazeera.com/indepth/opinion/2016/12/trump-iran-nuclear-deal-161211124028337.html.

Strulak, Tadeusz, "The Nuclear Suppliers Group," *The Nonproliferation Review*, Fall 1993.

Suleymanov, Elchin and Hasanov, Fakhri and Aras, Osman Nuri, "Economic and Strategic Expectations from Trans Anatolian Natural Gas Pipeline Project," *MPRA Paper*, No. 52187, 15 September 2013.

Tabrizi, Aniseh Bassiri and Santini, Ruth Hanau, "EU Sanctions against Iran: New Wine in Old Bottles?" *ISPI – Analysis*, No. 97, March 2012.

Talmon, Stefan, *Recognition of Governments in International Law: With Particular Reference to Governments in Exile*, Oxford University Press, 1998.

Tams, Christian J. , "The Use of Force against Terrorists," *The European Journal of International Law*, Vol. 20, No. 2, 2009.

Tanter, Raymond, "U. S. and Israel Should Push for Regime Change in Iran," March 5, 2012, http://www.usnews.com/debate-club/should-the-us-discourage-israel-from-attacking-iran/us-and-israel-should-push-for-regime-change-in-iran.

Tewfik, Basima, "US – Iran Relations Update," http://www.hmceurope.org/2009/docs/updates/Senate2_iran_relations_update.pdf.

"Text of Iran Letter on Nuclear Fuel Swap Offer," May 24, 2010, http://in.mobile.reuters.com/article/worldNews/idINIndia-48751920100524.

Thakur, Ramesh and Evans, Gareth, eds. , *Nuclear Weapons: The State of Play*, Centre for Nuclear Non-Proliferation and Disarmament, 2013.

Tharoor, Ishaan and Lemonick, Michael, "What's the Deal with the Iran Nuclear Deal?" Nov. 25, 2013, http://world.time.com/2013/11/25/whats-the-deal-with-the-iran-nuclear-deal/.

The Associated Press, "Iran Hard-liners Call Nuclear Deal 'Poisoned Chalice'," Nov. 27, 2013, http://www.haaretz.com/news/middle-east/1.560586.

"The Failure of Europe's Iran Policy," April 16, 2007, http://www.spiegel.de/international/world/0,1518,477508,00.html.

"The Functions of War," http://www.bibliotecapleyades.net/sociopolitica/esp_sociopol_ironmountain07.htm.

The International Bar Association, "IBA Calls for Independent Investigation into Russia's Military Intervention in Crimea Amid Violation of the UN Charter," March 5, 2014, http://www.ibanet.org/Article/Detail.aspx?ArticleUid=32489a5b-a540-40aa-90c9-c511520e27be.

"The 1997 IAEA Additional Protocol at a Glance," http://www.armscontrol.org/factsheets/IAEAProtocol.asp.

The White House Office of the Press Secretary, "Fact Sheet: First Step Understandings Regarding the Islamic Republic of Iran's Nuclear Program," November 23, 2013.

The World Bank, "Purchasing Power Parities and Real Expenditures of World Economies: Summary of Results and Findings of the 2011 International Comparison Program," http://siteresources.worldbank.org/IC-PEXT/Resources/ICP_2011.html. 2014-05-21.

Thomas, Jeff, "The Nuclear Double-Standard," http://www.internationalman.com/articles/the-nuclear-double-standard.

Thurber, Ches, "A Step Short of the Bomb: Explaining the Strategy of Nuclear Hedging," *Journal of Public and International Affairs*, 2011.

"Ties with U. S. will not Remain Severed Forever: FM," *Payvand*, January 27, 2008, http://payvand.com/news/08/jan/1249.html.

Tkacik, John, "Confront China's Support for Iran's Nuclear Weapons," April 18, 2006, http://www.heritage.org/asia/report/confront-chinas-support-irans-nuclear-weapons.

Tocha, Monika, "The EU and Iran's Nuclear Programme: Testing the Limits of Coercive Diplomacy," *EU Diplomacy Papers*, No. 1, 2009.

"Toothless Sanctions? Iranian Oil Trade Booming, China Top Buyer," January 31, 2013, http://rt.com/news/iran-oil-sales-high-132/.

"Treaty Banning Nuclear Weapon Tests in the Atmosphere, in Outer Space and Under-Water (Partial Test Ban Treaty—PTBT)," http://cns.miis.edu/pubs/inven/pdfs/atosuw.pdf.

"Turkey and Azerbaijan Want Turkmenistan to Join Trans Anatolian Natural Gas Pipeline - Turkish FM," January 3, 2015, http://akipress.com/news:554885/.

"Turkish Energy Minister Taner Yildiz Said Iran might Purchase Shares in the Trans-Anatolian Natural Gas Pipeline (TANAP) Project," April 9, 2015, http://sputniknews.com/business/20150409/1020684952.html.

"Ukraine Crisis: Yanukovych Ready to Resume EU Talks," December 10, 2013, http://www.bbc.com/news/world-europe-25311018.

"Ukraine's Yanukovych Asked for Troops, Russia Tells UN," BBC News Europe, 4 March 2014, http://www.bbc.com/news/world-europe-26427848.

UN Doc S/PV. 7124 (1 March 2014), http://www.securitycouncilreport.org/atf/cf/%7B65BFCF9B-6D27-4E9C-8CD3-CF6E4FF96FF9%7D/s_pv_7124.pdf.

"UN Will Treat Crimea as Part of Ukraine, Not Russia, Western Diplomats Say," April 2, 2014, http://www.haaretz.com/world-news/1.583492.

"Useful Functions of Conflict," http://www.sociologyguide.com/basic-concepts/Useful-Functions-of-Conflict.php.

"U.S.-Iran Relations: Catalog of Missed Opportunities," http://www.americanforeignpolicy.org/overview-how-to-deal-with-iran/a-short-history-of-us-iran-relations-post-revolution.

"US'Nuland Treating Ukrainian Protesters to Cookies on Maidan," December 11, 2013, http://voiceofrussia.com/news/2013_12_11/US-s-Nuland-treating-Ukrainian-protesters-to-cookies-on-Maidan-1129/.

Vaez, Ali, "Trump's Iran Deal Option," January 23, 2017, https://www.foreignaffairs.com/articles/iran/2017-01-23/trumps-iran-deal-options.

Vaezi, Ahmad, *Shia Political Thought*, Islamic Centre of England, 2004.

Vajdich, Daniel P., "How Trump should Dismantle the Iran Nuclear Deal," January 4, 2017, http://nationalinterest.org/feature/how-trump-should-dismantle-the-iran-nuclear-deal-18947?page=2.

Vatanka, Alex, "Hot Issue: Iran and the Looming U.S.-Russian Cold War," March 21, 2014, https://jamestown.org/program/hot-issue-iran-and-the-looming-u-s-russian-cold-war/.

Verleger, Philip K. Jr. "Using US Strategic Reserves to Moderate Potential Oil Price Increases from Sanctions on Iran," Peterson Institute for International Economics, Washington, DC, *Policy Brief*, No. PB12-6, February 2012.

Vogel, Isabella E., "Iranian-Chinese Foreign Relations: The Identity Factor in a Strategic Partnership," June 2016, https://openaccess.leidenuniv.nl/bitstream/handle/1887/40714/ThesisVogelIran-China.pdf?sequence=1.

Wagner, Daniel, "Can the Iranian Nuclear Deal Survive the Trump Presidency?" December 6, 2016, http://www.huffingtonpost.com/daniel-wagner/can-the-iranian-nuclear-d_b_13453668.html.

Walsh, Nick Paton, "'Afghan' in Syria: Iranians Pay us to Fight for Assad," October 31, 2014, CNN, http://edition.cnn.com/2014/10/31/world/meast/syria-afghan-fighter/.

Walt, Stephen M., "Rethinking U. S. Grand Strategy: The Case for "Offshore Balancing," August 2009, https://portals.jhuapl.edu/media/RethinkingSeminars/081709/walt_ brief. pdf.

Waslander, Simon, "Why is Ukraine so Important for Russia?" August 17, 2014, http://foresightinvestor.com/articles/18361-why-is-ukraine-so-important-for-russia.

Wheeler, Michael O., "International Security Negotiations: Lessons Learned from Negotiating with the Russian on Nuclear Arms," INSS Occasional Paper 62, February 2006, http://www.usafa.af.mil/df/inss/OCP/ocp62.pdf.

Wilson, Tom, "An Assessment of the Iranian Nuclear Agreement," Centre for the New Middle East Policy Paper No. 5, September 2015.

Wippman, David, "Military Intervention, Regional Organizations, and Host-state Consent," *Duke Journal of Comparative & International Law*, Vol. 7, No. 1, 1996.

Wisehart, Daniel, "The Crisis in Ukraine and the Prohibition of the Use of Force: A Legal Basis for Russia's Intervention?" March 4, 2014, http://www.ejiltalk.org/the-crisis-in-ukraine-and-the-prohibition-of-the-use-of-force-a-legal-basis-for-russias-intervention/.

Woodward, "The U. S. Middle East 'Balancing Act'—Did Russia Help Obama?" April 15, 2016, http://faith-happens.com/the-u-s-middle-east-balancing-act-did-russia-help-obama/.

Writer, Staff, "Report: Iran building 'new Hezbollah' in Syria," *Al Arabiya News*, 5 November 2014. http://english.alarabiya.net/en/News/middle-east/2016/01/07/Abbas-denies-concern-of-Palestinian-Authority-collapse.html.

Yacoubian, Mona, "Syria's Alliance with Iran," *USIPeace Briefing*, May 2007.

Yang Jun, "The Baath Socialist Party Stepped down from the Stage of History after 35 Years of Rule in Iraq," *Wenhui Daily*, 12 May 2003, http://

www. china. com. cn/chinese/zhuanti/328214. htm.

Yan, Holly, "Syria Allies: Why Russia, Iran and China are Standing by the Regime," CNN, August 30, 2013, http://edition. cnn. com/2013/08/29/world/meast/syria – iran – china – russia – supporters/.

Yellinek, Roie, "China's New Position on the Middle East," *BESA Center Perspectives Paper*, No. 363, September 11, 2016, http://besacenter. org/perspectives – papers/363 – yellnik – chinas – new – position – middle – east/.

Zaborowski, Marci, "Bush's Legacy and America's Next Foreign Policy," *Chaillot Paper*, No. 111, September 2008.

Zarate, Robert, "The NPT, IAEA Safeguards and Peaceful Nuclear Energy: An 'Inalienable Right', but Precisely to What?" http://www. npolicy. org/article_ file/The_ NPT_ IAEA_ Safeguards_ and_ Peaceful_ Nuclear_ Energy. pdf.

Zarif, Maseh, "U. S. Policy toward Iran's Nuclear Program," July 21, 2009, http://www. irantracker. org/us – policy/us – policy – toward – irans – nuclear – program.

Zemanek, Karl, "Armed Attack," October 2013, Oxford Public International Law, http://opil. ouplaw. com/view/10. 1093/law: epil/9780199231690/law – 9780199231690 – e241#.

Zhu, Mingquan, "The Evolution of China's Nuclear Non – Proliferation Policy," The Nonproliferation Review, Winter 1997.

Zibakalam, Sadegh, "Iranian 'Exceptionalism'," January 29, 2009, http://www. mei. edu/content/iranian – exceptionalism.

后　记

由于伊朗核问题的本质是美伊关系，也可以说是美国的国家安全战略问题。因此，本书基本上是我于2014年出版的《奥巴马政府对伊朗的"接触政策"研究》的续作。因为有这种研究基础做支撑加上本人的辛劳，故而本书的写作进展还算顺利。但尽管如此，这种"顺利"的背后毫无疑问还离不开家人及师友们的各种形式的鼓励与帮助，在本书即将付梓之际，笔者不由自主地想起了他们各自的"好"来，禁不住要向他们表达一下由衷的谢意。

首先，要感谢我的父母。他们虽已入耄耋之年，但仍在乡村老家相依为命，对我似乎无所欲求，且从不愿意增加我的精神负担。我时常打电话给父亲询问家里的情况，他总会说"没啥事，还那样"，但个别时候的实际情况是他刚刚用电瓶车送我残疾多病的老母到乡村医疗室打吊针刚回到家，正准备做饭呢。他们不畏艰辛、乐观向上的生活态度也给了我很大的精神动力。

其次，要感谢我的妻子常峰峰和儿子岳文楷。妻子工作繁忙，经常加班加点，但她仍能在出色完成自己工作的同时干好家务。她虽不做科研，但理解科研工作的特点，不但早已习惯于我对她的"冷落"，而且还主动代我处理一些事务。儿子聪明好学、成绩优秀，让我少操了不少心，他的存在给全家的生活增添了许多快乐，并使我更起劲地工作。

上海外国语大学中东研究所朱威烈教授、刘中民教授、孙德刚研究员，复旦大学张家栋教授，上海国际问题研究院李伟建教授、金良祥副研究员，中国社会科学院西亚非洲研究所唐志超教授，西南大学伊朗研究中心冀开运教授，安徽大学西亚北非研究中心主任王泽壮教授，中国现代国际关系研究院田文林副研究员、西北大学中东研究所蒋真副研究员等专家学者在本书涉及的相关问题上的意见或观点对笔者有很大参考价值，他们的鼓励也令人难忘。

同样不能忘记的是我的好友陆云峰和我的硕士生周凤梅，他们在百忙之中认真通读了全书，并指出了大量关于字词句等方面的问题，这种无私助人精神着实让我感动不已。

最后，感谢所有在完成此书过程中帮助过我的人。

限于个人水平，书中不足之处在所难免，恳请各位专家学者不吝赐教。

岳汉景

2017 年 11 月

图书在版编目(CIP)数据

伊核问题破局多角透视 / 岳汉景著. -- 北京：社
会科学文献出版社, 2018.1
 ISBN 978 - 7 - 5201 - 1847 - 7

Ⅰ.①伊… Ⅱ.①岳… Ⅲ.①核武器问题 - 研究 - 伊
朗 Ⅳ.①D815.2

中国版本图书馆 CIP 数据核字（2017）第 289535 号

伊核问题破局多角透视

著　　者 / 岳汉景

出　版　人 / 谢寿光
项目统筹 / 王玉敏
责任编辑 / 赵怀英　赵　冉

出　　版 / 社会科学文献出版社·独立编辑工作室(010)59367153
　　　　　 地址：北京市北三环中路甲 29 号院华龙大厦　邮编：100029
　　　　　 网址：www.ssap.com.cn

发　　行 / 市场营销中心（010）59367081　59367018
印　　装 / 三河市东方印刷有限公司

规　　格 / 开　本：787mm × 1092mm　1/16
　　　　　 印　张：16.75　字　数：280 千字

版　　次 / 2018 年 1 月第 1 版　2018 年 1 月第 1 次印刷

书　　号 / ISBN 978 - 7 - 5201 - 1847 - 7
定　　价 / 79.00 元

本书如有印装质量问题，请与读者服务中心（010 - 59367028）联系

版权所有 翻印必究